O Brasil e seu duplo

Luiz Eduardo Soares

O Brasil e seu duplo

todavia

*Para Caetano Veloso, Gilberto Gil
e Sueli Carneiro*

Agradecimentos 9

Introdução 11

1. Quem são *eles*?
O discurso da vítima impotente faz o jogo do
patrimonialismo autoritário e esvazia a individualidade 19
   1.1. Depois de junho 30
   1.2. Nós coisa nenhuma: A demonização do
        Outro e a geopolítica das cidades 35

2. Uma divisão radical
Da individualidade impossível à criação de alternativas 42
   2.1. Casa-grande nas cidades 42
   2.2. O drible malandro na ordem moderna 49
   2.3. Herói nacional sem nenhum caráter 51
   2.4. Antropofagia: O mito de origem da
        individualidade no Brasil 53
   2.5. A insustentável leveza do ser e as
        ilusões da democracia racial 56
   2.6. Escravidão: A dupla ontologia 60
   2.7. Ambiguidade revisitada I: Imagens da divisão radical 71
   2.8. Ambiguidade revisitada II: Oportunidade de
        renegociação do pacto social para emergência
        da cidadania e da individualidade 77

3. Raízes históricas da desconfiança
popular na individualidade 83

4. A grande transformação
Expulsão do campo e urbanização acelerada
como deslocamento de placas tectônicas 93

5. Revoluções no campo religioso
Novas subjetividades, ensaios da individualidade e
a expansão da vulnerabilidade à violência **109**

6. A intervenção tropicalista como
contraponto à divisão radical
Antropofagia, dialogia criativa, abertura
participativa e expansão do repertório **144**

7. Capitalismo autoritário, novo individualismo
e a superação da divisão ontológica **171**

7.1. O individualismo radicalizado pode gerar seu avesso **171**
7.2. O capitalismo autoritário brasileiro **175**
7.3. A pluralidade brasileira de experiências da
individualidade e o horizonte de sua radicalização **184**

8. A Justiça e seu duplo **192**

8.1. A tradição liberal, republicana e democrática
ante o enigma de sua autonegação **192**
8.2. Mediações: No meio do caminho, a linguagem **197**
8.3. Justiça: De suntuoso monumento liberal-
-republicano a vulgar aparelho de hegemonia **200**

9. Anatomia do ódio e o destino da
individualidade no Brasil **217**

Conclusões **237**

Referências bibliográficas **243**
Índice remissivo **253**

Agradecimentos

Agradeço a Miriam Krenzinger, colega, amiga, esposa e companheira de todas as horas, as primeiras e últimas leituras sempre generosas e agudas, que me dão régua e compasso. Graças a ela, à sua lucidez e incansável solidariedade, não desisti deste livro, escrito entre 2012 e 2018.

Sou grato também, por todo apoio, a minha mãe, Marilina Soares, meu pai, Marcello M. Soares (in memoriam), meu irmão e minha cunhada, Marcelo Bento Soares e Martha Costa, e, pela interlocução permanente, a Leandro Saraiva e meus enteados, Natalia e Vicente Guindani. Minha dívida de gratidão se estende às minhas filhas, Bruna e Paula, a Irene, minha sogra persistentemente positiva, e à nossa família gaúcha.

A todos e todas colegas e professores que me ensinaram o pouco que sei, entre os quais Vilma Arêas, Claudia Lemos, Luiz Costa Lima, Silviano Santiago, Otávio Velho, Barbara Musumeci Mourão, Roberto DaMatta, Wanderley Guilherme dos Santos, Cesar Guimarães, José Jorge de Carvalho, Silvia Ramos, Numa Ciro, Leonarda Musumeci, Julita Lemgruber, Dulce Pandolfi, Paulo Henriques Britto, Maria Isabel Mendes de Almeida, Marcos Rolim, José Murilo de Carvalho, Luiz Jorge Werneck Vianna, Flora Süssekind, Helio R. Santos Silva, Rita Segato, Italo Moriconi, Beatriz Resende, Helena Bomeny, Myriam Sepúlveda, Eduardo Viveiros de Castro, Renato Lessa, José Eisenberg, Maria Alice Resende Carvalho, Eugenio Davidovich, Luis Roberto Cardoso de Oliveira, Gustavo Lins Ribeiro,

Hermano Vianna, José Miguel Wisnik, Celso Athayde, Preto Zezé, Bruno Torturra, Tomaz Kloetzel, Antonio Carlos Carballo Blanco, Maria Claudia Coelho, David Linger, Jurandir Freire Costa, Renato Janine Ribeiro, João Moreira Salles, João Trajano Sento Sé, José Augusto de Souza Rodrigues, Marcus Vinicius Faustini, Écio Salles, Julio Ludemir, Heloisa Buarque de Hollanda, Marcus Wagner, Ernesto Neto e, in memoriam, Manoel Maurício de Albuquerque, Roberto Cardoso de Oliveira, Pierre Sanchis, Ricardo Benzaquen de Araújo, Gildo Marçal Brandão e Richard Rorty.

Sou grato a Lúcia Riff, minha agente literária, pela dedicação amável e competência. Agradeço a Paula Lavigne e Flora Gil, Caetano Veloso e Gilberto Gil, pela generosidade pessoal sempre resguardada e inspiração, em meio à entrega incessante ao turbilhão das causas democráticas.

Finalmente, agradeço a meus alunos e a minhas alunas da graduação, do mestrado e do doutorado, da Uerj, da Unicamp e do Iuperj, que também me ensinaram a aprender em meus 42 anos de docência universitária. Aos funcionários e às funcionárias dessas instituições, minha gratidão.

Por ser tão importante o racismo em nosso país, é decisivo o movimento antirracista, especialmente das mulheres negras (oprimidas pela dominação de classe, pela cor e pelo machismo), luta à qual presto minha homenagem, dedicando este livro a Sueli Carneiro, uma de suas principais lideranças intelectuais e políticas.

Introdução

A energia agonística à qual, desde 2013, o sistema político brasileiro conectou-se, mas não canalizou, fortaleceu a bipolaridade, que assumiu a forma "nós" contra "eles". O que tem estado em jogo desde 2015 é a formação de identidades por negação. Dizendo-o por metáforas: as grandes manifestações de 2013 precipitaram uma energia que não foi processada, incorporada ou metabolizada institucionalmente. Essa energia desprendida pelo deslocamento de placas tectônicas está viva entre nós, em nós — ela não se exaure —, e vibra sob o modo da intensidade, nos predispondo ao protagonismo criativo e ao ódio reativo. Em outras palavras, o real dá choque, imanta a política e sacode o país. Nada de berço esplêndido, portanto. Para o bem e para o mal, estamos vivendo sob o signo da intensidade.

Quando Lula foi preso, em 2018, abrindo caminho para o triunfo eleitoral de Bolsonaro, as identidades carregadas de ódio, embora ainda formadas sobretudo por negação, adquiriram conteúdo mais denso. O país mudou: desfez-se o consenso em torno do pacto constitucional, de natureza social-democrata, distintamente interpretado pela centro-direita e pela centro-esquerda de acordo com as conjunturas e a correlação de forças. PT e PSDB revezaram-se no poder e impuseram inflexões diversas ao híbrido crescimento-distribuição, privatismo-estatismo, alinhamento-independência internacional. Eram interpretações plausíveis do pacto constitucional. As diferenças eram significativas, mas os vínculos históricos com o contrato político que viabilizou a transição democrática foram preservados. Com o golpe parlamentar do impeachment de Dilma Rousseff, o pacto, que havia sido tensionado nas ruas em 2013, os fios de sua trama legal-institucional esticados à direita e à esquerda, foi finalmente rompido, abrindo-se espaço para a emergência de novos atores já sem nenhum compromisso com a história da reconstrução do Estado de direito. Nas eleições de 2018, afirmou-se uma direita radical que se contrapõe aos liberais e às esquerdas não só em matéria de prioridades, políticas públicas e métodos, mas também no plano ideológico — embora suponha que seus valores e crenças sejam meros reflexos de uma verdade metafísica, cabendo o adjetivo ideológico apenas às crenças e aos valores dos outros, seus inimigos.

Como chegamos à situação em que nos encontramos? O que, de fato, significa o processo que nos trouxe até aqui? Quais seus pressupostos históricos e estruturais? O que fazer com a energia agonística, suas potencialidades e seus riscos? De que modo essa radicalização se relaciona com o racismo estrutural, radicado na brutalidade extrema da escravidão, cujos ecos ainda soam no genocídio de jovens negros e de jovens pobres nos territórios vulneráveis? Por que se pode afirmar que, no Brasil, o racismo é o molde no qual a sociedade experimenta as desigualdades — e não o contrário? De que modo o ódio, ar que respiramos no Brasil contemporâneo, se vincula às desigualdades abissais? Por que no centro de nossos dilemas está a problemática da individualidade? Por que o tropicalismo foi, e continua a ser, tão importante? O que, nesse contexto, nos ensina o xamanismo? Por que a política de identidades e o feminismo, em particular, são muito mais do que a defesa dos direitos à igualdade de grupos alheios aos valores universais e às grandes lutas sociais? Por que a grande migração foi decisiva e seus efeitos não devem ser subestimados? Que sinais promissores podem ser percebidos nas mudanças em curso no campo religioso, a despeito de tantos aspectos negativos? Como o capitalismo, gestando mais uma de suas contradições, prepara o caminho para sua superação, quando o individualismo, filho do mercado, se desenvolve, quebra o espelho e se converte em seu avesso, reunindo processos de subjetivação marcados pela busca de autonomia e a revalorização da igualdade e da fraternidade? Por que se tornou estratégico para a política regressiva e os movimentos obscurantistas reagir à dinâmica libertária que dissocia gênero, corpo e sexo? Por que a extrema direita está certa, de seu ponto de vista, quando focaliza essas questões?

O Brasil e seu duplo enfrenta essas perguntas e oferece algumas respostas ou, pelo menos, pistas para respostas, as quais agora deixam de ser autorais e se oferecem à reflexão crítica dos leitores e das leitoras, e ao debate público. Eis, em síntese, como os argumentos foram articulados.

A categoria "eles", apresentada no primeiro capítulo, assinala alguns efeitos na cultura política das desigualdades e do racismo estruturais, ecos da escravidão em pleno século XX e já agora no século XXI, consequências e pressupostos da expansão predatória do capitalismo autoritário entre nós. Estão em jogo o esmaecimento da relação "eu-tu", a neutralização do "nós" e a alienação, despolitizante, da agência humana. O protagonismo é literalmente terceirizado.

As manifestações de 2013, examinadas nesse mesmo capítulo, são compreendidas como uma inflexão que aponta para a tessitura de uma nova sociabilidade, adensando vínculos cujo enredamento constituiria um novo "nós" cidadão, redefinindo a relação da sociedade com o Estado. Por outro lado, as reações aos rolezinhos mostram que não seria fácil para a sociedade brasileira assimilar esse avanço republicano e democrático, e que o legado de 2013 se tornaria bem mais complexo, contraditório e multifacetado.

A expressão "dualidade ontológica", trabalhada no segundo capítulo, nomeia a violência extrema perpetrada contra os escravos e as escravas, inscrevendo o racismo na vida social sob a forma de exploração e separação radicais. Nesse capítulo, destaca-se a face obscura e aniquiladora das relações entre casa-grande e senzala. O terceiro capítulo desdobra esses argumentos e indica as ancoragens históricas, na sequência das iniquidades.

A metáfora geológica "deslocamento de placas tectônicas da sociedade brasileira", trabalhada no quarto capítulo, designa a escala e os impactos da grande migração, que se deu sobretudo entre meados dos anos 1950 e começo dos anos 1980. Mesmo sendo uma temática amplamente conhecida e estudada, submetê-la a uma releitura inspirada na obra de Tim Ingold permite iluminar ângulos cuja relevância nunca será demais enfatizar.

Nesse contexto de desigualdades com raízes profundas, desconexão com a potência política e abalos sísmicos objetivos e subjetivos, transcorre, desde o início da década de 1990, a revolução religiosa, analisada no quinto capítulo, na qual sobressaem dois fenômenos: o fortalecimento do "nomadismo religioso", individualizante, e a emergência da teologia da prosperidade, presente em segmentos significativos do mundo evangélico. A hegemonia católica está francamente ameaçada e as implicações políticas desafiam os observadores e o conjunto da cidadania.

A intenção matricial dessa reflexão é dupla: (1) sugerir a hipótese interpretativa de que essas experiências coletivas, migração e revolução religiosa, estão intimamente relacionadas, ainda que de modo não causal, formando um fenômeno complexo atravessado por contradições; (2) argumentar que o movimento tropicalista, conforme exposto no sexto capítulo, de Hélio Oiticica a Caetano Veloso, de Oswald de Andrade a Gilberto Gil, produziu uma via de abordagem original e reveladora das principais contradições nacionais e exercitou, estética e culturalmente, sua transmutação. Após a análise do deslocamento do "eles" para o "nós", com a retomada da participação política, a interpretação do tropicalismo enseja a compreensão do diálogo de tipo "eu-tu" em nossa sociedade.

No sétimo capítulo, introduz-se a reflexão sobre o capitalismo autoritário brasileiro e a dinâmica contraditória que radicaliza o processo de individualização, gestando, potencialmente, o avesso do individualismo e apontando para um horizonte pós-capitalista.

A individualidade como categoria, experiência e valor não nasceu com a humanidade. Tanto quanto as visões de mundo, as instituições e a organização social, a individualidade foi longa e lentamente produzida. Nem sempre na mesma direção, nem sempre em progressão evolutiva. Ideias novas, ações exemplares logo copiadas, soluções engenhosas para conflitos entre projetos de poder, novas emoções que renovados contextos históricos tornaram possíveis, muitos percalços, inúmeras invenções bastante criativas na teologia, na filosofia política e nas artes, na economia e nas artimanhas do poder político: tudo isso serviu para engendrar o indivíduo como um modo de pensar, agir e sentir dos membros da sociedade, isto é, como um dispositivo de subjetivação personalizado. O desenvolvimento do capitalismo fortaleceu a dinâmica individualizante. A "sociedade de mercado" estimulou o individualismo, entendido como egoísmo interesseiro, mas está desencadeando, eis a hipótese, contraditoriamente, um processo que pode escapar ao controle do capital e inaugurar ou aprofundar uma refundação do individualismo, em clave criativa, insurreta e solidária. No Brasil, esse processo complexo e contraditório é particularmente rico, sobretudo quando se considera a multiplicidade de experimentos da individualidade, entre os quais, e com destaque, a construção de si do xamã.

No oitavo capítulo, a Justiça brasileira e suas contradições são examinadas à luz da Constituição democrática e republicana, e à sombra do capitalismo autoritário, que insiste em transformar o regime dos direitos na selva das violações. O caso Lula permite que se acompanhe os descaminhos da legalidade até seu avesso.

O nono capítulo, "Anatomia do ódio e o destino da individualidade no Brasil", assim como as breves conclusões (décimo capítulo), têm por objeto a crise da sociabilidade política pós-2013, interpretada à luz da identificação de potencialidades transformadoras e à sombra de obstáculos regressivos, levando-se em consideração as análises anteriores.

Outra forma de apresentar o livro é seguir os pronomes. O percurso reflexivo inicia avaliando o papel alienante que o pronome "eles" cumpre em nossa cultura política; e a tentativa de tecer o "nós" cidadão nas grandes manifestações de 2013. Na sequência, examina-se a performance de jovens pobres e, em geral, negros nos rolezinhos, que reconfiguravam simbolicamente, ainda em 2013, a geopolítica urbana, marcada pela separação e estigmatização dos territórios vulneráveis, onde vivem os "matáveis", os "não indivíduos". Essa saudável perturbação da velha ordem, herdeira da escravidão, foi confrontada pela reação violenta do linchamento, que reafirma o afastamento racista e reterritorializa o nomadismo performático subversivo. Nos capítulos 2 e 3, aborda-se a impossibilidade da relação eu-tu, em função da brutalidade escravista, seguida da manutenção de desigualdades abissais e do racismo estrutural. Na sequência, são propostas algumas reflexões sobre dois importantes fenômenos nacionais: a grande migração interna (no capítulo 4), na qual se vivencia a dilaceração do "eu" e do "nós" comunitário, personagens do mundo agrário tradicional; e a revolução religiosa (no capítulo 5), que inaugura novas divisões entre "nós" e "eles", os quais adquirem novos sentidos no âmbito das relações emergentes com o grande Outro, "Ele", a divindade. No sexto capítulo, mostramos como o tropicalismo religa os apartados, ensaiando um revolucionário diálogo eu-tu. No capítulo 7, chegamos ao "eu" que vem sendo gestado pelas contradições do capitalismo nas sociedades modernas, particularmente no Brasil, a despeito de sua característica autoritária. Mesmo aí, verifica-se a expansão da individualidade como categoria, valor e experiência. A individualidade radicaliza a dinâmica econômica e social que alimenta o individualismo e, ao fazê-lo, promove uma inflexão qualitativa, em franca contradição com o capitalismo. O capítulo oitavo trata da metamorfose da Justiça no Brasil, que oscila entre o Estado democrático de direito e a exceção, o arbítrio, espelhando contradições do desenvolvimento capitalista entre nós. As questões pendentes a nos desafiar, no capítulo 9, são o ódio e a intolerância, que saíram do armário desde 2013 para nos assombrar, ou seja, para lançar uma sombra sobre nosso futuro, como se fosse um duplo espectral do país. A bipolaridade política passional constrói uma oposição neutralizadora de diferenças no interior de cada bloco, uma vez que cada um existe apenas negativamente, quer dizer, por não ser o Outro, por odiar o Outro. Impõe-se um regime do tipo "nós" versus "eles", que obsta o desenvolvimento da individualidade. A polaridade consiste no inverso da relação eu-tu.

Resta a questão, evocada nas conclusões: de que forma a travessia pelos pronomes pode nos ajudar a encontrar novos caminhos, mais democráticos e mais justos, liquidando o racismo de uma vez por todas, enfrentando para valer e irreversivelmente as desigualdades, e superando tanto as polaridades artificiais quanto as que ganharam conteúdo ideológico obscurantista com o avanço da ultradireita?

Eis aí as duas formas de introduzir *O Brasil e seu duplo*, que busca flagrar nossa experiência espelhada e cindida, em busca de pistas para o diálogo e a mudança.

I.
Quem são *eles*?

O discurso da vítima impotente faz o
jogo do patrimonialismo autoritário
e esvazia a individualidade

Uma categoria-chave para a cultura política brasileira é o pronome da terceira pessoa do plural "eles".[1] Por seu intermédio, os brasileiros referem-se à fonte da responsabilidade por ações e decisões que escapam a seu controle e ao de seus interlocutores. Em geral, ainda que não necessariamente, o pronome empregado como categoria comporta uma carga de juízo negativo ou, no mínimo, ambíguo. Há também, associado ao vago e genérico "eles", uma alusão indireta ao poder ou à superioridade dos agentes evocados pelo pronome na terceira pessoa do plural. "Eles" são poderosos, decidem, omitem-se, fazem e desfazem, afetando a vida coletiva, inclusive e especialmente (pois é este o foco) a experiência imediata dos interlocutores, para o bem e para o mal. Com mais frequência para o mal, é o que parecem sussurrar as vozes do cotidiano. "Eles" costumam ser vistos como os que roubam, desrespeitam o patrimônio público e o "povo".

"Eles" são as elites em um sentido bastante amplo: sobretudo governantes e políticos, mas também, em alguns momentos,

---

[1] A análise sobre o uso do pronome "eles" como categoria da cultura política brasileira — cuja primeira versão, escrita em 1995, durante meu pós-doutoramento na Universidade de Virginia, permaneceu inédita — foi publicada, em sua segunda versão, na seção sobre política e cultura de meu artigo "A 'campanha contra a fome' como experimento radical" (in Soares, 1998). A presente versão apresenta algumas alterações: exclui a parte dedicada ao debate com a psicanálise e desenvolve mais o núcleo do argumento.

líderes sindicais ou de certos movimentos sociais cujas manifestações ruidosas atrapalham a fluência do cotidiano. Por exemplo, durante uma greve que paralisa serviços públicos, o pronome pode ser usado pejorativamente contra os agentes da greve, como suporte de acusações. No entanto, as elites aludidas apenas o são — salvo exceções — se estiverem envolvidas em mediações políticas, com responsabilidades públicas. Uma exceção importante são os cientistas ou técnicos, cujo saber promove mudanças ou engendra tecnologias que afetam a vida coletiva. Nesse caso, o valor tende a ser positivo, ainda que certa margem de ambivalência perdure. Uma ilustração típica: "Vamos ver se antes do final do século 'eles' descobrem a cura do câncer". Um bom exemplo relativo à necessidade da mediação política (em sentido amplo) seria o seguinte: não se diria que as ruas da cidade estão imundas porque "eles" não têm a menor consideração pelo que é comum e coletivo, e jogam lixo, sem nenhum constrangimento, pela janela de seus automóveis importados. Isso não se diria. O objeto de tal consideração não seria o pronome pessoal na terceira pessoa do plural. Dir-se-ia algo como: "As pessoas não respeitam o que é comum, só querem saber de si próprias". Mesmo os ricos. "As pessoas", nesse caso, é a expressão pertinente, não o "eles". Mas certamente se diria que "a iluminação da rua está queimada há muito tempo e 'eles' não querem saber, não tomam nenhuma providência". Ou: "Vamos ver se 'eles' fazem alguma coisa".

Portanto, o "eles" surge quase sempre no lugar de sujeito de decisões e processos superiores à esfera de controle dos cidadãos comuns, decisões e processos que ultrapassam o domínio privado de suas vidas, diretamente, e não por efeito indireto de suas ações — como seria o caso daqueles que jogam lixo pela janela do carro, sujando a cidade, pois a intenção subjacente a esses atos não é sujar as ruas, mas limpar o carro ou livrar-se do lixo, o que autoriza a definir como indireto o efeito produzido (indireto no que diz respeito às motivações). As ruas, as praças e os terrenos públicos não são vistos como de todos, mas, ao contrário, como terra de ninguém, adequada, portanto, para o lixo.

O pronome pessoal na terceira pessoa do plural transforma-se em categoria cultural quando se afirma como chave de um discurso que apresenta poucas variações: "eles" têm o poder, representam esses personagens fantásticos e fantasmáticos que são "o Estado", "os políticos", "os agitadores ideológicos" e, eventualmente, "os homens do dinheiro", frente aos quais o locutor e seus interlocutores sentem-se desamparados, alheios, estranhos, irrelevantes, externos à esfera de consideração, impotentes, enganados e desrespeitados.

Variações usuais reiteram a estrutura simbólica matricial, mas deslocam o conteúdo particular que, sempre de modo impreciso e difuso, preenche o lugar circunscrito ou aludido por "eles". Refiro-me a conjuntos de indivíduos cuja marca distintiva é novamente o poder, ainda que em contextos mais reduzidos e específicos do que a Nação, o Estado etc. Um bom exemplo seriam médicos em um hospital ou seu staff, aos quais seriam atribuídas informações, decisões, práticas e procedimentos, regulamentações e comandos que determinariam a ordem em que se descobrem imersos e da qual se veem dependentes, direta ou indiretamente, o locutor, os interlocutores, o paciente: "Ainda é cedo para saber o que 'eles' vão fazer com fulano". Qualquer grande instituição, como penitenciárias, escolas, o Judiciário, ou algum poderoso núcleo de empreendimento comercial, como os supermercados, qualquer uma dessas agências pode corresponder ao plural vago, mas poderoso, superior ao controle do sujeito e indiferente a suas opiniões e vontades, cujos efeitos em sua vida ultrapassam a esfera de suas decisões privadas e cuja importância para a vida coletiva equivale à sua maligna (ou, no mínimo, ambivalente) autonomia, a outra face do poder.

Insisto no caráter vago, difuso, incerto e impreciso de "eles", assim como em seu valor ambíguo, para enfatizar o tipo de movimento discursivo e performativo que tenho examinado (saliente-se essa segunda qualidade do gesto, pois a performatividade produz a referência fluida a que alude muito mais do que representa com imprecisão uma realidade social substantiva, anterior ao emprego da categoria/ostensão "eles"). O gesto discursivo/performativo que se realiza via enunciação, com os sentidos mencionados, do pronome na terceira pessoa do plural facilita a disseminação de teorias conspiratórias. A prática popular brasileira, este esporte tão comum que consiste no arremesso de "eles" para dar inteligibilidade à vida coletiva (e para manter à margem outros sentidos possíveis), surge, aqui e ali, aclimatada, servindo às paranoias pseudopolitizadas de plantão. Entretanto, esse não é o padrão mais comum, ainda que a questão da paranoia, digamos assim, com toda a cautela, seja pertinente e não deva ser subestimada na consideração do emprego da categoria "eles".

Os sentimentos associados à categoria "eles" quando consideramos sua utilização dominante, não as aplicações deslocadas ou localizadas, são os seguintes: repulsa, ressentimento e culpabilização genérica e inclusiva, isto é, que tende a contagiar todos os atores de algum modo ligados a posições de poder, produzindo muito frequentemente um discurso cínico, cheio de ódio e escárnio, tão negativo e cáustico que termina por se voltar contra si mesmo, inclusive contra o próprio locutor, que se desqualifica como sujeito moral, cidadão responsável ou ator político. Esvazia-se, assim, sua experiência da individualidade, já conspurcada como categoria universal e valor, uma vez que na gramática regida por "eles" reina a desigualdade, afirma-se a impotência, aliena-se o protagonismo, neutraliza-se a cidadania, inviabiliza-se a cultura cívica democrática e o regime dialógico de relacionamento com o Outro, o qual corresponderia a um padrão interativo do tipo eu-tu, intrinsecamente refratário à violência. Onde o pronome "eles" institui-se como linguagem acusatória frequente, é provável que a violência — como opção prática e método de resolução de conflitos — não encontre diques intransponíveis.

Eventualmente, como acontece em um plano econômico bem-sucedido, "eles" acertam. Nesses casos, a aprovação popular combina-se ao sentimento difuso de alheamento, estranhamento, provocando um misto de suspeita, desconfiança e tímido reconhecimento de que "alguém" está dando um jeito, pondo ordem na bagunça, impondo freios à predação generalizada. Portanto, não foram "eles" que se redimiram e se converteram à prática do bem público, ou que passaram a demonstrar competência e responsabilidade cívica e política. "Eles" não se redimem. Por definição, "eles" não se aliam a "nós", não complementam e reconhecem, em uma reciprocidade positiva, o "nós" que inclui o enunciador da categoria "eles" e seus interlocutores. "Nós" que, entretanto e significativamente, nunca é pronunciado, o que sugere a hipótese de que nenhuma identidade se constrói por oposição a um plural tão difuso e pervasivo em um contexto como a cultura política brasileira contemporânea. Quando o mundo político parece funcionar de modo benigno, é porque alguém especial, destacado por uma posição-chave de poder, um presidente da República, por exemplo, foi capaz de cumprir a missão heroica de afastar-se da massa amorfa que compõe o plural subsumido por "eles". O indivíduo admirado, o presidente, heroicamente resistiu à pressão que "eles" continuarão a exercer. Nesse caso, um curto-circuito instala-se, gerando o que, na ciência política, tem o nome de relação plebiscitária: uma relação direta, viabilizada pela mídia, entre o chefe do Executivo e a opinião pública, da qual se excluem as instituições políticas e as mediações determinadas pelos mecanismos da representação, assim como todas as formas de organização de interesses ou de identidades coletivas que recortam a sociedade. Eis as condições para o êxito do populismo.

Em outras palavras, uma cultura política polarizada pela categoria "eles" produz duas disposições gerais básicas: a adesão plebiscitária ao centro do poder individualizado e, em certo sentido, despolitizado (pelo menos fortemente despartidarizado), ou a repulsa difusa, vaga, metonimicamente contagiante do mundo político e da vida pública, repulsa promotora de três sentimentos e percepções matriciais: revolta, autodepreciação ou afirmação cínica de impotência, e o reconhecimento tácito de que esse é o estado natural das coisas no Brasil, sendo o país essencialmente o que pode ser visto por essa perspectiva sombria. O sentimento ou a percepção autodepreciativa implica a admissão velada da participação do sujeito — isto é, de quem enuncia a categoria "eles" — na natureza corrompida e degradada que corresponderia a uma espécie de essência nacional. Essa é a mediação que estabelece a passagem metonímica entre o alvo difuso e plural "eles" e o "eu" que fala de "eles" para interlocutores que circunscrevem um "nós" latente, eventual e contingente. "Nós" que se dissolve, portanto, no contexto comum da degradação simbolicamente epidêmica, antes de ter qualquer chance de cristalizar-se em alguma identidade positiva. A vacuidade que a categoria "eles" comporta traz como contrapartida a vacuidade do "nós" e seu caráter gelatinoso — se me é permitida a menção indireta à conhecida qualificação, cunhada por Antonio Gramsci, a propósito de objeto distinto (a sociedade civil em estado rudimentar de organização), mas passível de interessante analogia.

Observe-se que o aplauso plebiscitário ao líder e a repulsa difusa contra "eles" não se excluem. Podem conjugar-se, e frequentemente o fazem. No caso brasileiro, constituem duas faces da mesma moeda. O ceticismo disseminado pela repulsa à política não se desdobra em niilismo, o que impediria qualquer tipo de adesão, crença, aposta positiva ou investimento valorativo em personagens políticos individualizados. Pelo contrário, nosso ceticismo popular vale para o plural difuso e salva individualidades heroicas desde que se afastem de coletividades políticas. A tal ponto é constante essa complementariedade, que por vezes caberia salientar o aspecto fideísta, que estabelece relações positivas e valoriza heroísmos individuais (não só na política, também na música, no esporte, nas artes dramáticas, na mídia etc.) em detrimento de seu avesso sombrio, a repulsa genérica ao plural vago, associado ao poder. A categoria "eles" apareceria, vista por esse ângulo, como a condição de possibilidade dos investimentos plebiscitários, despolitizantes, em personagens públicos individuais. Ambos os lados da moeda são importantes na cultura política popular brasileira.

Por isso enganam-se os que, à esquerda ou à direita, derivam da repulsa popular "aos políticos" qualquer carga positiva. Essa repulsa não conduz a resistências ou mudanças sociais ou políticas. Tampouco pode servir de alimento a qualquer projeto político democrático, ainda que certamente pudesse servir muito bem a golpes ditatoriais populistas conservadores. Os motivos mostram-se com clareza através do exame da categoria "eles": o sentimento de revolta, embutido na repulsa difusa e indiferenciada (repulsa que não suporta nem sobrevive à distinção qualificadora entre o joio e o trigo, entre partidos tais e quais, tais e quais mulheres e homens públicos, essa ou aquela atitude etc., com a exceção já sublinhada do indivíduo que se destaca como herói ou reformador competente), emerge simbioticamente amalgamado à afirmação autodepreciativa de impotência e ao reconhecimento cínico da participação no espírito comum que emana da (e concorre para promover a) aniquilação de valores coletivos. Por essa razão, o indivíduo não se sente capaz, não crê em alternativas e desconfia de qualquer agente que se pretenda capaz e que postule, defenda e creia em alternativas viáveis para a solução de problemas específicos — até que, eventualmente, ele ou ela realize o que prometeu e surpreenda de forma positiva as expectativas.

É curioso, e merece destaque, o fato de que o mesmo indivíduo que se faz contagiar pelo cinismo degradante e que recusa a priori o valor do público, do coletivo, do social, do nacional, esse mesmo indivíduo muitas vezes está integrado a instituições, grupos e práticas, religiosas e laicas, que valorizam o coletivo e visam, de modo sério, o bem público. Consequentemente, a análise aqui empreendida não é suficiente para descrever disposições políticas globais e definitivas de atores sociais, seja por sua natureza puramente impressionista, generalizante e livremente hipotético-especulativa, seja por conta da imensa complexidade e da vasta gama de variações que devem ser contempladas no estudo das disposições políticas dos indivíduos e dos grupos sociais, cujos traços pertinentes devem ser examinados sempre em contextos específicos, sociais e históricos, respeitando-se a riqueza contraditória e a multiplicidade dinâmica das diferentes variáveis que se combinam, em cada conjuntura particular, ante cada caso singular. A ambição desta abordagem é bem mais modesta, apesar de seu vocabulário por vezes generalizante e conclusivo. Infelizmente, ainda são poucos os esforços reflexivos voltados para nossa cultura política, entendida em um sentido antropológico, isto é, como dimensão da cultura brasileira que resulta da projeção de valores e símbolos — não necessariamente políticos em si mesmos — sobre o domínio dos temas públicos. Com grande frequência, cultura política é confundida com opiniões (expressões conscientes e explícitas, colhidas por perguntas diretas) de grupos sociais sobre temas políticos.

É interessante observar que os males públicos implicitamente aludidos através da referência a seus vagos e imprecisos agentes "eles" não se apresentam, de modo geral, nos discursos populares típicos, decompostos em questões específicas que pudessem ser realmente enfrentadas uma a uma, mesmo que a participação exigida por tal enfrentamento tivesse de ser, dada a magnitude de vários problemas, indireta e submetida a diversas mediações. Por definição, o discurso regido pela categoria "eles" não se associa a perguntas como: o que eu ou nós poderíamos fazer para melhorar a iluminação das ruas, a qualidade dos políticos, a confiabilidade da polícia e da Justiça, a saúde pública, a educação básica ou a injustiça social? O discurso polarizado pelo emprego da categoria "eles" abre espaço para perguntas mais óbvias, como: o que "eles" deveriam fazer ou deveriam ter feito em lugar do que fizeram (caso o que tenham feito seja considerado negativo, como quase sempre ocorre)?

Uma característica complementar da categoria "eles", portanto, a homogeneização generalizante, a indistinção dos problemas e poderes manejados por "eles", reflete, vale insistir, uma significativa recusa a pensar as questões públicas de modo a que se torne possível seu equacionamento com a participação, ainda que indireta, do próprio sujeito. Tal participação é, a princípio e como que por princípio, descartada pelo próprio sujeito. Essa participação é uma possibilidade cancelada na própria estruturação da matriz discursiva. Tenhamos em mente que essa participação também implicaria alianças e respeito a mediações, além da valorização de instrumentos de algum modo públicos e políticos. Em síntese, assim como os inimigos são difusos, os problemas também são difusos e o indivíduo — o sujeito do discurso típico — jamais se põe na posição de assumir ou reivindicar para si, em alguma medida, a responsabilidade de resolvê-los. É a própria individualidade que se dissolve. A passividade parece constitutiva dessa ordem discursiva. O embaraço, nesse padrão simbólico, parece psíquico tanto quanto cultural. São, nesse caso pelo menos, indissociáveis essas duas dimensões. Eis uma das razões por que o pragmatismo, por exemplo, soa tão radicalmente antibrasileiro.

Em síntese:

(a) "eles" reporta-se a um espaço linguístico que se situa além do horizonte da interlocução, fora da esfera das relações sociais;

(b) sua vacuidade e ausência de substância corresponde a uma ilimitada circulação semântica. Isto é, sua a-historicidade radical e seu formalismo viabilizam sua persistência, independentemente das conjunturas históricas particulares;

(c) a vacuidade e a indeterminação, lidas em clave sincrônica, remetem à indistinção. Ou seja, a diferenciação é exatamente o outro (negado) da categoria "eles". Portanto, não basta dizer que a categoria "eles", por debilidade qualificadora, joga no mesmo saco o joio e o trigo, alhos e bugalhos, honestos e desonestos, sérios e oportunistas, representantes legítimos e aventureiros. Mais que isso: a categoria "eles" define-se pela negação das diferenciações ou da própria distinguibilidade de seus referentes. Essas propriedades da categoria concorrem para sua eficiência como peça estratégica na economia psíquica e moral da cultura política brasileira;

(d) o recurso retórico reiterado e acusador a "eles" corresponde ao esvaziamento da individualidade do "eu" como categoria universal (que pressupõe a equidade como princípio axial para a celebração e/ou o reconhecimento do contrato social, enquanto modelo de referência para a definição da legitimidade do poder e da obediência, ou das normas que regem o convívio coletivo, preservando-o da violência, nesse contexto associada à violação de direitos). O esvaziamento da individualidade do "eu" implica a diluição do lugar do Outro como o "tu" inscrito no regime dialógico, indissociável do "eu" da individualidade plena.

Retomo a pergunta já mencionada, mas insuficientemente explorada: diante de "eles", quem somos "nós"? A que "nós" — por mais vago que seja — opõem-se "eles"? Até que ponto a construção de um personagem plural, difuso, ambíguo, poderoso, perigoso e incontrolável, quase uma versão negativa, laicizada e desencantada de Deus — ou uma alusão a um panteísmo laicizado —, até que ponto esse outro interno à sociedade, ao século, à cultura, à nacionalidade, participa da definição simbólica da identidade popular brasileira, circunscrevendo-a, incluindo-se nela e a complexificando, ou, por contraste diacrítico, opondo-se a ela? Tudo leva a crer que a resposta mais apropriada seja: "nós" apenas faria sentido nesse contexto no papel de vítima ou de objeto da ação maligna do Outro, e raras vezes no papel (complementar ao da vítima, porque igualmente passivo) de beneficiário da boa ação do grande líder individualizado.

Por isso o emprego do "eles" concorre para fortalecer o autoritarismo e para reduzir a disposição participativa da sociedade no espaço público — visto como o lugar dos outros ou de ninguém, nunca "nosso". "Eles" revoga o "nós" e apassiva o sujeito. O emprego da categoria "eles" sublima a impotência política popular na linguagem acusatória de um ressentimento difuso, em uma economia simbólica cujo eixo de gravidade é a paradoxal "idolatria" do Estado. Outro paradoxo está no fato de que, exprimindo seu descontentamento com a crítica vaga ao difuso "eles", os segmentos que se sentem ludibriados e explorados só contribuem para a reprodução do status quo, seja porque a despolitização das acusações as torna inócuas, seja porque do outro lado de "eles" não está um "nós" demarcado e fortalecido pelo tensionamento, mas um espaço gelatinoso e indefinido.

A despeito desse quadro desolador, a cultura política brasileira não se resume à despolitizada enunciação da categoria "eles". Há uma história afirmativa que aponta em direção oposta. Refletimos sobre "eles" porque a categoria inscreve-se na linhagem da suspeição, em diálogo velado com a monstruosidade da escravidão. Para entender a profundidade da desconfiança (e da consequente insegurança) do ponto de vista popular, é necessário ter em mente o autoritarismo que a República não reverteu. Autoritarismo do Estado, manifesto em sua institucionalidade avessa à participação e nas políticas públicas adotadas, e também profundamente enraizado na sociedade brasileira seja pelo racismo, seja pela perpetuação de estruturas sociais e econômicas iníquas. É natural que, do lado das classes subalternas, faltando condições que estimulem a participação política, sobrem desconfiança, insegurança e a vontade de sublimar a própria impotência sob a forma de ressentimento apassivador e vitimização. Contudo, houve ao longo da história e tem sido crescente a participação da sociedade no espaço público brasileiro. Sobretudo, e de forma original, a partir de junho de 2013.

1.1. Depois de junho

Muita coisa muda nas jornadas espontâneas e babélicas de junho de 2013. Enquanto processo, virtualidade, tendência e emergência de novo horizonte prospectivo, muda o essencial: o "nós" substitui o "eles" na cultura política brasileira, na experiência da sociabilidade e na construção dos nexos entre o público e o privado, o individual e o coletivo, a consciência e o valor, a intimidade e a política. Abriu-se aí um portal para outra dimensão da vida cidadã e republicana, mesmo que a fenda tenha em seguida se fechado antes que dela o país se beneficiasse consistentemente. O fato é que chegamos a tocar o avesso de nossa tradição de impotência e alienação do protagonismo. E isso tem consequências.

Focalizemos uma das mais notáveis manifestações do fenômeno a que nos referimos: os cartazes e a linguagem adotada nas manifestações para converter aglomerações em formas de manifestar-se, fazendo-o a um tempo individual e coletivamente.

Se estivéssemos diante de acontecimentos correntes, ordenados segundo a lógica tradicional, as manifestações se dariam sob a forma de reuniões em ruas e praças, emolduradas e, em certo sentido, explicadas por faixas, as quais exibiriam palavras de ordem, reivindicações ou propostas defendidas pela massa que as empunha. Quão maiores as multidões e as dimensões das faixas — elas devem corresponder à magnitude da massa reunida —, mais suas intenções ressoariam e exerceriam impacto político. Mais chances haveria de que as reivindicações fossem atendidas — ou ao menos ouvidas, consideradas e reconhecidas como aspirações reais — e de que as propostas ingressassem na agenda pública com peso e legitimidade. As faixas são largas e seus dizeres claros, objetivos e sintéticos, porque devem ser vistas e seus conteúdos estão ali registrados com destaque para serem lidos pelo poder público, pelo Estado, pela mídia ou pelos alvos das reivindicações. O interlocutor do discurso coletivo transmitido pelas faixas é o poder político ou econômico, são as instituições, é a opinião pública definida em sua versão genérica e abstrata. O destinatário das grandes faixas e das reivindicações sintéticas é o grande Outro da massa na rua — na maior parte dos casos, o Estado.

Para chegar à faixa, à grande faixa que não deve murmurar, mas gritar, que não deve tergiversar, mas destacar o objetivo, e que precisa se impor à visão do Outro, para alcançar as condições que tornam possível a frase síntese que a maior das faixas ostentará, todo um processo terá sido cumprido. Lutas políticas entre grupos e subgrupos terão sido enfrentadas em assembleias amplas e comitês fechados, vaidades pessoais terão se chocado, ambições de lideranças serão sacrificadas e outras, consagradas, opiniões divergentes terão sido aparadas, fundidas, adaptadas ou desqualificadas e marginalizadas, votações terão sido vencidas e perdidas, maiorias e minorias jogarão jogos sujos e limpos noite adentro ao longo de semanas ou meses, vozes roucas se confrontarão e celebrarão conquistas quase bélicas. Finalmente, o filtro de emoções, valores, interesses e paixões passará a limpo a pluralidade de frases, palavras, ideologias, propostas, expectativas, emitindo a decisão final, que será espelhada na grande faixa e entoada nos carros de som pelos líderes vitoriosos nas disputas internas. A massa presente dará seu aval ao processo, vendido pelos otimistas como um simulacro da dialética histórica: das contradições fez-se a luz da síntese. Cada assembleia seria uma espécie de dramatização das contradições. A votação produziria a síntese. Essa narrativa despreza acordos de bastidor e manobras nem sempre respeitáveis. Mas nem só de pureza depende a vitalidade democrática, ainda que aquilo que se macule seja a própria participação — o que deveria constituir um desafio reflexivo, ético e político incontornável.

De todo modo, eis a conclusão: a faixa expressa um processo dotado de características bastante específicas, que colocam em questão as relações tensas entre representação e participação. A faixa decorre da busca, ou melhor, da construção da univocidade, uma vez que se supõe que unidade implique intensificação da força, da autoridade e do poder. Cálculo discutível, mas não desprovido de sentido, quando se tem em conta a natureza da interlocução supostamente praticada (ou idealizada), aquela que põe em comunicação (é o que esse regime conceitual-ideológico supõe ou idealiza) a sociedade e o Estado, a massa e o grande Outro — cabendo a mediação às vanguardas, às lideranças, aos representantes de entidades, associações, partidos, instituições.

Em junho de 2013 faltaram as grandes faixas e, por consequência, os procedimentos-padrão que as tornavam possíveis e necessárias, assim como o sistema imaginado que lhes conferia significado. Nas jornadas de junho, milhares de pessoas levavam consigo para as manifestações seus próprios pequenos cartazes — suas faixas prêt-à-porter, por assim dizer, *individualizadas*. Cartazes de cartolina ou papel, não importava. Escritos à mão. Os dizeres enunciavam sentimentos, propostas, valores, considerações, pequenos jogos de linguagem, ou reivindicavam. Os cartazes eram pequenos, portados individualmente. O Estado não os podia ler, nem a grande mídia. Os olhos da sociedade não eram o alvo daqueles dizeres idiossincráticos e expressivos, nem o grande Outro era o interlocutor visado ou pressuposto. Não havia processos decisórios previamente estabelecidos e ritualmente cumpridos que atribuíssem legitimidade ao que neles se desenhava. A legitimidade não derivava de nenhuma dinâmica política instituída, mas da vontade de um *indivíduo*, de seu desejo de expressar algo — uma angústia, uma crítica, o repúdio —, ou do simples desejo de se expressar. A fonte da legitimidade era questão irrelevante, ou melhor, equivalia à presença e se confundia com a presença de um corpo, uma voz, um espírito patente na potencialidade feita prática de comunicação, convívio, exercício de sociabilidade. O estar ali com os outros bastava. O cartaz enunciava essa crença e aduzia alguma qualificação emocionante e enriquecedora, dos pontos de vista imaginário, moral e intelectual — como o pequeno cartaz que dizia: "É tanta coisa que nem cabe aqui". Ou seja: *vocês sabem dessas tantas coisas. De resto, estamos aqui juntos e é isso que importa, não é?* Sendo pequenos os cartazes e pequenas as letras em que as palavras estavam escritas, quem os podia ler? Para quem tinham sido feitos? Para o outro com "o" minúsculo, o próximo, o vizinho da caminhada, o parceiro ou a parceira de travessia, quem estivesse ao lado e se dispusesse a olhar, ler e mostrar ao interlocutor o seu próprio cartaz, acrescentando comentários, talvez. O espaço do pequeno cartaz *individualizado* e expressivo é o do diálogo, diálogo do tipo *eu-tu*, que só se sustenta se os sujeitos supõem-se iguais, enquanto interlocutores, partícipes de um conjunto mais abrangente que os compreende, os inclui. Conjunto de que, em comum, participam, fazem parte. Eis aí a sociedade brasileira exorcizando o "eles" e ensaiando novas possibilidades para a prática do eu-tu, geradora do nó ou do "*nós*" que faltava para que se completasse a tessitura do social. Não é mais o Estado que forma a sociedade no Brasil. A partir de junho, somos nós, cidadãos. A velha impotência, o ressentimento amargo e venenoso, a rendição ética ante a aparente falta de alternativa, tudo isso começa a ceder lugar a uma extraordinária sensação de que há lugar para a experiência republicana da cidadania, que se realiza como protagonismo e participação — e, sobretudo, corresponsabilização.

Exagero? Generalização? Provavelmente, sim. Mas o que são as ciências sociais senão o esforço de destacar o que talvez não se perceba e, em o fazendo, ajudar a que o fenômeno não só seja percebido como valorizado? E isso acaba contribuindo para que a antecipação de futuros alternativos os realize, de fato, não porque a previsão fosse visionária e certeira, mas porque foi formulada e mereceu confiança, passando a frequentar o imaginário coletivo e a agenda política.

Nem tudo foram flores, a violência passou a ser uma linguagem especular (relativamente à brutalidade policial) também de alguns segmentos de manifestantes, que contaram com a lamentável contribuição de infiltrados, cujo interesse era erodir a legitimidade das manifestações, facilitando seu isolamento político e seu esvaziamento. Os espinhos viriam a exibir suas pontas agudas no futuro próximo. Eles provieram do enviesamento daquilo que, na origem, parecia ser apenas saudável pluralismo ideológico e diversidade de pautas. Setores conservadores reaprenderam a ocupar as ruas e a proclamar suas demandas ruidosamente. Aproveitaram a experiência recente das manifestações e, com o apoio e, a seguir, a direção da mídia tradicional, transformaram sua memória em combustível para mobilizações de massa contra a corrupção, bandeira que ocultava a intenção de estigmatizar o PT, generalizando acusações e lhe atribuindo, de forma injusta, o monopólio dos malfeitos.

Constitui, entretanto, grave equívoco supor que 2013 possa ser avaliado retrospectivamente da perspectiva do ativismo conservador de 2015. Essa visão seria unilateral e subestimaria a pulsão transformadora que vibrou de modo intenso em 2013 e que superou, naquele momento histórico, o viés reacionário típico das camadas médias.

1.2. Nós coisa nenhuma: A demonização do Outro e a geopolítica das cidades

No dia 31 de janeiro de 2014, cerca de trinta rapazes em quinze motos cercaram quatro adolescentes na avenida Rui Barbosa, no bairro carioca do Flamengo, aparentemente sob o pretexto de que pareciam suspeitos. Dois meninos abordados conseguiram fugir. Os outros dois viram uma pistola 9 milímetros com um dos motoqueiros e não correram. Foram espancados. Um deles fugiu. Seu parceiro de infortúnio, um adolescente negro, foi amarrado pelo pescoço a um poste, onde o deixaram nu, sangrando como uma presa abatida. Os justiceiros foram embora. Logo surgiram mais notícias sobre a gangue de motoqueiros. Outros jovens pobres foram surrados e deixados nus sob ameaça de linchamento. Sobreviveram porque conseguiram escapar e acabaram defendidos por populares em um bar de Copacabana. Enquanto batiam em suas vítimas, os motoqueiros as acusavam de terem cometido roubos e outros delitos. A assistente social Yvonne Bezerra de Mello, que chamou os bombeiros para livrar o menino amarrado ao poste no Flamengo, denunciou à polícia, poucos dias depois, que estava sendo ofendida e ameaçada de morte nas redes sociais por "proteger bandido". Os sinais parecem claros, mesmo que não fossem conscientes. Por que amarrar pelo pescoço a um poste? Por que deixar a vítima nua? Havia mensagens nessas escolhas. E elas só poderiam ser compreendidas no contexto marcado pelos rolezinhos e pela disseminação do ódio.

Os quase linchamentos não foram casos isolados. Todo ano há linchamentos no Brasil. A novidade estava no cruzamento entre o espaço e o tempo em que ocorreram esses episódios: na zona sul do Rio de Janeiro, área afluente da cidade, no auge da febre dos rolezinhos.

Encontros de jovens da periferia de São Paulo em postos de gasolina, de madrugada, nos fins de semana, ou em estacionamentos de supermercados, já ocorriam havia algum tempo. Eram os "gritos por lazer", como diziam os participantes, ávidos pelo divertimento tão escasso em zonas áridas, desprovidas de programas acessíveis e atraentes. Mas em 8 de dezembro de 2013 a turma inovou: cerca de 6 mil jovens reuniram-se no Shopping Metrô Itaquera. Segundo membros ativos do grupo, foram dar um rolezinho naquele espaço de lazer e consumo da classe média. Houve tumulto, o shopping fechou uma hora e meia mais cedo, clientes e lojistas temeram violência, alguns relataram furtos, mas a administração negou que tivesse havido delitos, muito menos o alegado arrastão.

O medo atrapalhou o passeio das famílias e a rotina do estabelecimento, mas nada relevante foi reportado à autoridade policial.[2] A situação era esdrúxula, porque, a rigor, não havia nada de errado e, portanto, nada a fazer para impedir que jovens pobres ocupassem espaços na cidade que também lhes pertenciam, ainda que não costumassem frequentá-los. Em certo sentido, sem que houvesse uma norma explícita que vetasse sua presença, aquela nova experiência trazia à tona barreiras imaginárias. A visita inesperada causava incômodo. Os dois lados percebiam a sutileza do que estava acontecendo. Sim, os eventos eram grandiosos, faziam muito barulho, mas o gesto que mudava as peças no tabuleiro era sutil e tocava cordas delicadas da sensibilidade nacional. Os meninos compreenderam que as ocupações se tornariam atos políticos: era como se reafirmassem seus direitos sobre os espaços públicos, dos quais os pobres e negros sempre estiveram excluídos no Brasil, a menos que pela riqueza suplantassem as fronteiras da cor. Foi assim que os rolezinhos se tornaram uma brincadeira bastante séria e tocaram o nervo de um dos maiores tabus brasileiros: o racismo, recalcado sob a ideologia da democracia racial. A tolerância existe desde que uns fiquem de um lado e outros, de outro, apartados geograficamente, nas escolas, nos shoppings, nos ambientes usualmente frequentados por uns e por outros. As desigualdades sociais e econômicas garantiam essa distância, isolando, canalizando ou sublimando tensionamentos. Entretanto, nos últimos vinte anos as desigualdades foram significativamente reduzidas — apesar de serem ainda abissais. Esse processo conferiu credibilidade ao discurso sobre equidade e cidadania, consagrado na

---

[2] Há menções a detidos durante o rolezinho do dia 8 de dezembro. No entanto, considerando-se a escala dos eventos, os casos reportados, além de discutíveis, são pouquíssimos.

Constituição federal, que antes era ignorado ou repelido pela massa da população como se fosse a mais sórdida e demagógica das mentiras. A avalanche de mudanças substantivas das duas últimas décadas levou a maioria a sentir-se valorizada e fortalecida, fazendo-a adotar a linguagem dos direitos, seja como consumidor, seja como cidadão. Crimes racistas começaram a ser denunciados e tratados com seriedade. Pela primeira vez na história do país, numerosos contingentes de jovens negros chegaram à universidade, e eles não estavam mais dispostos a levar desaforo para casa. Referências à elite branca, antes uma caricatura exótica, passaram a marcar as conversas dos segmentos politicamente mobilizados da sociedade. O primeiro rolezinho foi um sucesso midiático e garantiu o êxito da convocação para o seguinte, que reuniu 2500 pessoas no Shopping Internacional de Guarulhos, região metropolitana de São Paulo, no dia 14 de dezembro de 2013. A sequência de atos pode ser vista como o rompimento performático de muros simbólicos que apartavam pobres e ricos, promovendo mudanças na geopolítica convencional, elitista e racista. Animados com o entusiasmo com que eram acatadas as convocações pelas redes sociais, assim como pela intensidade das reações que as incursões suscitavam, os jovens não recuaram. Os rolezinhos eram pacíficos e lúdicos, mas assustavam. Divertiam-se com o medo que provocavam, mais ou menos como as crianças que saem mascaradas no Halloween norte-americano. A diferença é que, no Brasil, as máscaras que assombravam eram os rostos nus dos jovens sobre os quais recaíam velhos mas impronunciáveis estigmas. E é claro que isso não é nem um pouco engraçado, ainda que a garotada gargalhasse nos tumultos que provocava. Um fator distintivo nesse caso é o número. Isolados, seriam ignorados ou, dependendo do comportamento e do vestuário, convidados a se retirar, como ocorreu algumas vezes no passado, embora cada vez menos, em função do crescimento da consciência sobre os direitos. Aos milhares, impunham-se e, por assim dizer, invertiam a correlação de forças. No dia 22 de dezembro, o rolezinho aconteceu no Shopping Interlagos, na zona sul de São Paulo. Quatro participantes foram levados à delegacia para prestar esclarecimentos. Muitos policiais foram mobilizados. Não houve registro de furtos ou danos ao patrimônio. O rolezinho seguinte ocorreu na zona norte da cidade de São Paulo, no Shopping Tucuruvi, em 4 de janeiro de 2014. Não houve furtos nem prisões, mas correrias e confusões forçaram a administração a encerrar o expediente três horas antes do previsto. A continuação dos rolezinhos precipitou declarações fortes das associações de lojistas, e o governo estadual foi instado a reprimir com severidade aquelas brincadeiras. Elas estavam perturbando os consumidores, afastando-os dos shoppings e custando caro ao comércio. No dia 11 de janeiro, a Polícia Militar não hesitou em recorrer a balas de borracha e gás lacrimogêneo para dispersar a aglomeração dos jovens no Shopping Metrô Itaquera, que fora palco do primeiro episódio da série. Três pessoas foram detidas. Dois roubos e dois furtos foram registrados. Naquele mesmo dia haviam sido marcados rolezinhos em outros shoppings paulistas. Os estabelecimentos interpelaram a Justiça, requerendo a proibição dos eventos. Difícil era definir as regras do jogo. Como filtrar os admissíveis? Pela idade? Cor e vestimenta seriam indicadores inconstitucionais. Pelo número? Só funcionaria se os milhares chegassem todos de uma vez. Como distinguir entre consumidores e visitantes dispostos a participar da performance, a qual, aliás, resumia-se a estar em grande número nos espaços escolhidos, por vezes cantando as canções mais apreciadas? Curiosamente, partícipes do rolezinho eram também consumidores. Não havia depredações, crimes, violência. Por que e com base em quais critérios proibir a entrada? O governo de São Paulo via-se mais uma vez metido numa grande encrenca.

Afinal, tratava-se de um ano eleitoral. Não havia como evitar desgastes. Haveria cenas de correria: tanto com o triunfo do rolezinho quanto com a demonstração de força da Polícia Militar. A pergunta que provavelmente o governador se fazia era como perder menos. Nesse contexto, era natural que ele tentasse empurrar o problema para o prefeito, Fernando Haddad, do PT. O prefeito não se fez de rogado e deu exemplo de sensibilidade social: reconheceu a necessidade de discutir a cidade em seu conjunto e de investir na abertura de novos espaços públicos para o lazer e a cultura.[3]

O primeiro rolezinho do Rio de Janeiro só seria convocado para o dia 19 de fevereiro de 2014. Mesmo assim, no Rio sabia-se tudo sobre os rolezinhos e falava-se bastante a respeito, uma vez que jornais, revistas, rádios e TVs cobriram com detalhes o que acontecia em São Paulo. Outros estados começavam a presenciar eventos semelhantes. O exemplo paulista era contagioso. A moda não demoraria a chegar ao Rio, onde, aliás, ocorrera a primeira manifestação no interior de um shopping: em 2000, o líder comunitário André Fernandes levou um grupo de jovens favelados para o Rio Sul com o propósito de denunciar as desigualdades, a pobreza e a violência policial. Mas o contexto era outro e a performance esgotou-se em um único ato. Em 2014, as condições estavam dadas para que a experiência se alastrasse. Portanto, quando o adolescente negro foi espancado e abandonado nu, amarrado pelo pescoço a um poste, os rolezinhos estavam presentes no repertório cotidiano da mídia e do imaginário social. Eram muito fortes as imagens de jovens negros deslocando-se como populações errantes em ondas migratórias para dentro dos templos do consumo da classe média, os shoppings centers, atravessando

---

[3] <http://g1.globo.com/sao-paulo/noticia/2014/01/conheca-historia-dos-rolezinhos-em-sao-paulo.html>

limites que antes talvez fossem considerados intransponíveis. Não que antes os jovens pobres e negros fossem proibidos de entrar e passear nos shoppings. Como os preços e o ambiente não lhes eram, digamos, familiares, sua presença não era significativa. Entrando em grande número, punham uma lente de aumento sobre sua presença, tornando-a um fato público notório. A geopolítica do surdo apartheid nacional estava sendo desestabilizada. Paredes haviam sido postas abaixo por efeito da redução da pobreza e do novo protagonismo assumido pela juventude das periferias. Essa mobilidade assombrava muita gente. Quando os trinta motoqueiros atacaram os adolescentes no Rio de Janeiro, esse era o pano de fundo, mesmo que nada disso fosse verbalizado. Os justiceiros cariocas amarraram o menino no poste para dramatizar sua fixação territorial, criando um contraponto às ondas migratórias, ao nomadismo que desconhece fronteiras de classe e de cor, à errância que ignora a geografia social estabelecida pela tradicional distribuição de poder. Enlaçaram-no pelo pescoço para privá-lo de voz, e sabemos que a voz é o meio mais importante de afirmação da natureza humana. Voz articula a linguagem e a linguagem constitui o sujeito, dota-o de subjetividade, dignidade e direitos. A nudez corresponde à privação dos signos mais elementares de pertencimento à sociedade, as roupas. O jovem negro foi reduzido ao corpo sem voz, desprovido de movimentos e linguagem — subjetividade, dignidade, direitos e inserção social. A agressão ao adolescente foi uma resposta brutal aos rolezinhos, paradoxalmente demonstrando seu profundo sentido histórico. A reação racista ordenava de forma tácita: "Ponha-se em seu lugar".

As sociedades mudam como animais trocam de pele. No Brasil, a velha epiderme não cederia sem resistência.

2.
Uma divisão radical
Da individualidade impossível à criação de alternativas

2.1. Casa-grande nas cidades

O ponto de contato entre várias importantes interpretações do Brasil é o reconhecimento da ambivalência ou da ambiguidade como traço cultural distintivo e marca estrutural da sociabilidade brasileira. Devemos salientar que onde reina a ambiguidade (entendida de certa maneira, exposta adiante) não há espaço para que a individualidade prospere enquanto categoria, experiência e valor, trazendo consigo a afirmação da igualdade e o padrão dialógico de relacionamento com a alteridade, isto é, aquele regido pelo modelo eu-tu, avesso à violência. Por isso, se desejamos compreender a trajetória claudicante da individualidade no Brasil, impõe-se analisar o dispositivo sociocultural que obsta sua expansão: a ambiguidade entre pessoa e indivíduo, igualdade e hierarquia. É preciso sublinhar que esses pares conectam-se ao notório dilema nacional, a projeção do privado sobre o espaço público e das lealdades pessoais sobre as normas contratuais que organizam a sociedade.

Começo a expor os significados da ambiguidade segundo diferentes autores, examinando um exemplo a um tempo simples e complexo, trivial e modelar, quase um tipo ideal das relações de poder no Brasil, enfeixando tensões econômicas e uma delicada teia de valores e visões de mundo: a instituição empregada doméstica, que consiste numa espécie de transplante do grande teatro colonial para o contracheque da classe média. A "doméstica" foi durante muito tempo a personagem mais singularmente brasileira, porque representava a dramatização cotidiana de nossas iniquidades sociais mais profundas, sustentadas por estruturas culturais inconscientes. Sua rotina colocava em circulação as gramáticas invisíveis da cordialidade e da hierarquia.

Hesitemos na escolha do tempo do verbo. A empregada *foi* uma instituição que aprendemos a olhar criticamente? Tudo indica que a superação esteja em curso. Mudanças legais recentes apontam nessa direção. O mercado de trabalho sofre transformações. O lugar da mulher desloca-se. Desigualdades são mais diretamente questionadas. A resistência antirracista se fortalece. O Brasil democrático e moderno — a despeito de tantas limitações e retrocessos recentes — chega à cozinha, infiltra-se na intimidade do lar. Por outro lado, o passado segue firme e forte, responde "Presente!" à primeira chamada, enrosca-se ao redor do novo e subsiste sobretudo no reduto mais refratário às transformações: a mentalidade, as emoções, os valores.

O que foi essa instituição singular que ainda é, tanto quanto persiste atual o Brasil que já foi?[1]

A experiência histórica da casa-grande, durante a escravidão e depois, transferiu-se de malas e bagagem para os domicílios dos patrões urbanos, os quais, quando o convívio estendia-se, passavam a considerar a trabalhadora parte da família, guardadas as distinções e ambiguidades típicas da tradição nacional. Distinções no espaço, no acesso à palavra, nos rituais familiares: o quarto de empregada nos apartamentos em que trabalhavam e, com frequência, moravam não era um cômodo como os outros. As dependências de empregada eram o nome de um cubículo claustrofóbico sem janela, ao lado da cozinha,

---

[1] Vale consultar o importante trabalho de Suely Kofes (2001).

vizinho de um banheiro minúsculo feito menos para atendê-la do que para mantê-la afastada do uso inadmissível dos banheiros da família.[2]

Por mais íntima que fosse a relação com os patrões e seus filhos, a empregada não sentava à mesa com a família. Via a novela na sala, mas não compartilhava o sofá. Postava-se à parte, em uma cadeira simples. Não seria apropriado sentar-se em poltronas, mesmo que estivessem vazias. O direito à manifestação lhe era concedido, mas não como a qualquer outro membro da família. Podia comentar a novela enquanto todos o fizessem, de seu lugar marginal ao círculo familiar, mas não lhe era autorizado participar de conversas entre os membros da família, a menos que convidada a fazê-lo. Tinha acesso a todo o espaço doméstico apenas no cumprimento de suas obrigações profissionais. Não lhe competia ocupar qualquer área do apartamento ou da casa para fins privados, ainda que fossem inócuos. Os códigos de comunicação impunham a distinção também por meio dos vocativos na interação com os patrões: senhor, senhora, doutor, doutora.[3] Houve um período em que não era incomum que os filhos dos patrões recorressem à empregada como parceira para a iniciação sexual, aproveitando-se do constrangimento que a hierarquia e a dependência econômica impunham. O favor assumia a forma de dádiva constrangida. Hoje se diria, e com bons motivos, abuso, violação, estupro.

O outro lado não é menos verdadeiro: a solidariedade dos patrões, o afeto, a ajuda aos filhos da empregada doméstica quando estão doentes ou necessitam de auxílio na escola, ou

---

[2] O que dizer dos projetos arquitetônicos contemporâneos? Constroem-se, ainda, quartos de empregada nos apartamentos de classe média? [3] O leitor e a leitora me perdoarão o esquematismo e a ausência de demonstrações empíricas, se puderem recorrer à memória e ao testemunho da experiência direta ou indireta. Quem viveu esse Brasil que começa, felizmente, a eclipsar-se relevará minha confiança nada acadêmica no relato não documentado.

quando lhes falta o indispensável. Dependendo do tempo de convívio e da intensidade dos laços, facilidades são concedidas, relevam-se imperfeições no serviço, perdoam-se atrasos, antecipam-se férias. A dedicação é reconhecida e premiada. Tudo pode ocorrer, mas nada é certo, previsível ou regulado por normas transparentes e consensuais, muito menos formalmente pactuadas. A generosidade flui e retrai-se ao sabor do temperamento. Se o grande coração do brasileiro é despótico, diria Sérgio Buarque de Holanda, porque desconhece os limites do espaço público e a regência das leis, e imanta o mundo inteiro com suas paixões, atropelando princípios de equidade e cidadania, na vida doméstica será ainda menos plausível esperar que sejam respeitadas as fronteiras entre as esferas profissional e pessoal.

Como seria possível negociar regime de trabalho, quando a profissão está embutida no vínculo de parentesco e os interesses são interpretados com a linguagem moral dos afetos pessoais? A gratidão desautoriza a objetividade do cálculo. Sai o salário, entra a ajuda; sai a negociação, entra o pedido; sai a conquista, entra a dádiva; sai o fortalecimento da categoria profissional, entra a dívida pessoal; sai o contrato, fica a palavra; sai a definição precisa de direitos e deveres, entram gratidão, ressentimento, traição e culpa.

Por isso, embora a nova legislação tenha desenhado um quadro de referência plenamente profissionalizado, superando as superposições mencionadas, o exemplo ainda está vivo na memória social e, não raro, continua presente, infiltrando-se no exercício cotidiano do relacionamento entre patroas (e patrões) e empregadas.

Em 2013, o Congresso Nacional estendeu às empregadas domésticas os direitos dos trabalhadores, o que provavelmente continuará provocando mudanças profundas até mesmo na cultura brasileira. De acordo com o Ipea (2012), em 2009, o trabalho doméstico empregava cerca de 7,2 milhões de brasileiros e brasileiras. Esta ocupação se caracteriza por: i) ser tipicamente feminina: do total de ocupados em trabalho doméstico, 93% (ou 6,7 milhões de pessoas) eram mulheres; ii) tipicamente negra: do total de ocupados, 62% (ou 4,4 milhões de pessoas) eram negras; e iii) tipicamente urbana: 91% dos ocupados nesta categoria (ou 6,5 milhões) encontravam-se em áreas urbanas, sendo que ⅓ do total estava em regiões metropolitanas.

Antes da nova legislação, esse numeroso contingente de trabalhadoras não tinha os mesmos direitos dos demais.

Estamos diante de mais um sinal de que a sociedade muda mesmo naqueles aspectos profundos, ainda que a supressão legal de uma instituição arcaica não seja suficiente para extirpar do imaginário coletivo o sentido de uma história enraizada em corpos e espíritos. A construção política do cidadão com direitos é paralela à afirmação social da individualidade, no sentido evocado adiante.

O novelo de contradições que enredam o emprego doméstico urbano tem história na sociedade brasileira. O personalismo do Brasil arcaico — a cordialidade e a hierarquia —, contraface do patrimonialismo, pagava com a moeda da proteção os direitos, a liberdade e a autonomia que suprimia. O coronel da primeira República cobrava subserviência aos compadres trabalhadores, mas oferecia alguma segurança aos afilhados.[4] Ao longo do século XX, o convívio do capitalismo em expansão com o patrimonialismo tradicional, traduzido na dualidade de códigos, estimulou o uso perverso da ambiguidade, pelo qual o trabalhador pode acabar sem direitos e sem proteção, e

---

4 Entre os autores imprescindíveis para esse tema, incluem-se, com destaque, Arantes (1970, 1993 e 2011), Monteiro (1974) e Queiroz (1966).

os jovens mais vulneráveis podem reler o mercado sob a ótica selvagem da disputa sem limites. O pior dos dois mundos, na síntese nada dialética de nossa sociologia prática.[5]

Mencionei as gramáticas invisíveis da cordialidade e da hierarquia. Explico. Em sua obra clássica, *Raízes do Brasil* (1936), Sérgio Buarque propõe uma leitura do padrão de comportamento brasileiro que se tornaria muito influente: a cordialidade. Seríamos cordiais em um sentido muito específico: refratários à formalidade, aos ritos da sociabilidade, aos limites, à disciplina das regras e dos princípios abstratos. Nossa natureza nos induziria à expansão dos sentimentos, estendendo as lealdades privadas à esfera pública.

Roberto DaMatta, em seu texto também já clássico, considerando-se seu valor heurístico e a influência que exerceu sobre o pensamento nacional, afirma que a sociedade brasileira é atravessada por uma dualidade que se expressa na ambiguidade de determinadas atitudes e crenças. Nenhum episódio seria tão paradigmático dessa matriz quanto a declaração-clichê "Você sabe com quem está falando?", sacada como uma arma contra quem ousa tratar o autor da pergunta como um igual, sobretudo igual perante a lei, ou seja, como cidadão de uma sociedade democrática e individualista (DaMatta, 1979). Por um lado, os brasileiros são, tentam ser ou desejam ser membros de uma sociedade democrática e igualitária, formada por cidadãos. Por outro lado, rejeitam o tratamento igualitário quando seus interesses são atingidos ou seu orgulho estamental é ferido. Todos são iguais perante a lei no documento formal. Na prática, manda quem pode, obedece quem tem juízo. O país real trai o país legal e impõe a hierarquia, cuja vigência prolonga o patrimonialismo por dentro do capitalismo e obriga o individualismo igualitário a conviver com a hierarquia, provocando tensões no cotidiano.

---

5 Desenvolvo essa hipótese em *Cabeça de porco* (Soares et al., 2005).

A relação flagrada por Sérgio Buarque entre o universo cordial da pessoa e a esfera pública corresponderia, na análise de DaMatta, ao choque entre os padrões culturais hierárquico[6] e individualista. Ambos os registros detectaram uma fonte importante de iniquidades sob a forma de renitente patrimonialismo ou de perversas ambiguidades. Mencionando o patrimonialismo, forte traço conservador plantado no seio da modernidade, sou remetido à interpretação que pensa o Brasil pelo prisma da modernização conservadora.[7] A hipertrofia da pessoa e dos laços privados, no âmbito da cordialidade, pode ser lida como a tradução cultural do patrimonialismo que caracterizaria a sociedade brasileira. A passagem conceitual entre patrimonialismo e modernização conservadora não é fluente. Os universos conceituais são distintos. No primeiro, a sociedade seria estruturada em estamentos e a referência teórica, Max Weber (no Brasil, Raymundo Faoro, 1975). No segundo, de extração marxista (mas não só), a formação social derivaria da luta de classes. Ambos os prismas de análise da sociedade brasileira dialogam entre si, mas não se superpõem. A abordagem de DaMatta é mais afim à inspiração weberiana, até mesmo pela mediação de sua principal referência, Louis Dumont. Com seu foco na cultura, acolheria melhor a hipótese de convivência entre dois padrões opostos — a hierarquia e o individualismo — e, portanto, concordaria com a tese da ambiguidade como eixo estruturante da vida social. Em sua análise, contradições são efeito da duplicidade, em vez de choque entre atores, interesses e projetos na dinâmica da história a exigir solução (dialética). De seu ponto de vista, salvo engano, as contradições constituem qualidades específicas que podem ser descritas

---

[6] O conceito "hierarquia" foi inspirado pela obra de Louis Dumont sobre a Índia, *Homo Hierarchicus: Essai sur le système des castes* (1966). [7] Esse tema será tratado com detalhes no sétimo capítulo.

quando o pesquisador aborda o plano estático das estruturas profundas da cultura — instauradoras do social.

A propósito de ambiguidades, observe-se que elas já gozaram de maior prestígio entre nós, quando vinculadas às ideias de mestiçagem, hibridismo e sincretismo. Embaladas pelo mito da democracia racial, suscitado pela obra de Gilberto Freyre, ostentavam valor positivo. Desde então percorreram um longo caminho e, hoje, a recepção crítica ao que elas significam impôs-se, ainda que alguns de seus aspectos continuem a ser considerados virtuosos por muitos pesquisadores. DaMatta mostrou como elas podem servir ao que há de pior em nossas tradições, na contramão da cidadania e da democratização da sociedade. De sua parte, Sérgio Buarque não chegou a reconhecê-las. O Brasil era cordial e ponto. Hoje, nos marcos político-institucionais que são os nossos, e considerando-se o desenvolvimento de nossa cultura cívica, provavelmente o historiador admitiria que a persistência da cordialidade implica ambiguidade ou contradição. Afinal, a cordialidade deixou de reinar sozinha: convive com o código de comportamentos e valores fiéis às regras cidadãs, em cujos termos a vida privada e os laços pessoais têm de respeitar limites estritos.

2.2. O drible malandro na ordem moderna

Em seu *Veneno remédio: O futebol e o Brasil* (2008), José Miguel Wisnik compara as ambiguidades matriciais brasileiras ao modo peculiar de jogar futebol que desenvolvemos: o drible, a coreografia em zigue-zague, a ginga de corpo evocando a pulsação de nossa música em sua exuberante variedade rítmica. A elipse, que transforma a subtração em soma, seria a essência do drible caracteristicamente nacional, aquele não linear, que é "finta, negaceio, sugestão de um itinerário que não se cumpre e que explora o efeito surpresa advindo, promessa de movimento *que não se dá se dando e que se dá não se dando*, alusão a gestos que se insinuam e se omitem em fração de segundos, de modo a aproveitar a perturbação da expectativa provocada" (Wisnik, 2008, p. 311).

Em sentido análogo, depois de estudar a "subcultura da evitação", típica de camadas médias do Rio de Janeiro em meados dos anos 1990, em suas (não) relações com os moradores de rua, Helio Raimundo Santos Silva e Claudia Milito referem-se a estratégias "evasivas" dos que vivem nas ruas (1995, pp. 69 ss.), um amplo repertório inventado por moradores de rua, sobretudo crianças e adolescentes, de negaceios, movimentos verbais, gestuais e corporais dúbios, escorregadios, imprecisos e incompletos de forma deliberada, que mais omitem do que revelam e, eventualmente, surpreendem. Como se vê, o drible encontra um campo de aplicação mais vasto, nesse caso em resposta a preconceitos e desigualdades, no violento ambiente carioca dos anos subsequentes ao massacre da Candelária, ocorrido em 1993, sob a pressão de expectativas instáveis.

Para manter a referência à zona cinzenta das ruas, onde adolescentes sem casa testam a irresolução brasileira entre público e privado, convoquemos o célebre ensaio de Antonio Candido sobre a dialética da malandragem (1970), elaborado a partir de sua leitura de *Memórias de um sargento de milícias* (1853), de Manuel Antônio de Almeida. O romance, interpretado por Candido, expõe a frequente indistinção entre a lei e a margem, a cidade regular e a informalidade à beira de descambar para a ilegalidade. A rua é o espaço por excelência em que se experimenta a ambivalência entre ordem e desordem. Lugar de todos, mas nem por isso compreendido como público no sentido jurídico-político que a cultura cívica sancionaria na posteridade republicana, no plano dos ideais — sem nunca lograr trazer para o chão da vida comum. Lugar *de todos* tende a ser entendido como *de ninguém*, terra sem lei, onde a conduta, à deriva, segue o comando arbitrário do coração e a bússola pessoal do interesse. Espaço de afetos e conflitos, favores e violência. A sociabilidade brasileira decifrada por Almeida, na chave hermenêutica de Antonio Candido, incorpora como traços estruturais o que a narrativa irônica joga nas ruas do Rio oitocentista: a ambivalência, o permanente movimento pendular entre lícito e ilícito, moral e imoral, respeito e intolerância, suavidade amorosa e brutalidade, espírito de justiça e arbitrariedade, empatia compassiva e preconceito.

Em vez de contradição entre polaridades, preparando as condições para uma solução superior e sintética que fizesse girar o motor da história pela intervenção revolucionária da política, ao embalo da dialética da malandragem, o brasileiro anti-heroico deixa para amanhã o fim das ambiguidades e se delicia com o balanço da rede, macunaimicamente, para lá e para cá, de um polo a outro, entre um e outro antagonismo, mesmo que a irresolução de conflitos e a expansão da zona cinzenta de indefinições, ou de definições duplas, lhe custe a vida e, ao país, um futuro decente, democrático.

2.3. Herói nacional sem nenhum caráter

Por falar em Macunaíma, as ambiguidades são exponenciadas na grande obra de Mário de Andrade. O personagem amoral e permeável transita entre natureza e cultura, sobrenatureza e infranatureza, campo e cidade, gregarismo e solidão, compaixão e indiferença, solidariedade e individualismo extremado, heroísmo e brutalidade, *hybris* e contenção, pecados, crimes e virtudes. Passa por três cores, três raças, dialoga com os mitos de origem da nacionalidade, os endossa e desconstrói. Quaisquer que sejam as leituras, é de ambivalência que tratarão. Em *Macunaíma*, nutrido de cultura popular sertaneja e ameríndia, o Brasil é decifrado ou recodificado como trama de ambiguidades e imprecisões. A propósito, não resisto a citar um trecho delicioso (e esclarecedor) de Roger Bastide, transcrito por Hermano Vianna em *O mistério do samba*. Soa como a tradução sociológica ou antropológica de *Macunaíma*:

> [...] o sociólogo que estuda o Brasil não sabe mais que sistema de conceitos utilizar. Todas as noções que aprendeu nos países europeus ou norte-americanos não valem aqui. O antigo mistura-se ao novo. As épocas históricas emaranham-se umas nas outras. [...] Seria necessário, em lugar de conceitos rígidos, descobrir noções de certo modo líquidas, capazes de descrever fenômenos de fusão, de ebulição, de interpenetração, noções que se modelariam conforme uma realidade viva, em perpétua transformação. O sociólogo que quiser compreender o Brasil não raro precisa transformar-se num poeta. (Bastide, 1973, apud Vianna, 1995, p. 158)

Contemplo o peito brasileiro aberto pelo bisturi afiadíssimo de Bastide — antecipando em quarenta anos a ideia de realidade líquida que consagraria Zygmunt Bauman, talvez porque o Brasil fosse o laboratório experimental da pós-modernidade *avant la lettre* — e percebo que *Macunaíma* talvez esteja muito mais perto da antropofagia de Oswald de Andrade do que jamais suspeitara. Explico: se o herói sem nenhum caráter corresponde, por sua fluidez, à instabilidade (ontológica) flagrada por Bastide, e se tenho razão em atribuir ao "Manifesto antropófago" uma concepção antropológica processual ou transicional, sinto-me autorizado a deduzir que o "Manifesto" (de 1928) e *Macunaíma* (também de 1928) dialogam entre si muito intimamente.

Em todo caso, num e noutro autor, Mário e Oswald de Andrade, o que está em jogo é a sociabilidade, é a lógica das relações sociais (ou as dinâmicas predominantes em cujo movimento elas se estruturam), é o regime de relacionamento com o outro. E o outro muda de lugar, enquanto o registro do sujeito sofre uma inflexão na obra de Oswald de Andrade, o que será decisivo para a criação de novo espaço para a afirmação da individualidade como experiência e valor.

2.4. Antropofagia: O mito de origem da individualidade no Brasil

Em seu "Manifesto antropófago", publicado em maio de 1928 no primeiro número da *Revista de Antropofagia*, o escritor, poeta, dramaturgo e pensador incendiário Oswald de Andrade botou a boca no mundo para despertar o Brasil de seu sono preguiçoso, macunaimicamente tedioso e lascivo: "Só a antropofagia nos une. Socialmente. Economicamente. Filosoficamente". Antes de buscar desvendar o mistério, não resisto ao trecho: "Estamos fatigados de todos os maridos católicos suspeitosos postos em drama. Freud acabou com o enigma mulher e com outros sustos da psicologia impressa". Na sequência: "O que atrapalhava a verdade era a roupa, o impermeável entre o mundo interior e o mundo exterior...". E ainda: "Contra todos os importadores de consciência enlatada. A existência palpável da vida. E a mentalidade prelógica para o Sr. Levi Bruhl estudar". Mais adiante o manifesto proclama: "O espírito recusa-se a conceber o espírito sem corpo...". E clama: "Roteiros. Roteiros. Roteiros. Roteiros. Roteiros. Roteiros. Roteiros". Segue: "Contra as sublimações antagônicas. Trazidas nas caravelas". Depois: "A alegria é a prova dos nove". Fechando o circuito: "Somos concretistas. As ideias tomam conta, reagem, queimam gente nas praças públicas. Suprimamos as ideias e as outras paralisias. Pelos roteiros. Acreditar nos sinais, acreditar nos instrumentos e nas estrelas". Sem cerimônia, eleva o tom: "Contra a realidade social, vestida e opressora, cadastrada por Freud — a realidade sem complexos, sem loucura, sem prostituições e sem penitenciárias do matriarcado de Pindorama" (Apud Mendonça Teles, 1976, pp. 293 ss.).

Reescrevendo em versão polida, bem-educada e argumentativa: a transformação desejável da sociedade brasileira terá de ser alegre e promotora de felicidade, criativa, libertadora, radicalmente democrática, avessa a hipocrisias moralistas, refratária a neuroses burguesas que infelicitam e castram a potência inventiva, generosa. Deverá resistir à verborragia que adoça o veneno das opressões e dos preconceitos, e rasgar o véu metafísico que opõe razão e sensibilidade, ideias e paixões, pensamentos e interesses, espírito e corpo. Quem pensa é o corpo, dotado de inteligência e emoções, sexualidade e desejo, corpo que se inscreve materialmente na ordem natural, homem, mulher, com suas histórias, em contextos sociais históricos, atravessados por conflitos e jogos de poder. Um Brasil digno de abrigar a sociedade em que valha a pena viver teria de exorcizar dogmas e doutrinas que exijam fidelidade e que se pretendam superiores à vida humana, pois elas são armas mortais disfarçadas a serviço de dominações e neuroses. Em vez do palavrório e da soberba, soluções pragmáticas para enfrentar os verdadeiros impasses da experiência humana individual e coletiva: roteiros, roteiros. Roteiros novos para substituir roteiros encrencados. Roteiros em lugar dos que não funcionam. Na dúvida, olhe ao redor e localize a alegria. Não se alcança a felicidade, mas o método para buscá-la pode ser divertido e inspirador. De todo modo, ou essas transformações farão de Pindorama um matriarcado, ou morreremos asfixiados pela brutalidade patriarcal estúpida, obscurantista, ambiciosa e insegura. Tão insegura que precisa montar o teatro de sua força, de sua virtude e, sobretudo, freudianamente, de sua virilidade.

Por que um programa enunciado nesses termos teria a ver com antropofagia? O Manifesto declara: "Só me interessa o que não é meu. Lei do homem. Lei do antropófago". Há muitas leituras possíveis. Escolho duas. A primeira: o que move o ser humano é a ambição do conquistador, o desejo voraz de apoderar-se e apropriar-se do que ainda não submeteu a si ou do que ainda não incorporou a seu patrimônio intelectual, simbólico, afetivo, político ou material. A segunda: o único interesse do ser humano é ir ao outro, ser o outro, tornar-se outro, alterar-se, transformar-se, transportar-se ao lugar do outro, ao seu ponto de vista, à sua sensibilidade, à sua potencialidade de ser. A única chance que cabe aos humanos de ser o que pode ser, humano, é reconhecer que não é nem está em si, guardado a sete chaves como uma essência natural e eterna, um segredo que faça diferença no universo, uma substância preciosa e incorpórea, alma, ideia, filosofias, retóricas. Não faz sentido projetar imagens de si adornadas de falsos brilhantes e adjetivos para se impor aos outros, seduzi-los, conquistá-los, convencê-los, subjugá-los, superá-los. Como Rousseau (2011; 2017) já sabia muito bem, atender a expectativas alheias para merecer aprovação implica trair-se e alienar-se. Ilude-se quem reproduz o discurso socialmente aprovado para afirmar-se, pois ao fazê-lo desconstitui-se a si mesmo e despotencializa-se. A tese vale para o indivíduo, homem e mulher, e para as sociedades, organizadas em nações. Cabendo em gavetas e classificações preexistentes, importadas, enlatadas, sacrifica-se o que se pode ser para encaixar o sujeito no predicado alheio. Resistir ao jogo de cartas marcadas da linguagem e da política, da moral e da estética, significa comer o Outro, devorar o lugar do Outro, tomá-lo para si, assumir o lugar do Outro, ser esse processo de transformação — transformação no Outro que sou para mim mesmo enquanto me constituo como sujeito, sabendo que essa constituição não se conclui porque o sujeito é esse movimento inconcluso, lacunar.

Talvez ambas as interpretações estejam distantes das propostas do "Manifesto". De qualquer modo, prefiro a segunda leitura. Ao menos será útil para a elaboração de meus argumentos. Servirá de roteiro — como sugeriria Oswald —, quem sabe? E confirmará a hipótese de que Oswald e Mário estavam próximos não só pelo sobrenome comum, ainda que aquilo que no primeiro é programa estético-político inflado de energia revolucionária no segundo é constatação problematizadora, que excita a imaginação sociológica, mas fulmina patriotadas, que abre picadas para visões positivas, mas também espeta fundo a sensibilidade do leitor, infiltrando o veneno cáustico do ceticismo que prostra. *Veneno remédio*? Talvez esta seja a lição do mestre Wisnik.

Oswald, em função de sua diferença com Mário, tão verdadeira quanto a profunda intimidade, aponta para além do círculo das ambivalências, da fluidez, da permeabilidade e da reversibilidade. Se *Macunaíma* retrata a sociedade líquida, à moda de Bastide, a antropofagia oswaldiana é o caldeirão fervente que em vez de dissolver as formas tempera o aço, apura o fio da lâmina e torna o gume mais preciso para que os golpes distingam, separem, individualizem, engendrem significação, instaurem relações. A despeito da celebração da metamorfose em ambos os casos, *Macunaíma* conduz a desfecho oposto: a feijoada diluidora de contornos e diferenças, na qual a história do Brasil ferve em fogo brando, enquanto o ácido da autoconsciência crítica amolece os ossos de antagonismos e identidades. Mário cozinha a geleia geral. Oswald vira a mesa.

2.5. A insustentável leveza do ser e as ilusões da democracia racial

A linhagem intelectual de Mário de Andrade, como eu a vejo, desdobra-se em Gilberto Freyre, ainda que, contrariando o senso hipercrítico do primeiro, o autor pernambucano desfralde como bandeira ideológica o elogio à miscigenação, sua glosa desidratada das fusões e ebulições macunaímicas. Nessa via, afastamo-nos de Oswald e da exumação a frio de tudo o que, na sociedade brasileira, não é fungível e solvente. Freyre joga água no moinho de utopias generosas, comunhões fraternas e democráticas, mas também racionaliza e legitima a negação das iniquidades mais traumáticas e repulsivas.

Nessa vereda, as contradições estão expulsas da história do Brasil. A continuidade triunfa e as elites beneficiam-se dessa configuração. Sabem tirar proveito da flexibilidade e negociam entre si, cedendo para manter o poder, mudando para conservar o status quo. Não é o que penso, mas é o que se deduz da teoria sobre a ambivalência brasileira, ao menos em sua versão crítica.

Deixemos por ora a controvérsia suscitada por Mário e Oswald, íntimos e estranhos, e retomemos o fio da meada. A linha interpretativa que se estende da cordialidade à elipse, da ambiguidade individualismo-hierarquia às estratégias evasivas e daí à dialética da malandragem, conduz a *Casa-grande e senzala* como sua fonte original, mesmo que cada autor e cada contribuição situem-se à sua maneira diante da tese de Freyre, nem sempre a endossando. Apoiando-se no trabalho seminal de Ricardo Benzaquen, Wisnik sintetiza a tese de Gilberto Freyre, que gira em torno da permeabilidade entre casa-grande e senzala: "O despotismo patriarcal brasileiro, como [Freyre] o descreve, é uma imbricação violenta e vivaz de antagonismos, de truculência e proximidade, de diferenças sem contradição, de hibridismo e *hybris* unidos plasticamente num 'amálgama tenso, mas equilibrado'"[8] (2008, p. 413). Benzaquen insiste nessa duplicidade: o universo observado por Freyre não é harmonioso nem pacífico. Pelo contrário, é marcado por assimetrias, dominação e antagonismos, cujas manifestações chegam a ser brutais. Contudo, os antagonismos se equilibram

---

[8] A expressão é de Ricardo Benzaquen de Araújo (1994, p. 57).

como dois polos sobre um eixo comum. Por isso Wisnik preocupa-se em afirmar que, em *Casa-grande e senzala*, as diferenças não envolvem contradição. Afinal, o friccionar de polaridades desprende energia que fornece combustível para o dinamismo da sociedade, enquanto a tensão contraditória é disruptiva e reclama solução transformadora, seja por superação dialética,[9] seja pelo predomínio de um dos polos.

Nesse sentido, antagonismos em equilíbrio parecem ecoar as ideias de miscigenação e sincretismo, ambas insinuando um arranjo plástico de esmaecimentos e fusões — o que, paradoxalmente, negaria a irredutibilidade do antagonismo.

A ideia de sincretismo em sua acepção mais simples[10] remete a soluções assemelhadas e também aponta para a resistência como finalidade: tradições religiosas afro-brasileiras acomodaram-se a crenças e práticas rituais católicas para sobreviver, e o fizeram trançando narrativas mitológicas e combinando personagens e valores em colagens estético-teológicas (Soares, 1996). Assumindo-se esse ponto de vista, tudo se passa como se a elipse e a evasão, articuladas à criatividade popular, tecessem painéis inteligíveis e encantadores, preservando o essencial e tornando essencial a preservação, isto é, valorizando a própria tradição: continuidade no tempo a indicar coesão no espaço graças à mediação da memória e da identidade comuns. Por exemplo, Oxóssi ou Ogum sobrepõe-se a são Jorge como a vestir sua máscara, empunhando suas armas (estratégia evasiva), mas subtrai parte do relato católico para potencializar certas peculiaridades do santo (movimento elíptico). Na mitologia iorubá, Ogum liga-se à caça e à fartura, o que assinala a fertilidade de sua força. Ante o retraimento do guerreiro

---

[9] Ou suprassunção, se preferirmos recorrer ao neologismo sugerido por Paulo Meneses (1985; 2006) em sua elogiada tradução de Hegel.   [10] Há outras mais sofisticadas, como veremos a seguir.

romano no âmbito da mitologia que a fusão reinventa, o mártir da fidelidade ao cristianismo perde o viço para sobressaírem a fecundidade e a capacidade de enfrentar dificuldades. Nessa perspectiva, a notória "ambiguidade" matricial brasileira desdobra-se em dissimulação (evasão), por um lado, e em subtração que acrescenta (elipse), por outro, costurando desenhos inusitados com linhas de cores e significados diferentes, que remetem a cosmologias distintas. Não obstante o efeito agregador, observe-se que uma parte (subalterna, que resiste à censura) costura e a outra (hegemônica) autoriza a combinação ou, pelo menos, a ignora ou a tolera, desde que o afro-brasileiro permaneça em posição secundária, dependente, apendicular.

Proponho outro enfoque. Para expô-lo, preciso recordar a já referida tese de Gilberto Freyre destrinchada pela sensibilidade aguda de Benzaquen, contextualizada por Wisnik no campo de interpretações do Brasil. Reduzida a uma frase, assim se formula: a ordem social brasileira resumida na tensão casa-grande & senzala, palco da experiência escravocrata, expressa o equilíbrio entre antagonismos. Antevê-se onde o argumento vai dar: tensionados em equilíbrio, os antagonismos provocam uma oscilação de predominâncias, gerando, portanto, formas intermitentes e provisórias, ora opressivas, ora sociáveis: esse é o quadro descrito pela categoria ambiguidade. Poder-se-ia sugerir que a oscilação afeta o modo pelo qual se manifestam as realidades polares, o antagonismo sociável e o insociável, adocicando este último. A aspereza das relações de exploração no eito desautoriza a hipótese benigna.

À primeira vista, a palavra "ambiguidade" tem significado dinâmico em Freyre e estático nas análises que identificam sincretismo nos amálgamas religiosos. Mas a ponderação acurada rechaça a distinção. A construção das crenças é indissociável das práticas religiosas e dá-se continuadamente, como um processo de negociação incessante dos fiéis e dos sacerdotes com as tradições e os horizontes culturais em foco. Por outro lado, a tese proposta por Freyre, ainda que voltada para a dimensão processual das relações sociais, serve de modelo a imagens estruturais da história brasileira.

Dinâmica ou estática, só é possível pensar em ambiguidade ou ambivalência se e enquanto houver continuidade entre os polos: opressão e sociabilidade. É necessário que se possa passar de um ponto a outro para que o movimento caracterize a oscilação denominada ambiguidade. Não importa se são significados a trocarem de posição entre si ou se são atores sociais que substituem sucessivamente um padrão de práticas e discursos por outro. Se há transitividade entre padrões de ação, supõe-se que haja continuidade entre eles. Em outras palavras, é lógico supor que sejam conaturais, compartilhem a mesma natureza.

2.6. Escravidão: A dupla ontologia

O modelo freyriano é vulnerável porque as relações escravagistas não pertencem à mesma espécie de que fazem parte os diversos tipos de relação social. De fato, não são sequer relações sociais, tanto quanto não é passível de descrição por essa categoria a modalidade de ligação que um proprietário estabelece com sua propriedade. A relação senhor-escravo não é apenas alguns graus (ou muitos graus) mais intensa que qualquer outro vínculo de exploração do trabalho alheio, como se representassem pontos diferentes sobre uma só linha ou gradações em um continuum. A relação senhor-escravo é a redução ontológica do ser humano a objeto mercantil.[11] Esse movimento

---

11 "Como propriedade é ainda o escravo sujeito a ser sequestrado, embargado ou arrestado, penhorado, depositado, arrematado, adjudicado; correndo sobre ele todos os termos sem atenção mais do que à propriedade no mesmo constituída. A arrematação é feita em hasta pública; e, nos negócios mercantis, pode sê-lo em leilão" (Malheiro, 1866).

brutal desconstitutivo da humanidade do Outro não encontra paralelo nem mesmo na reificação a que o capitalismo submete o operário, levado a alugar sua força de trabalho. São processos, mais que distintos, incomparáveis. Enquanto do ponto de vista dos direitos humanos a pessoa é singular, irredutível a qualquer equivalência e refratária à instrumentalização, o escravo é despersonalizado, desindividualizado, desumanizado e remetido à série monetária de equivalências. A operação econômico-político-moral-cultural que escraviza um ser humano para uso e abuso ordinário, não só pela força, mas pela aplicação de normas institucionalizadas, constitui um fato social total, um evento monstruoso que inaugura uma segunda natureza e cava um abismo entre duas ontologias.[12]

Valho-me da lucidez de Eduardo Viveiros de Castro, cuja teoria sobre o perspectivismo ameríndio permite algumas analogias:

> A minha questão era identificar em diversas culturas indígenas elementos que me permitissem construir um modelo, ideal em certo sentido, no qual o contraste com o naturalismo característico da modernidade europeia ficasse mais evidente. [...] A proposição presente nos mitos é: os animais eram humanos e deixaram de sê-lo, a humanidade é o fundo comum da humanidade e da animalidade. Em nossa mitologia é o contrário: nós humanos éramos animais e "deixamos" de sê-lo, com a emergência da cultura etc. Para nós, a condição genérica é a animalidade: "todo mundo" é

---

[12] Vale observar que a passagem das *Ordenações Filipinas*, de 1603, ao código penal de 1830 mantém os castigos cruéis exclusivos para escravos (cf. Grinberg, 2018, pp. 144 ss.). Note-se que o plural, aqui, inclui homens e mulheres, sendo a questão feminina na escravidão um tema de grande interesse, de que não trato e que merece pesquisa específica. A respeito desse tema, consulte-se "Mulher, corpo e maternidade" (Machado, 2018).

animal, só que uns são mais animais que os outros, e nós somos os menos. Nas mitologias indígenas, todo mundo é humano, apenas uns são menos humanos que os outros. Vários animais são muito distantes dos humanos, mas são todos, ou quase todos, na origem, humanos, o que vai ao encontro da ideia do animismo, a de que o fundo universal da realidade é o espírito. (Viveiros de Castro, 2008, pp. 480-1)

O mito de origem da sociedade brasileira conta a história de três raças que se irmanaram, somando suas virtudes, para formar a nacionalidade: índios, negros e brancos. A colonização europeia do Brasil conta outra história, na qual índios e negros foram brutalizados para construir o poder e a riqueza dos brancos, eles próprios divididos entre explorados e exploradores. O que importa focalizar aqui é a instauração de uma terceira constelação simbólica, cujas raízes foram plantadas no fundo da experiência de si dos indivíduos e marcaram as relações sociais. Terceira em relação às duas mitologias descritas por Viveiros de Castro: os escravos não eram humanos que teriam sido animalizados ao tornar-se mercadorias e instrumentos de trabalho, nem animais que ascenderam ao estágio intermediário, sub-humano, para servir aos senhores, com vistas a lograr, um dia, plena humanização. A escravização estabelece um deslocamento para uma terceira ordem ontológica, para a qual são impróprias ambas as descrições. O deslocamento ontológico dá-se na perspectiva dos senhores, das leis e das instituições, e se manifesta no domínio das práticas sociais. Quanto aos escravos, claro que são e se sabem humanos (como demonstra sua heroica resistência tantas vezes negligenciada na memória oficial), mas há sempre o risco de que alguns internalizem o ponto de vista instituído, assimilando a degradação e resignando-se ao rebaixamento, deprimindo sua autoestima, duvidando do próprio valor — esta hipótese não os tornaria cúmplices de seu infortúnio, mas duplamente vítimas. Contudo, não há por que supor que não sejam amplamente majoritários os que resistem, reafirmam sua humanidade e, por fazê-lo, desmascaram a ignomínia. A escravidão é o exílio do humano. Sua vigência subtrai as estruturas de plausibilidade que sustentam a verossimilhança da crença na universalidade da natureza humana e em seu espírito comum. A resistência não se dá apenas pelo confronto direto. Dá-se também na insistência muda em saber-se humano, em afirmar-se fonte da dignidade que os brancos exploradores conspurcam. Mesmo quando cediam aos desejos violadores do senhor e humilhavam-se, as escravas e os escravos não podem ser criticados ou julgados, uma vez que não faziam mais do que recorrer ao que os pais do liberalismo denominariam "direito natural" de aplicar as táticas acessíveis para sobreviver (cf. Pinsky, 2010, 762/1219). Portanto, a escravidão não degradou a humanidade dos escravos, isto é, das vítimas, mas a dos senhores. A torpeza dos senhores é o que se revela, adotando-se o ponto de vista dos explorados, dos escravos — que coincide com a perspectiva dos direitos humanos, como veremos adiante —, torpeza degradante e desumanizante. Por outro lado, do ponto de vista dos senhores, os escravos reduziam-se a mercadorias. Duas desumanidades conviviam, mas não se relacionavam — uma delas produzida pela violência da escravidão,[13] mercantilizando seres humanos, e outra produzindo essa violência,

---

[13] Uma realidade tão vasta, que se estendeu por tanto tempo, foi, evidentemente, diversa e heterogênea, nos mais diferentes aspectos, assim como foram distintas as estratégias de resistência. No entanto, apesar da variedade de formas históricas, a escravidão foi uma só, em sua estrutura elementar. Por isso mesmo a interpretação aqui proposta não tem a pretensão de captar uma singularidade nacional, uma excepcionalidade brasileira. Além disso, seria importante analisar a questão de gênero para verificar as múltiplas dinâmicas simultâneas de dominação a que foram submetidas as mulheres negras (onde, quando, de que forma, em quais contextos e por que atores sociais), assim como suas específicas modalidades de resistência.

a dos senhores, de seus cúmplices e dos beneficiários do sistema. O escravagismo não é uma relação. As duas formas de ser remetem à duplicidade ontológica.

Entre as ontologias não há passagens de ida e volta: uma escrava não se torna humana para o senhor quando ele a acaricia, quando reconhece seus atributos humanos — sexuais e emocionais —, trata-a com delicadeza, mas a mantém escrava, devolvendo-a reiteradamente à ordem desumana à qual pertence — desumana do ponto de vista de sua prática, das leis que endossa, da economia que realimenta e do exercício de seu poder. Não há oscilação entre ser e não ser escravo ao sabor dos humores e desejos do senhor, a depender dos registros interlocucionários e da tonalidade dos tratamentos que o patriarca lhe dispensa. A parceira amorosa do idílio erótico provocado pelo senhor libidinoso não é a mulher escrava, porque enquanto escrava a mulher se desumaniza e não pode ser par do senhor, apenas objeto, por mais que de modo temporário ela experimente a transferência de si para um segundo corpo, ao qual corresponderia a alma humana — nesse caso, o duplo da escrava apenas existe enquanto visualizado pelo senhor, ainda que sua amante jogue o jogo e confirme a realidade do encontro, deslocando-se afetiva e imaginariamente para esse lugar. Trata-se de uma topologia vicária, subordinada às veleidades passionais do senhor, e não implica o reconhecimento da natureza humana do Outro, da mulher desejada. A verdadeira mulher sob a figura da escrava é um ser humano pleno e está em outro lugar, fora do alcance do senhor, de seu poder, de seus valores e de sua lógica. É o segundo corpo da escrava que se reduz à projeção da fantasia falocêntrica e à extensão da autoridade patriarcal, mesmo que a mulher cobiçada identifique-se provisoriamente com este segundo corpo e o habite como quem frequenta um sítio distante nos intervalos de sua desdita. Do ponto de vista da organização do poder social e da moralidade — e da redução ontológica da alteridade, na hipótese extrema realizada pelo escravagismo —, não há nenhuma diferença entre usar o Outro proporcionando-lhe prazer ou sofrimento, se a opção deriva do próprio desejo e não resta ao Outro alternativa senão ajustar-se ao papel que lhe é atribuído. Isto é, não há nenhuma diferença se o Outro está excluído da dinâmica intersubjetiva em que assumiria o lugar de sujeito — o que importaria no reconhecimento de sua humanidade.

Uma escrava ou um escravo não pode ser "tu" para um "eu" senhor, em um diálogo idealizado, pois sua posição o situa como terceiro e mesmo aí seria impertinente considerar plausível a identificação com o pronome pessoal "ele" — o inglês resolveria o impasse recorrendo a "it". A comunicação direta flui sob as regras de um pragmatismo maquínico, consequencial, não dialógico: ordens transmitem-se e seu destinatário ocupa a função de receptor, não lhe cabendo a fala senão para esclarecer a ordem recebida, que, afinal, é parte de seu cumprimento. Essa modalidade de comunicação difere daquela posta em prática em instituições organizadas hierarquicamente porque nestas são as posições, e não os indivíduos, que fazem a fala funcionar como ordem. No universo institucional, posições são ocupadas por indivíduos cuja autoridade é reversível e condicionada. Escravo é o nome de uma posição transformada em qualidade que se transmite à "pessoa" e não deixa restos. A designação "escravo" esgota a descrição do ser porque a característica da palavra (e da instituição que encerra) é promover a simplificação, reduzindo o ser à sua representação na lógica do poder. Se o nome corresponde à coisa como seu espelho é porque, pragmaticamente, a constitui, instituindo um destino pelo ato de fala. Destino que neutraliza virtudes potenciais, neutralizando-se a si mesmo, pois nesse caso a fortuna não envolve imprevisibilidade ou o jogo fortuito do acaso. O lugar, escravo, define o ser e o congela no tempo. Pode ser vendido e comprado, levado de uma cidade a outra, de um engenho a outro, servir sexualmente ao senhor, mas não pode vir a ser o que já não é. Enquanto viver será o que é: escravo, escrava. Nesse sentido, não tem passado nem futuro, e nem mesmo seus filhos serão seus.

O que realmente se dá quando se impõe o veto à intersubjetividade, cancelando qualquer possibilidade de diálogo? Cito a interpretação de Viveiros de Castro sobre outro diálogo impossível:

> Seguindo a analogia com a série pronominal (Benveniste 1966a, 1966b), vê-se que, entre o *eu* reflexivo da cultura (gerador do conceito de alma ou espírito) e o *ele* impessoal da natureza (marcador da relação com a alteridade corpórea), há uma posição falante, a do *tu*, a *segunda pessoa*, ou o outro tomado como outro sujeito, cujo ponto de vista serve de eco latente ao do *eu*. Cuido que esse conceito pode auxiliar na determinação do contexto sobrenatural. Contexto anormal no qual o sujeito é capturado por outro ponto de vista cosmológico dominante, onde ele é o *tu* de uma perspectiva não humana, *a Sobrenatureza é a forma do Outro como Sujeito*, implicando a objetivação do eu humano como um tu para este Outro. A situação sobrenatural típica no mundo ameríndio é o encontro, na floresta, entre um ser humano — sempre sozinho — e um ser que, *visto* primeiramente como um mero animal ou uma pessoa, revela-se como um espírito ou um morto, e *fala* com o homem [...]. Esses encontros costumam ser letais para o interlocutor, que, subjugado pela subjetividade não humana, passa para o lado dela, transformando-se em um ser da mesma espécie que o locutor: morto, espírito ou animal. Quem responde a um *tu* dito por um não humano aceita a condição de ser sua "segunda pessoa", e ao assumir, por sua vez, a posição de *eu* já o fará como um não humano. [...] A forma canônica desses encontros

> sobrenaturais consiste, então, na intuição súbita de que o outro é humano, entenda-se, que *ele* é o humano, o que desumaniza e aliena automaticamente o interlocutor, transformando-o em presa — em animal. E este, enfim, seria o verdadeiro significado da inquietação ameríndia sobre o que se esconde sob as aparências. As aparências enganam porque nunca se pode estar certo sobre qual é o ponto de vista dominante, isto é, que mundo está em vigor quando se interage com outrem. Tudo é perigoso; sobretudo quando tudo é gente, e nós talvez não sejamos. (2008, pp. 396-7)

A citação é longa, mas tão pertinente ao nosso caso que o leitor me perdoará. Aplicando a análise ao cosmos escravagista, nos pontos onde a analogia me parece pertinente, e retomando meu argumento, concluo: se o senhor tutear o escravo e este, reconhecendo-o como humano (reconhecendo-o como *o* humano), entrar no jogo dialógico, assumindo o lugar de "segunda pessoa" para o senhor, perderá sua humanidade, sua autonomia, porque terá permitido que o ponto de vista do senhor prevaleça e que o mundo que lhe corresponde vigore, mundo no qual é escravo, objeto, presa, utensílio, propriedade, coisa, animal de carga, alvo da caça. Portanto, é mortal a postura generosa, compassiva e empática do escravo ou da escrava, capaz de enxergar no senhor o Outro humano, divisando uma natureza semelhante à sua própria escondida debaixo da arrogância iníqua do papel de proprietário. Mortal porque lhe subtrai a humanidade, devolvendo-o à terceira natureza, a escravidão.

Esquivar-se, furtar-se ao diálogo com o senhor (uma armadilha, de fato, posto que a intersubjetividade é inviável nesse caso), driblá-lo e adotar estratégias evasivas ou confrontá-lo são manifestações de resistência, luta pela vida enquanto exercício de liberdade e autonomia, preservação da própria humanidade. Essas manifestações não devem ser entendidas como expressão de ódio ou ressentimento, pois o que está em causa é a ameaça de abdução da humanidade do escravo.

O risco letal de aceder à sedução do senhor e desviar-se até o espaço da *segunda pessoa* é assimilado inconscientemente, transmutando-se em suspeição crônica, onipresente, que contaminará a cultura legada aos próceres e que, a alguns, algum dia soará como uma espécie de atavismo paranoico, resistência à cooperação e ao contrato, ceticismo em relação à política e à Justiça, ainda que se justifique de forma ampla e seja fundamentalmente correta — não se trata de paranoia, portanto. A persistência da suspeita é tão dolorosa e corrosiva porque não diz respeito apenas ao Outro, mas a si mesmo pela mediação do Outro: se o mundo em vigência nega até aos herdeiros dos escravos sua humanidade — em função da permanência do racismo e das desigualdades extremas —, identificar-se com ele, pertencer a ele, compartilhar sua natureza pode levar à descoberta da própria desumanidade. Nas palavras já citadas de Viveiros de Castro sobre uma situação estruturalmente análoga: "Tudo é perigoso; sobretudo quando tudo é gente, e nós talvez não sejamos".

Frantz Fanon (2008) escreveu sobre uma experiência que apresenta algumas características análogas. Nos anos 1950, muitos jovens negros da Martinica, território insular francês no Caribe, cometeram suicídio quando completavam seus estudos na França. Tratava-se de um fenômeno social, porque os casos tornaram-se frequentes e pareciam seguir um padrão. Fanon ainda não era o líder político da luta anticolonial em que se converteria anos depois. Era o psiquiatra que se deparava com esse problema em sua atividade profissional. Sua pesquisa conduziu-o a algumas conclusões de grande interesse para todos os estudiosos da cultura em suas relações com a psicologia até hoje. Fanon percebeu que os jovens descobriam-se negros apenas quando chegavam à França. Na Martinica não tinham cor. Todos eram iguais. A cor surge quando há contraste e quando as diferenças são tematizadas pela sociedade por meio de classificações culturais que eventualmente promovem desigualdades, estigmatizam e difundem preconceitos. Descobrir-se negro naquele contexto significava o seguinte: os valores racistas presentes na cultura francesa, na qual eles haviam sido socializados desde a infância na Martinica, eram agora mobilizados e projetados contra o próprio sujeito. Esses valores estavam embutidos em narrativas correntes e, sobretudo, em determinadas palavras e expressões populares. Não se tratava de credo consciente ou de opiniões abertamente racistas, mas de qualificações degradantes que haviam sido internalizadas e naturalizadas, associando a negritude ao mal, ao perigo, ao infortúnio, ao pecaminoso e às fontes da violência. Os equivalentes em português seriam: "as coisas estão pretas"; "o lado negro da história"; "a ovelha negra"; "denegrir sua reputação" etc. Tudo isso em oposição às associações entre alvura e pureza em todos os sentidos: moral, psicológico, higiênico, estético. Esses eram pontos de uma trama inconsciente cujo conteúdo fora construído de modo consistente ao longo dos anos.

Havia muito mais que isso, certamente, na cultura branca assimilada e, sobretudo, os jovens passaram a enfrentar atitudes racistas no dia a dia da sociedade francesa, as quais provocavam a emergência de associações negativas entre cor e malignidade. Ou seja, era como se os jovens negros da Martinica se descobrissem objeto de seu próprio racismo, quer dizer, da cultura racista que, afinal, também era a sua, porque nela cresceram e foram educados. Não dispunham de anticorpos. O ataque que sofreram de fora despertou a adesão interna. Uma quinta coluna traiçoeira os atingia por dentro. Nenhuma vacina crítica lhes fora administrada em casa. Seu sistema imune fora neutralizado e, diante da hostilização, fortaleceu as acusações, intensificou humilhações, legitimou as iniquidades e municiou os impulsos autodestrutivos. Os jovens matavam-se não porque eram objeto de racismo, mas porque olhavam-se no espelho e enxergavam-se com olhos franceses, e o olhar branco colonial não gostava do que via, desprezava aquele rosto, aquela cor, aquela identidade. A agressão é letal quando assimilada e reproduzida contra si mesmo pelo próprio sujeito.

A leitura de *Pele negra, máscaras brancas*, de Frantz Fanon, nos ajuda a compreender quão primárias, simplificadoras e obscurantistas são as ironias contra o que, de forma equivocada, passou a chamar-se "politicamente correto", ainda que em nome dessa "correção" muitos absurdos sejam de fato perpetrados — os méritos de uma questão, entretanto, não podem ser avaliados pelos excessos que distorcem sua significação. Palavras são armas poderosíssimas. Palavras matam. As palavras "erguem e destroem coisas belas". A censura, pelo avesso, revelou seu poder desde o "suicídio" compulsório de Sócrates. Freud mostrou quão importante pode ser a escuta — portanto, a palavra. Os poetas e os filósofos, de maneiras diferentes, demonstraram a infinidade dos mundos que as palavras contêm. Os políticos tornaram alguns deles reais. As religiões alimentam-se do poder que elas têm de encantar. Na vida diária, as palavras fazem a felicidade e a infelicidade de todos nós. Libertam-nos da solidão e nos condenam ao desamparo. Consultá-las e contemplá-las é como vacilar entre abismos e estrelas. Não desdenhemos sua força para o bem ou para o mal.

Tratar a escravidão como estrutura de poder que instaura uma dupla ontologia cria um problema para o observador externo, sobretudo para o cientista social cuja meta é interpretar, identificar os sentidos que circulam na experiência de ser escravo. Recapitulo os pontos-chave do argumento: (1) Enquanto mantém a propriedade do outro, o senhor não estabelece relações com a escrava ou o escravo, apenas reproduz o vínculo de dominação, independentemente de como trate o outro em cada circunstância. (2) O escravo ou a escrava não pode ser tu para o sujeito senhor sem perder sua "alma" — isto é, sem negar sua natureza, seu ser — e se a perder não será tu para um eu; será apenas um efeito da fala desse eu, mera projeção sua, objeto de seu desejo. (3) Se a dualidade ontológica torna impossível a relação entre seres inscritos em ordens diferentes e, por outro lado, é a consequência dessa impossibilidade, até onde pode ir um pesquisador? Seria possível avançar além da descrição desse quadro? Compreender intelectualmente o mundo da escravidão talvez não seja possível, talvez não para um branco de classe média, pesquisador no século XXI, mas é viável colher depoimentos, reunir testemunhos e amplificar a força comunicativa de suas vozes, ajudando a decifrá-las.

A analogia que me ocorre diz respeito ao desafio para o conhecimento representado por uma realidade por tudo oposta à morbidez da escravidão: a festa e o jogo (e a arte). Hans-Georg Gadamer (1985) mostra que é impossível observá-los com objetividade do exterior. É preciso participar para observar e atribuir-lhes sentido, mas fazê-lo implica comprometer-se com o objeto, envolver-se com o observado, excluindo, portanto, a neutralidade e a distância. Daí a importância do testemunho por meio do qual o objeto é tematizado e torna-se inteligível.

2.7. Ambiguidade revisitada I: Imagens da divisão radical

Apresentei as razões pelas quais descarto a ideia de um equilíbrio entre antagonismos para descrever a experiência da escravidão no Brasil. A descontinuidade ontológica revoga os conceitos de permeabilidade e hibridismo, convívio de contrários e ambiguidade, quando aplicados a esse contexto histórico específico — não se trata, portanto, de uma crítica genérica. Eu mesmo os empreguei para analisar as peculiaridades do trabalho doméstico contemporâneo. Ocorre que, não se aplicando à escravidão o modelo interpretativo que identifica ambiguidades na cultura brasileira, e em se considerando a pregnância do escravagismo — uma vez que essa instituição abjeta plasmou a sociedade brasileira legada para a "modernidade" republicana —, conclui-se que a leitura benigna que adota o modelo e o aplica ao país pós-escravocrata deve sofrer alguma revisão.

Sugiro que as ambiguidades passem a ser pensadas em relação à duplicidade ontológica instaurada pela escravidão ao longo do processo que formou a nacionalidade. Ou seja, proponho que as ambiguidades sejam consideradas exercícios de metalinguagem cujo objeto seria a linguagem em que se produz sentido (ou silêncios e deslocamentos) sobre a escravidão. Assim, as dubiedades presentes na instituição empregada doméstica, por exemplo, ganhariam plena significação se analisadas à luz desse não dito histórico, como se as ambiguidades fossem dramatizações tacitamente alusivas ao ponto cego de nossa sociedade — núcleo traumático ou segredo de polichinelo, dependendo de quem o observe e de que perspectiva o faça. Outro exemplo: o "você sabe com quem está falando?" evoca a ambiguidade entre hierarquia e individualismo igualitário, conforme demonstrou DaMatta, mas sua permanência atravessando diferentes regimes políticos e mudanças culturais talvez se deva a uma razão constante. A sociedade brasileira não poderia girar em falso permanentemente sem um calço estrutural — ainda que dinâmico. Ousaria propor que se interprete a oscilação, o movimento que sustenta (e realiza) a ambiguidade, não como flexibilidade, mas como a impossibilidade de fixar uma única gestalt, assim como as imagens da TV aparecem distorcidas enquanto dois sinais instáveis ocupam o mesmo canal. Em outras palavras, ambas as imagens são impertinentes, precárias, inadequadas, incompletas, estranhas à estrutura social. A precariedade e a inadequação explicariam a vacilação e a ambivalência — em vez de expressarem duas realidades estruturais e estáveis, ainda que embaraçosamente conflitantes entre si. Isso porque, eis minha hipótese, o eixo fixo não pode ser falado: a dualidade ontológica escravagista, embora historicamente superada (em termos, porque o racismo estrutural lhe dá sobrevida), não foi elaborada culturalmente, por isso persiste em seus efeitos e está presente em seus fundamentos (refiro-me às desigualdades com as quais o país aceitou conviver).

Por essa razão vejo o Brasil pelo avesso da descrição usual. O racismo não é manifestação deslocada do preconceito contra pobres. Pelo contrário, o antecede e se manifesta nele por efeito de deslocamento. O fundo de nosso dilema é a fissura instituinte da modernidade republicana, traduzida no preconceito não admitido contra o povo negro e na resistência ao reconhecimento (e à experiência) da individualidade em seu sentido contemporâneo (que supõe igualdade, ou melhor, diferenças e singularidades, nos marcos da igualdade de direitos e do "direito" ao reconhecimento). O racismo é o molde no qual a sociedade experimenta as desigualdades de classe — e não o contrário. Tudo se passa como se o centro gravitacional da sociedade brasileira fosse a grande desigualdade, a dualidade ontológica, imantando e naturalizando as desigualdades ordinárias. Como se a dualidade ontológica que já não existe continuasse a vibrar e a luzir feito estrelas mortas há milênios e no entanto capazes de iluminar os caminhos à noite. A luz do astro extinto alcança a percepção social refratada pelo jogo de espelhos das ambiguidades e nós a contemplamos ludibriados pelas mediações, reificando-as, esquecidos da origem, emulando os personagens do mito platônico da caverna. Ambiguidades nesse sentido seriam imagens refratadas, prismáticas, da cisão ontológica que experimentamos como sociedade ao longo de séculos em função do escravismo.

Em outras palavras, durante décadas, boa parte dos pesquisadores considerava o racismo uma espécie de derivação das desigualdades sociais, cabendo às classes subalternas o lugar do estigma. Por pertencerem majoritariamente a esse grupo, os negros sofreriam o estigma, cuja origem, portanto, seria a pobreza, não a cor da pele. Hoje muitas pesquisas já atestaram a especificidade do racismo em suas manifestações estruturais. Vou além, propondo que se entendam os preconceitos de classe de que são vítimas os mais pobres e vulneráveis como um desdobramento ou uma projeção do preconceito racial. Por ocuparem a posição que historicamente correspondia à dos escravos, e à dos ex-escravos ou de seus filhos e netos, os pobres tornaram-se objeto de desprezo social e estigmatização.

Minha hipótese de modo algum ignora que as ambiguidades também servem a propósitos virtuosos e funcionam muitas vezes como anticorpos que livram a sociedade brasileira de males devastadores como a conflagração violenta entre etnias, portadoras de identidades rígidas e de ideologias exclusivistas. A música popular brasileira é a demonstração de que se pode extrair muita riqueza dos sincretismos e das permeabilidades, como Hermano Vianna demonstrou. O futebol é outro campo em que as ambivalências fecundam o virtuosismo, como Wisnik nos ensinou. Os exemplos não cessam aí.

A duplicidade ontológica instaurada pelo escravagismo deixa de existir com o fim legal da instituição em 1888, mas os sulcos que rasgou no corpo da sociedade brasileira mantêm-se como cicatrizes, ou tatuagens, cujos efeitos não desaparecem com o mero passar do tempo. As marcas não somem por serem gradualmente esquecidas à medida que novas experiências substituem as anteriores. Dadas a profundidade do evento escravista e sua longevidade, e sobretudo considerando-se a dor envolvida, o esquecimento, a negação ou a subestimação de sua importância apenas transformam a tragédia em trauma. O sofrimento recalcado retorna fora de lugar, resistente a interpretações, assombrando, inquietando, disseminando sentimentos de medo, insegurança e ódio. A ausência de reconhecimento amplo e ritualizado em escala nacional do que significou a escravidão para índios e negros, em vez de amenizar o sofrimento e a memória do horror, perpetua a dor e a desloca de sua origem. Nesse sentido, a celebração do Brasil miscigenado e sincrético produziu alguns benefícios, mas cobrou preços dos quais talvez ainda não tenhamos plena consciência. Digo isso porque a valorização do Brasil misturado não emergiu como uma resposta clara ao horror perpetrado, o que envolveria compromissos públicos com a reversão do quadro de desigualdades a cujas condições condenou-se o povo negro depois da abolição. A miscigenação conquistou hegemonia contra visões racistas, é verdade, mas o fez acentuando a linha de continuidade com o passado colonial. A teoria freyriana que a legitimou mitigava a opressão escravagista, como se a justificação da leitura positiva sobre a mistura de raças dependesse do estabelecimento de um vínculo com uma tendência profunda já detectável, embrionariamente, no âmago da escravidão. A miscigenação seria o desdobramento natural da flexibilidade portuguesa transplantada para os trópicos. Em outras palavras, seria uma etapa superior da evolução histórica brasileira que atualizaria aspectos já presentes nos estágios anteriores, dando-lhe continuidade em detrimento dos elementos negativos, brutais, incivilizados. A sabedoria brasileira estaria no descarte dos componentes negativos, preservando e potencializando os virtuosos.

A continuidade linear entre aspectos elogiáveis — ou no mínimo aproveitáveis — da casa-grande e a exaltação da mistura já em pleno século XX, em Gilberto Freyre, projeta no tempo sua versão edulcorada do amálgama entre relações familiares e elos escravagistas. Eis o que diz Roberto Schwarz, fazendo a súmula da crítica machadiana à sociedade brasileira do século XIX em *Memórias póstumas de Brás Cubas* (1881), desconstituindo (antecipadamente) a idealização de Gilberto Freyre:

> Ao lado da norma liberal e com presença tão sistematizada quanto a dela, há aqui uma ideologia familista, calcada na parentela de tipo brasileiro, com seu sistema de obrigações

filiais e paternais abarcando escravos, dependentes, compadres, afilhados e aliados, além dos parentes. Esta ideologia empresta familiaridade e decoro patriarcal ao conúbio difícil de relações escravistas, clientelistas e burguesas. À *condenação* liberal da sociedade brasileira, estridente e inócua, soma-se a sua *justificação* pela piedade do vínculo familiar, cuja hipocrisia é outra especialidade machadiana. Condenação e justificação contribuem igualmente para o concerto de vozes inaceitáveis em que consiste este romance. (Schwarz, 1990, p. 68)

Como o Machado lido por Schwarz, Gilberto não condena nem justifica. Mas, ao contrário de nosso maior escritor, redime o Brasil imperial, drenando o veneno escravagista para reter a seiva da miscigenação. O que para Schwarz é promiscuidade ideologicamente cúmplice da opressão social — a mescla híbrida de laços que familiarizam relações de poder — para Freyre será a semente da democracia racial futura.

A miscigenação decantaria o escravagismo, transcendendo-o. Essa narrativa não dá conta do monstro. Não elabora o horror pronunciando seu nome. Não processa — simbólica, afetiva e intelectualmente — a ruptura que tem de ser produzida culturalmente, se não o foi politicamente. Dizer o horror, reconhecê-lo, significa marcar um corte e uma passagem, dotá-lo de sentido, circunscrevê-lo e criar condições de superá-lo, absorvendo-o, fazendo o luto. Dizer implica fazer, porque as narrativas nesse caso são performativas. Fazemos coisas com palavras. A democracia unindo as raças até a extinção desse nefasto conceito é um belo ideal, mas não se o realiza com um mito de origem que censura o horror, nem com o faz de conta de que o racismo não existe no Brasil e muito menos com o argumento (reconheço que bem-intencionado, porém equivocado) de que falar dele, denunciá-lo e aplicar políticas para mitigar seus efeitos são modos de produzi-lo ou fortalecê-lo involuntariamente.

2.8. Ambiguidade revisitada II: Oportunidade de renegociação do pacto social para emergência da cidadania e da individualidade

Focalizar as ambiguidades como arenas de negociação e disputa nos processos abertos pelo emaranhado de tensões, contradições e indefinições da sociedade brasileira me parece a decisão analítica mais rica e promissora do ponto de vista das ciências sociais. As ambivalências descritas como cenas em que se renegociam contratos sociais perdem a rigidez da foto e ganham o dinamismo do cinema ou da "vida como ela é". Nessa perspectiva pragmática, performativa e micropolítica, as ambiguidades deixam de ser tratadas como se lhes coubesse dizer algo sobre o que é o Brasil, na sequência do que foi, e revelam (ao construírem o presente em ato) o que a sociedade brasileira e cada indivíduo em cada contexto podem (vir a) ser. Sabendo-se que o vir a ser é peregrinação interminável. Uma das possibilidades, portanto, é que a sociedade se aproprie do espaço aberto pela incerteza e pela indefinição como uma oportunidade de resistir a identidades fixas e definitivas, reinventando-se e compreendendo que seu ser mais valioso e essencial é esse movimento perpétuo. Nessa vertente incluo as abordagens de Lilia Schwarcz (2011; 2012) e Hermano Vianna (1995). Adiante, pretendo colocá-las em diálogo com a leitura a meu ver mais generosa, criativa e fecunda do Brasil jamais tentada no campo das artes e da cultura popular: o tropicalismo.

Pensar o "você sabe com quem está falando?" da perspectiva dinâmica e micropolítica da negociação significa compreender o seguinte: quem recorre a essa pergunta pretensiosa está na defensiva e pretende reverter a correlação de forças, subtraindo a autoridade alheia ou o clamor alheio à igualdade perante a lei, dependendo do caso. Se o faz é porque supõe que valores estamentais ou hierárquicos ainda tenham vigência e que a longevidade do patrimonialismo lhe garanta prerrogativas, mesmo enfraquecido pelo convívio com o igualitarismo individualista democrático e a institucionalidade que o expressa. Quem faz a pergunta arrogante não enuncia uma interpretação de valores ou normas em ambiente acadêmico, onde se discutam ideias em abstrato. Quem pergunta não teoriza sobre o Brasil. Quem pergunta não pergunta: afirma. Mais que isso: diz como as coisas devem ser e tenta construir na prática aquilo que, em suas palavras e intenções, deveria ser. Para que tenha êxito, é necessário que o interlocutor acate essas palavras e intenções, obedeça, sinta-se acuado, recue e transforme a hierarquia em realidade. A pergunta, portanto, é uma afirmação e, além disso, uma sentença performativa, isto é, seu objetivo não é retratar o real ou representá-lo, dotá-lo de significados, mas atuar sobre ele, conformá-lo. A operação não é semântica, conceitual, argumentativa, semiológica, mas política: um poder tenta impor sua ordem, configurando a relação entre duas ou mais pessoas em determinada arena (uma esquina, por exemplo), em certo momento da história. O tiro às vezes sai pela culatra: o interlocutor pode se insurgir contra a pergunta-clichê e reafirmar a equidade cidadã, reivindicando normas, preceitos morais, testemunhos de concidadãos, convocando intervenções institucionais (judicializantes ou não). O resultado da encrenca dependerá do contexto institucional, do momento histórico, das circunstâncias locais e da disposição de enfrentamento dos interlocutores. Se a hierarquia continua a oferecer um repertório valorativo admissível, o igualitarismo prosperou na sociedade brasileira mesmo antes de ser formalmente consagrado pela Constituição de 1988. Portanto, em vez de interrompermos a análise no momento da pergunta, devemos prosseguir, acompanhando os desdobramentos do diálogo-combate, o que nos conduzirá a uma multiplicidade de conclusões. Nesse sentido, mais do que constatar a pregnância da tradição hierárquica ou o predomínio tendencialmente crescente do igualitarismo, o exame desse ritual dos (des)encontros brasileiros, que DaMatta identificou, revela-se uma oportunidade — quase laboratorial — para verificarmos os modos pelos quais a sociedade renegocia no dia a dia suas autoimagens e seus valores, opondo emoções e interesses, passado e presente, liberdades e limites, individualidades e coletividade, mobilizando novos recursos e expandindo o vocabulário cultural.

A mesma interpretação aplica-se ao drama das empregadas domésticas, cujas posições vacilam, como vimos, entre os registros do parentesco e do contrato profissional, do favor e dos direitos. Desnaturalizada, a cena abriu-se à reflexão pública, a tensionamentos, a releituras por parte das próprias protagonistas. O capítulo mais recente confirma o diagnóstico: de tal maneira a problemática transformou-se em espaço de renegociação, que chegou ao Congresso Nacional. Objeto de debate público, encontrou seu ponto de inflexão histórica, o que não encerra sua trajetória ambivalente, mas com certeza recoloca radicalmente os termos em que serão experimentadas as ambiguidades e, no cotidiano, renegociadas, seja no que se refere às significações implicadas seja em seus efeitos. Será também uma oportunidade para as famílias repensarem a si mesmas, revendo as fronteiras entre público e privado. As profissionais também atravessarão um período turbulento e fecundo de reinterpretações e reinvenções de si mesmas como indivíduos e sujeitos de direitos, sem abdicar de laços afetivos.

A ideia de negociação sugerida por Lilia Schwarcz e Hermano Vianna, cada qual à sua maneira, lidando com questões comuns por ângulos distintos, serve perfeitamente para enfrentarmos também os dilemas da cordialidade, nos termos iluminadores postos por Sérgio Buarque, os quais com plena justiça consagraram sua obra. Os avanços do coração e dos interesses particulares, atropelando limites, manipulando e ignorando as leis e o domínio público, não são mais apenas fatos. São objetos de disputa permanente em todas as frentes: das novelas de TV aos partidos políticos, dos movimentos sociais às campanhas nas redes sociais, de intervenções do Executivo a decisões judiciais, das salas de aula à publicidade. A cordialidade está ativa — assim como resiste à democratização o patrimonialismo —, mas nem de longe escapa ao escrutínio social. Ingressou com força no debate público e há tempos ocupa lugar de destaque na agenda política. A cordialidade, portanto, constitui outro espaço de renegociação — e a judicialização parece ser uma de suas vias, mas não necessariamente a mais virtuosa do ponto de vista da democracia e do fortalecimento da participação cidadã.

Hoje, tudo isso me parece claríssimo. Interessante é conceber a hipótese de que esse tenha sido sempre o caso, o que poderia ser demonstrado pela simples existência da obra de Sérgio Buarque, *Raízes do Brasil*. A análise de Sérgio repõe a negociação político-cultural brasileira em termos originais, o que redefine seu objeto, fazendo muito mais do que identificá-lo e construí-lo. Em o identificando e o construindo como questão sociológica, inscreve-o na pauta do debate nacional como problema político, abrindo um processo de disputas e conflitos, ou seja, de (re)negociações.

O debate contemporâneo sobre o racismo no Brasil traz consigo iniciativas de grande importância nas esferas das políticas públicas e da moralidade. Nesse sentido, mesmo os que se opõem a cotas ou a outras políticas afirmativas, mas reconhecem a existência do racismo no Brasil e criticam essas medidas porque temem agravá-lo, mesmo esses participam positivamente da expansão da consciência sobre essa vergonhosa tragédia nacional e contribuem para a reflexão coletiva sobre as melhores vias para reduzir danos e promover transformações em direção ao fim de preconceitos e desigualdades. As discussões com frequência são acaloradas, passionais, acirram tensões, criam polaridades, politizam-se, ambos os lados acusando-se mutuamente de contribuir para o que dizem querer evitar: o racismo. Os críticos das cotas chamam os que as defendem de racialistas, porque estariam concorrendo para a reificação da falsa noção de raça e para a criação de fossos entre grupos sociais com cores diferentes, segundo suas próprias percepções. De nossa parte, nós, defensores das cotas, sublinhamos o fato de que os fossos existem e só serão superados depois de serem enfaticamente reconhecidos, o que só poderá acontecer quando se fizer algo para edificar pontes, reduzindo desigualdades. Escrevo este livro para insistir na necessidade de que o reconhecimento do racismo no Brasil não se trivialize por força do medo de que apontá-lo o intensificaria. Escrevo para que se amplie a percepção da magnitude do racismo em nossa história, cristalizado na escravidão e desdobrado na forma pela qual os negros foram tratados desde a abolição no contexto das desigualdades brasileiras. Desigualdades que serviram para condená-los a "seu lugar", conforme o ditado da elite branca e racista. A esquerda não conseguiu enxergar a cor da pobreza, obnubilada pelo viés classista de suas doutrinas. Escrevo também para ajudar a desfazer falsas polaridades, desanuviando o ambiente que sufoca o diálogo. Não aceito desqualificar os críticos das cotas ou classificá-los como racistas e assim neutralizar seus argumentos. Considero suas preocupações legítimas e plausíveis. Duvido de quem não hesite diante da complexidade do social, de quem não pondere longa e honestamente sobre argumentos alheios. Isso vale para os dois lados da disputa. Confesso que, talvez pelo vício comum a pacientes de psicanálise, vejo a exasperação na defesa das próprias ideias como sintoma de insegurança — o que significa que a agressividade excessiva talvez seja um bom sinal em ambos os lados. Talvez indique a inteligência dos contendores. Talvez demonstre que ninguém deixou de ser tocado pela razoabilidade da posição contrária e que nenhum protagonista do debate é impermeável às ponderações alheias. Todos trazem consigo um grão de dúvida que não conseguiram liquidar. Bom sinal, porque, enquanto houver sincera disposição de lutar com toda energia contra o racismo, o valor e o objetivo estratégico que unem os contendores são maiores do que as divergências táticas. Por certo, há também os que são contrários às políticas afirmativas porque não veem racismo no Brasil. Para esses, o remédio é informação de qualidade e uma reflexão sobre as resistências a encarar o negativo. Infelizmente, há também os racistas. Afinal, se há racismo, há racistas. E não são poucos, dada a escala em que se repetem episódios racistas. Eles são inimigos dos valores reverenciados neste livro, opõem-se à Constituição e a todas as declarações dos direitos humanos desde o século XVIII, além de contrariarem as tradições religiosas representadas no país. Eles são a fonte mais importante da violência que pulsa no cotidiano e que se manifesta em tantas ações do Estado, as quais encontram meios de se reproduzir justamente porque contam com a cumplicidade ativa e passiva da sociedade.

Para evitar mal-entendidos, devo sublinhar que não recuso a pertinência e a importância de abordagens que comparei a fotografias, nem duvido de sua capacidade de desvelar aspectos estruturais da sociedade brasileira. De meu ponto de vista pluralista, essas abordagens não se excluem nem se contradizem: iluminam possibilidades alternativas de descrever o objeto pesquisado. Parágrafos acima sugeri uma perspectiva estrutural alternativa que a meu juízo requalificaria as leituras anteriores: a remissão das ambiguidades ao não dito da dualidade ontológica, inscrita na história do Brasil pela escravidão. Minha proposta analítica trata a ambiguidade como um drama capaz de dizer algo sobre a sociedade brasileira. Portanto, ao incluir o novo ângulo pragmático-performático apenas acrescento novo registro que talvez tenha o potencial de redefinir as perguntas e nos levar à frente nas respostas, ou para os lados, o que pode ser ainda mais interessante.

3.
Raízes históricas da desconfiança popular na individualidade

Como vimos, a restituição das condições para a dialogia não se dá pelo decreto que abole a escravidão em 1888. A restauração da unidade ontológica não responde de forma automática a um estalar de dedos. A igualdade perante a lei, formalmente enunciada — contrariando o preconceito difuso e ativo sem desativá-lo, no contexto histórico de subalternidade econômica e política —, encontra um campo de afirmação cuja temporalidade não coincide com o tempo do deslizamento das placas tectônicas de ontologias sociais, sedimentadas ao longo de quatro séculos. A afirmação da igualdade legal requer a confirmação da experiência para ser admitida e absorvida, e para produzir-se como realidade vivida. Quando desigualdades profundas substituem o abismo da escravidão, faltam as provas de que a equidade jurídica poderia ter algum sentido prático, corresponderia a alguma realidade substantiva da vida nacional ou, pelo menos, poderia vir a ser real no futuro.

A propósito de suspeição, acompanhemos a análise de Sidney Chalhoub (2012) sobre as rebeliões de 1852 e a façamos ecoar na interpretação de José Murilo de Carvalho sobre a Revolta da Vacina nos primeiros anos da República.

Em 7 de novembro de 1831, foi proibido no Brasil o tráfico africano de escravos. Nas duas décadas seguintes, mais de 750 mil escravos foram contrabandeados, "permanecendo ilegalmente escravizados, assim como seus descendentes" (Chalhoub, 2012, 302/5458). A escala da transgressão revela a magnitude das articulações entre setores da administração, lideranças políticas, agentes econômicos, instituições policiais e aparato judicial, com anuência de numerosos segmentos sociais. "No início dos anos 1850, quando nova conjuntura política interna e externa levaria à interrupção definitiva do negócio dos tumbeiros, quiçá a metade da população escrava em idade produtiva existente no país fosse constituída por africanos ilegalmente escravizados e seus descendentes" (Chalhoub, 2012, 376/5458).

Enquanto a escravidão dos povos originários alcançou cerca de 300 mil índios e estendeu-se até meados do século XIX, a população negra escravizada foi muito maior sobretudo porque havia interesse dos comerciantes que extraíam dividendos do tráfico internacional e da Coroa por meio da exação fiscal. Jaime Pinsky conclui, com base no exame de dados e nos cálculos de Luiz Felipe de Alencastro, que foram capturados no continente africano 8,33 milhões de negros, dos quais pouco mais de 3 milhões teriam morrido nos seis primeiros meses, ainda em continente africano. Cerca de 600 mil não teriam sobrevivido às condições insalubres dos portos e aproximadamente 400 mil teriam sucumbido na travessia do Atlântico. Dos 4 milhões que chegaram com vida ao Brasil, a metade teria morrido nos quatro primeiros anos da superexploração escravagista (Pinsky, 2010, 386/1219). Segundo Chalhoub, os números são ligeiramente diferentes: entre meados do século XVI e os anos 1850, teriam chegado ao Brasil 4,8 milhões de africanos escravizados. O historiador acrescenta um dado impressionante: "42% das importações de africanos para o Brasil em três séculos de tráfico negreiro aconteceram apenas na primeira metade do século XIX" (2012, 360/5458). Chalhoub complementa: "Não custa meditar por um momento no que se acaba de enunciar: a riqueza e o poder da classe dos cafeicultores, que se tornaria símbolo maior da prosperidade imperial ao longo do Segundo Reinado, viabilizaram-se ao arrepio da lei, pela aquisição de cativos provenientes de contrabando" (389/5458). Outra passagem notável do importante livro de Chalhoub faz leitores contemporâneos pensarem no código florestal, nas sucessivas anistias concedidas aos desmatadores e no lobby pela flexibilização das leis de defesa das florestas e da biodiversidade, que reuniu grandes interesses econômicos ligados ao agronegócio, diferentes atores políticos e um porta-voz comunista. Diz o trecho:

> Não são brasileiros turbulentos ou revolucionários, que com as armas na mão quiseram derrubar o Governo e a constituição, aos quais, algumas vezes se tem concedido anistia; são proprietários tranquilos, chefes de família respeitáveis, homens cheios de indústria e virtude, que promovem a fortuna particular e pública com o seu trabalho, os quais, por dobrados títulos merecem completo esquecimento sobre a infração que cometeram. (891/5458)

Considerando o escândalo da ilegalidade — centenas de milhares de escravos submetidos e transacionados clandestinamente, o que exigia amplos envolvimentos e cumplicidades —, o chefe de polícia da Corte entre 1833 e 1844, que chegou a ser ministro da Justiça, Eusébio de Queiroz Coutinho Mattoso Câmara, declarou:

> [...] sendo meu dever observar, que não sendo fácil obter provas de escravidão, quando um preto insiste em dizer-se livre, esta medida (intensificar o rigor na aplicação da lei que proibia o tráfico) há de produzir necessariamente a soltura de muitos escravos fugidos, por mais cautelas que se tomem; parecendo-me mais razoável a respeito dos pretos presumir a escravidão, enquanto por assento de batismo, ou carta de liberdade não mostrarem o contrário... (1373/5458)

Chalhoub desmascara a desfaçatez da autoridade:

> Afinal, a doutrina de Eusébio transferia o ônus da prova de liberdade ao negro; mas como poderiam portar documentos de liberdade pessoas que haviam sido importadas e escravizadas ilegalmente? Encontrados em terra, esses africanos eram, como queria o marquês de Barbacena, propriedade tida por legal, a ser comprada e vendida. Se os donos não apareciam, mandavam-se os "escravos" para o juiz competente, para que fossem declarados "bens do evento" e arrematados em praça pública. E como "parecer escravo" era conceito subjetivo, muitíssimo amplo na visão de mundo queiroziana, temos que o processo de enraizamento da escravização ilegal no modus operandi do Estado imperial tornou mais precária a liberdade de pretos e pardos forros e livres em geral. (1388/5458)

Chalhoub conta histórias exemplares de negros que fingiram ser recém-chegados, incapazes de entender português, para fugir ao cerco e se passarem, diante de autoridades, por ilegalmente escravizados. Eram casos raros em que a proibição do tráfico negreiro servia à resistência dos negros. Mas as exceções apenas confirmavam o fato de que a proibição nem de longe significou um passo positivo rumo à liberdade. As palavras finais do historiador são precisas e nos servem de guia: "[...] a produção de silêncio sobre 1831 continuou após a lei de 1850,[1] num labor constante, vigilante, que faz parte talvez da seiva que alimenta até hoje, no 'caráter nacional', a mania de tergiversar sobre o problema racial do país"[2] (1874/5458). Preciso dizer mais?

[1] Refere-se à lei que aboliu de fato o tráfico negreiro, após pressão inglesa por métodos políticos e bélicos. [2] Segundo o Censo de 1872, nenhum cativo frequentava escola primária. Não mais que 1401 escravos, 0,08% do total (havia 1,5 milhão de escravos na época), sabiam ler e escrever (cf. Chalhoub, 2012, 2010/5458).

No dia 1º de janeiro de 1852, quando entraria em vigor o decreto do governo imperial editado em 18 de junho do ano anterior, determinando uma série de procedimentos com vistas ao recenseamento da população por meio do registro de nascimentos e óbitos, boa parte do país explodiu em motins. Foi um "pandemônio", uma "calamidade", conforme Chalhoub. Houve confrontos e mortes. Não importava que as medidas fossem indispensáveis à administração pública. O povo levantou-se aterrorizado em várias províncias. A desordem campeou até o decreto ser revogado. As reações da imprensa, das elites e das lideranças políticas imperiais, observadas à luz da história subsequente, assemelham-se ao misto de perplexidade e condenações preconceituosas que caracterizaram as manifestações relativas à Revolta da Vacina, várias décadas depois. Em ambos os casos faltaram a sensibilidade de analistas como Chalhoub e José Murilo de Carvalho. Os dois autores interpretaram a resistência popular (aos registros governamentais ou à vacinação obrigatória) como resposta perfeitamente compreensível, considerando-se a experiência dos grupos populares que se rebelaram.

Vale a pena atentar para a lição de Chalhoub sobre as insurreições de 1852. As leis que proibiram o tráfico em 1831 e as intenções declaradas das autoridades apontavam numa direção, no entanto a prática seguiu rumo inverso. A suspensão do tráfico negreiro parecia o primeiro passo para mudanças reais que implicariam no mínimo o abrandamento da escravidão. Ocorreu o contrário. A importação de escravos acelerou-se e a natureza clandestina do processo não só intensificou a violência e a exploração como aumentou significativamente os riscos de que negros livres fossem postos a ferros. Gato escaldado tem medo de água fria, avisa o ditado popular. Quais os propósitos do recenseamento? Por que registros com tantos detalhes? O que sucederia depois que todos os indivíduos fossem escrutinizados? A máquina escravagista voltaria a mostrar suas garras, avançando sobre todos? Quem estaria livre? Mesmo os trabalhadores brancos, a que termos sua relativa liberdade seria reduzida em um novo (e ignorado, imprevisível) esquema de poder? A única coisa efetivamente certa e sabida era a voracidade feroz e incontida dos poderosos. Quais seriam seus limites? Melhor prevenir que remediar, como diz a sabedoria do povo. Mais tarde, talvez fosse tarde demais. O ambiente político-cultural em cujo contexto as revoltas espocaram era feito de medo e suspeição, desconfiança generalizada e insegurança.

Para os pobres, sobretudo os negros, a proclamação da República caiu do céu — ou do inferno — como um golpe de Estado que suscitava suspeita quando não revolta. Escreve o professor José Murilo de Carvalho.

Em termos concretos, a prevenção republicana contra pobres e negros manifestou-se na perseguição movida por Sampaio Ferraz contra os capoeiras, na luta contra os bicheiros, na destruição, pelo prefeito florianista Barata Ribeiro, do mais famoso cortiço do Rio, a Cabeça de Porco, em 1892. [...] Não seria, a meu ver, exagerado supor que a reação popular a certas medidas da administração republicana, mesmo que teoricamente benéficas, como a vacina obrigatória, tenha sido em parte alicerçada na antipatia pelo novo regime. Mais ou menos na época da Revolta da Vacina, por exemplo, João do Rio verificou, ao visitar a Casa de Detenção, que "Com raríssimas exceções, que talvez não existam, todos os presos são radicalmente monarquistas. Passadores de moedas falsas, incendiários, assassinos, gatunos, capoeiras, mulheres abjetas, são ferventes apóstolos da restauração". Eram monarquistas e liam romances de cavalaria. Esta extraordinária revelação confirma o abismo existente entre os pobres e a República e abre fecundas pistas de investigação sobre um mundo de valores e ideias radicalmente distinto do mundo das elites e do mundo dos setores intermediários. (1989, pp. 30-1)

Não por acaso o historiador citará o mais popular romancista da capital, Lima Barreto, neto de escravos, que nunca escondeu sua repulsa à República.

Os primeiros anos do novo regime, proclamado em 1889, foram marcados por revoltas populares, fraudes eleitorais e pelo fortalecimento nas elites da mentalidade positivista, assim como, nas instâncias governamentais, do autoritarismo tecnocrático. O historiador cita o Código de Posturas Municipais de 1890, revogando o que havia sido legado pela Monarquia. Visava aprimorar a higiene e o conforto, em benefício da saúde pública, mas era absolutamente irrealista e promovia um controle repressivo — tão inviável quanto gerador de conflitos — da população marginal do Rio de Janeiro. Os pobres — e aí estavam os negros — eram vistos e tratados como personagens do mundo da desordem. Os técnicos no poder, ostentando a arrogância de déspotas esclarecidos, falavam e agiam em nome da ordem e do progresso. As leis ou não se aplicavam ou se aplicavam ao preço da violência, produzindo efeitos perversos e aprofundando o abismo entre Estado e sociedade: de um lado, o universo político institucional, de outro, os sentimentos populares. Entre as normas modernas, aprovou-se a lei da vacinação obrigatória em 1904. Cito novamente José Murilo de Carvalho:

> Desta vez, a interferência do poder público foi levada para dentro da casa dos cidadãos, seu último e sagrado reduto de privacidade. Na percepção da população pobre, a lei ameaçava a própria honra do lar ao permitir que estranhos vissem e tocassem os braços e as coxas de suas mulheres e

filhas. A população reagiu pela violência e forçou a interrupção da ação dos agentes do governo. (1989, pp. 36-7)

Um ponto merece destaque: a falsa ideia de que os marginais estavam do lado popular e, do outro lado, situava-se o mundo político, disposto a impor ordem ao que as elites viam como caos. Não, pelo contrário, as elites políticas cooptaram os transgressores que agiam nas áreas pobres da cidade e estabeleceram com eles uma aliança que desmobilizou a resistência popular. Semelhanças com o Rio de Janeiro contemporâneo não seriam meras coincidências. O padrão parece ter se fixado desde pelo menos a origem da República. E o padrão poderia ser descrito como um movimento pendular, conforme sugeri anteriormente (Soares, 2000), que ora se desloca para o autoritarismo elitista e tecnocrático, sob a bandeira da ordem e do desenvolvimento, promovendo remoções e prisões em massa, ora pende para a cooptação populista, desorganizadora e clientelista. Nas duas hipóteses, prevalece o sistema oligárquico. A Segunda República não alterou substancialmente a distribuição de poder e as relações sociais estabelecidas na Primeira República, mas mudanças infiltraram-se gradualmente. Sobrou pouco espaço na história do Rio de Janeiro para a democracia e a participação cidadã das camadas populares.

Mesmo assim, acumularam-se conquistas significativas e a Constituição de 1988 trouxe novidades importantes. Mais que isso: a própria identidade coletiva da cidade remeteria às grandes celebrações populares, o Carnaval e o futebol (Carvalho, 1989, p. 41). Um exemplo foi e continua a ser a música popular: em torno da criação do samba, de sua luta contra a repressão, sua legitimação, difusão nacional e das reinvenções de suas raízes, grupos os mais diversos cruzaram fronteiras sociais e uniram suas vozes no coro polifônico da pluralidade democrática (cf. Vianna, 1995; e também Lins, 2012b).

As manifestações contra a vacina obrigatória, que culminaram em explosões de violência, alimentaram-se de um ponto de vista crítico que uniu, por distintos motivos, setores da intelectualidade, representantes da elite e a massa popular (cf. Carvalho, 1989, p. 131). Estavam em jogo, por um lado, princípios liberais ortodoxos, contrários ao intervencionismo do governo na vida privada, e, por outro, normas morais, em cujos termos o contato íntimo de funcionários públicos com os corpos femininos e a invasão das residências significavam agressão inaceitável à honra das famílias e de seus "chefes" (o patriarcalismo atravessava, e atravessa ainda hoje, classes sociais). A surpreendente coalizão derrotou o governo. O pano de fundo era a desconfiança popular no Estado que marcara o século anterior, como vimos, desconfiança que a proclamação da República e as primeiras políticas adotadas apenas agravaram.

Gostaria de salientar, para efeito de comparação histórica, um dos motivos de queixa: "[...] a invasão das casas, a exigência de saída dos moradores para desinfecção, o dano causado aos utensílios domésticos" (Carvalho, 1989, p. 130-1). Setenta e oito anos depois, em 1982, Leonel Brizola foi eleito governador do Estado do Rio de Janeiro por ter assumido vários compromissos com a população, sobretudo com os segmentos mais pobres, moradores de periferias e favelas. Entre as promessas, o fim das invasões das casas por servidores públicos (nesse caso, policiais), o fim do desrespeito sistemático às famílias e da destruição ou do roubo de utensílios domésticos. Era comum que policiais se apropriassem do que consideravam aproveitável quando realizavam operações em áreas pobres como se fossem peças do butim (Soares, 2000). Infelizmente, a despeito dos esforços de Brizola e de um ou outro governo posterior, a prática ainda tem vigência no Rio de Janeiro, onde as polícias continuam a incursionar à moda tradicional. Chamo a atenção para a permanência das queixas, sintoma da longevidade dos abusos.[3] Populares nas ruas protestando até mesmo com violência contra violações: eis a cena redundante que sinaliza o destino autoritário do Estado brasileiro, a despeito de tantas transformações. O que outrora ocorreu na arena da saúde hoje acontece no palco da segurança pública.

Em poucas palavras: a população pobre — sabendo-se que nesse contingente está a maior parte da população negra — teve boas razões para temer e suspeitar. Ainda tem. Lembremos que a suspeição pode chegar a se tornar uma linguagem, uma forma de vida. Quando a suspeita é difusa e corrosiva, contamina a relação do sujeito consigo mesmo e o mergulha na mais devastadora insegurança, desestabilizando todas as suas expectativas, submetendo-o ao risco de que profecias negativas se autocumpram. A consequência pode ser, por exemplo, o recurso sistemático à categoria "eles" no sentido analisado no primeiro capítulo, uma prática que, sob a aparência de ceticismo crítico, transforma-se em cinismo despotencializador que corrói todo impulso participativo, arruinando a realização da cidadania e o exercício do protagonismo e, portanto, da individualidade.

---

3 Importante enfatizar que a vacina é uma causa nobre, mas também a segurança poderia merecer essa qualificação. O problema não está no valor intrínseco das finalidades visadas, mas nos métodos e nos resultados efetivamente alcançados, os quais não podem ser avaliados sem que se leve em conta as percepções dos grupos sociais atingidos. Se deixarmos de lado os butins e focalizarmos as consequências das invasões bélicas policiais, ainda assim o saldo será inquestionavelmente negativo. Alguns dados: entre 2003 e 2016, 12 263 pessoas foram mortas em ações policiais no estado do Rio de Janeiro. A esmagadora maioria das vítimas era pobre e jovem, com frequência negra. Não se sabe quantos desses casos foram execuções extrajudiciais, até porque os casos não são investigados, salvo exceções, o que denota a cumplicidade do Ministério Público e da Justiça com esse processo que não hesito em chamar, há décadas, de genocida. De qualquer modo, os números são suficientes para demonstrar que nenhum eventual êxito tópico computado em prisões ou apreensões de armas e drogas justificaria a tragédia, cujas características evocam o genocídio (cf. Soares, 2006; Soares et al., 2006a; e Soares et al., 2010).

4.
A grande transformação
Expulsão do campo e urbanização acelerada como deslocamento de placas tectônicas

Entre 1950, sobretudo a partir do início da industrialização acelerada em meados da década, e o fim dos anos 1970, estima-se que tenham migrado do campo para as cidades 35,4 milhões de pessoas: 7 milhões nos anos 1950; 12,8 milhões nos anos 1960; e 15,6 milhões nos anos 1970. Em 1950, apenas 36,63% da população brasileira vivia em cidades. Uma década depois, o país estava praticamente dividido entre as áreas rural e urbana, onde já se encontravam 47,05% dos brasileiros. Em 1970, a configuração morfológica do Brasil tradicional invertera-se: 58,50% da população era urbana. Em dez anos o percentual saltou para 70,32%. A maioria urbana chegou a 77,93% em 1990 e a 83,29% na década seguinte. Em 2010, 86,11% dos brasileiros viviam em cidades. Considerando o tamanho da população e a velocidade da mudança, sobretudo entre 1950 e 1980, o fenômeno assumiu proporções extraordinárias, dignas de atenção mundial. Observe-se que o processo transcorreu, em seu período mais intenso, sob ditadura. Os migrantes não contaram com canais de expressão, mecanismos de organização, nem com a proteção de um *Welfare State* digno desse nome. Foram lançados à selva das cidades aos milhões (Berquó, 2001).

Os efeitos foram traumáticos e os determinantes da migração, em boa medida, negativos — pesaram menos os atrativos e as oportunidades oferecidas pela modernização industrial do que as dificuldades encontradas pelos trabalhadores no campo, submetidos a impiedosa exploração. "O deslocamento forçado para as cidades [...] foi vivido, na grande maioria dos casos, como um processo de perda, de decadência" (Palmeira e Garcia, 2001, p. 65).

Em artigo primoroso, Moacir Palmeira e Afrânio Garcia descrevem os fatores que determinaram a migração para as cidades em escala tão impressionante em tão pouco tempo. Tomo a liberdade de compartilhar com os leitores uma longa transcrição, dada sua importância e seu raro poder de síntese:

> As práticas de recrutamento e administração da força de trabalho das *plantations* tradicionais tornaram-se ineficazes, ou mesmo contraproducentes, diante (a) dos efeitos combinados da evolução dos mercados internacionais das lavouras comerciais, (b) da possibilidade de emigrar para as metrópoles que se industrializavam no sudeste do país — principalmente São Paulo, Rio de Janeiro e Belo Horizonte, (c) do surgimento de movimentos sociais camponeses engendrando o reconhecimento do sindicalismo de trabalhadores rurais e a implantação de um novo quadro legal e institucional, (d) da ampliação dos serviços educacionais e de saúde em meio urbano. [...] É notório que uma alteração de tal magnitude nas formas de viver e de trabalhar não pode ser explicada por uma pretensa "liberação da mão de obra" rural para setores industriais e de serviços mais produtivos localizados em meio urbano, pois uma constante desse processo foi a pauperização de largas parcelas dos contingentes submetidos à urbanização recente e os altos níveis de subemprego verificados nas metrópoles. [...] Mais do que uma discussão simplista sobre a "modernidade" atingida pelo Brasil industrializado da segunda metade do século XX, essa verdadeira mutação social da sociedade brasileira exige que sejam examinadas as modalidades das mudanças de horizontes sociais para milhões de indivíduos e suas relações

com as transformações das formas de poder. [...] Como esses indivíduos que viveram esses processos concebem suas experiências de ver alteradas as redes sociais onde estão inseridos e solapadas as raízes das crenças que entretinham suas existências cotidianas? Que esforços estão obrigados a fazer para adquirir novas competências e assim poder se inserir em novas situações, reconstruindo o sentido da própria existência? O que acontece nesse contexto com as formas de hierarquia social preexistentes e com as categorias culturais que lhes dão suporte e legitimidade? (Garcia e Palmeira, 2001, pp. 58-9)

Considero o artigo citado uma das obras mais esclarecedoras sobre a grande transformação brasileira que tem início nos anos 1950. Sua riqueza está na capacidade de analisar simultaneamente as mais diversas dimensões envolvidas no processo estudado, da economia às experiências subjetivas individuais. Além disso, como leitores atentos de Bourdieu, observam com sensibilidade não só a situação dos grupos sociais, em cada momento, mas sua posição estrutural na sociedade, examinando também o peso específico que representam para as configurações de poder, sem negligenciar a importância decisiva de suas respectivas trajetórias, das quais são inseparáveis as percepções do percurso vivido (cf. Bourdieu, 2013). Finalmente, os autores repelem fórmulas reducionistas e generalizações. Seria um erro primário generalizar experiências pessoais e coletivas tão variadas, carregadas das emoções mais diversas: a indignação com a miséria, a humilhação, os abusos; a esperança de melhorar de vida; a ansiedade ante o desconhecido, o medo. Na sequência, as tensões da chegada, a busca por um local para morar e um trabalho. Em muitos casos as redes originais da comunidade rural recompõem-se na cidade, ao menos parcialmente. Quem chega primeiro e consegue fixar-se atua como o desbravador que prepara o caminho para familiares, antigos vizinhos e amigos: informa, acolhe, orienta, faz as mediações, ajuda os parceiros. Outros chegam ao deus-dará, sem eira nem beira, acomodam-se aqui e ali, dormem em qualquer lugar, comem o que for possível, aceitam o que aparecer. Entre esses dois enredos opostos, há uma infinidade de tramas possíveis. Não houve apenas uma rota e um destino. As dinâmicas adaptativas foram as mais variadas, segundo os diversos contextos e a capacidade de os indivíduos ou costurarem as teias de relações pessoais, ou descobrirem ocupações que garantissem a sobrevivência.

Não obstante todas essas ponderações acerca do erro da generalização, é razoável supor algumas características comuns. Nas comunidades rurais predominavam as relações face a face, o conhecimento coletivo sobre os itinerários individuais. Até a dominação era personalizada: o patrão encarnava o poder econômico, político e por vezes simbólico.

Recuando no tempo à primeira República, esse laço pessoal entre classes antagônicas chegou ao extremo de unir camponeses ou trabalhadores agrícolas ao senhor das terras pelo compadrio, vínculo de parentesco simbólico que tornava explorados e exploradores compadres, devendo-se mutuamente respeito e proteção. Era o *welfare* selvagem no vácuo da legislação trabalhista, em ambiente de exploração irrestrita. Mas era também vacina contra a revolta (cf. Arantes, 1970, 1993 e 2011). Por isso os beatos que lideraram os surtos messiânicos foram tão bem-sucedidos no recrutamento de adeptos. Eleitos pelo povo verdadeiros santos milagreiros, eram procurados para batizar seus filhos, o que tecia vasta rede de obrigações recíprocas ao mesmo tempo que bloqueava a formação da rede vertical, reprodutora da submissão, com os patrões rurais, os oligarcas do campo, os latifundiários (cf. Monteiro, 1974; Queiroz, 1966).

Nos vilarejos rurais até o início da grande vaga migratória, a memória coletiva dos camponeses e trabalhadores agrícolas tendia a convergir com suas expectativas. Ainda que os ambientes social e natural fossem inóspitos, o chão era palmilhado desde a infância, as paisagens estavam integradas às rotinas e as formas de dominação eram mapeadas, o que propiciava a aplicação de estratégias consolidadas de resistência, ou sobrevivência, nos planos econômico e social. Os valores eram compartilhados, assim como os códigos de conduta. O vocabulário era comum. A organização familiar respeitava padrões tradicionais consensualmente reconhecidos. Os papéis masculinos e femininos seguiam as regras assimiladas no processo de socialização. As identidades sociais correspondiam a posições na estrutura social e a lugares na ordem familiar. A divisão do trabalho e os laços vicinais expressavam obrigações e necessidades convencionais. Os jogos de reciprocidade, os rituais comunitários, as estações do ano, as horas do dia, as datas festivas, os casamentos, nascimentos e sepultamentos pontuavam o calendário e organizavam o mundo. Desconfianças, ciúmes, traições, coragem, covardia, vingança, conflitos aconteciam sob a regência de roteiros imprevisíveis mas inteligíveis. Nada rivalizava com a centralidade da terra, de que participavam os animais e suas vicissitudes, e os caprichos da natureza: a seca, as chuvas, o sol, dias e noites no tempo cíclico da agricultura e das atividades associadas à plantação e à colheita.

Os elos dessa trama remetiam uns aos outros, e cada ponto importava para a coesão do grupo e a consistência sistêmica do conjunto. Do trabalho à família, da disciplina emotiva ao cardápio de opções existenciais, da rede de alianças ao manejo das tensões, do sentido da infância ao destino dos velhos, todos os nós armavam a rede.

A ordem sagrada regia vivos e mortos. Da sociedade tradicional faziam parte santos e milagres, pecados e promessas, as mediações religiosas que aproximavam e mantinham o divino distante. A linguagem do amor era praticada com o recato do machismo antiquado, sob cujo domínio vibrava o sexo. A moralidade das vilas rurais celebrava a honra e o poder masculinos.

A verossimilhança de crenças e sua consequente perpetuação dependem sempre de estruturas de plausibilidade, isto é, de condições objetivas compatíveis com os valores e as narrativas professadas na fé. Tudo se passa como se as crenças dialogassem com as rotinas cotidianas e seus cenários, o fluxo dos acontecimentos regulares e o repertório das anomalias codificadas. A imprevisibilidade e a finitude provocam angústia e insegurança. A cosmovisão religiosa conforta e reassegura, domesticando o imponderável, transmitindo aos indivíduos a sensação apaziguadora de relativo controle e conferindo aos fatos da vida o encadeamento de um sentido graças à difusão de narrativas convincentes que dialogam com o acervo de experiências comunitárias.

Enxotados do campo o pai, o filho, a família inteira, de uma vez ou por etapas, depositados nos vãos das cidades despreparadas para abrigar o migrante, o cristal partiu-se em mil pedaços. Ergueram barracos que eram ruínas prematuras. Prematuramente envelheceram sob a pressão extrema de mudanças radicais. O esforço de adaptação nada tem de simples. Seria um erro pensar o processo adaptativo supondo o sujeito do conhecimento ante dois objetos diferentes: a vida anterior plenamente codificada e a vida urbana a mapear. Bastaria um exercício cognitivo e a troca da enxada pelo carrinho de cimento que o peão carrega de um lado para outro do prédio em construção. Se fosse tão simples, a migração corresponderia à disciplina do aprendizado e à força de vontade — quem sabe, ao espírito empreendedor. Cumpriria ao migrante apenas alterar seus conceitos para que à novidade da vida na cidade correspondessem novas categorias. E assim haveria a possibilidade de, compreendendo os novos desafios, formular planos racionais para vencê-los: qualificar-se tecnicamente, escolher entre as oportunidades, poupar, investir em seu próprio negócio, prosperar — sua mobilidade ascendente seria o triunfo do capitalismo nativo. Essa via analítica — ou ilusão ideológica — está errada. Nela perde-se o essencial — além da brutalidade da pauperização que marcou esse processo: quem sofre o impacto mais radical nessa transformação é o próprio sujeito. Ele não é o mesmo nos dois cenários. Os objetos mudam, é verdade, mas o sujeito tampouco permanece imóvel. Ele perde o chão, literalmente. Não era seu conhecimento que lhe dizia o que era sua vida antes da grande viagem; era sua vida antes da migração que lhe dizia o que ele era. Dessa vida anterior faziam parte todos os ingredientes já enumerados: a comunidade, a família, o trabalho, a terra, a paisagem, as crenças, os valores, a temporalidade do mundo rural, o ambiente natural com seus ritmos e sobressaltos.

Diz Carlos Drummond de Andrade no poema "Confidência do itabirano", de 1939:

Alguns anos vivi em Itabira.
Principalmente nasci em Itabira.
Por isso sou triste, orgulhoso: de ferro.
Noventa por cento de ferro nas calçadas.
Oitenta por cento de ferro nas almas.
E esse alheamento do que na vida é porosidade e comunicação.

Em 1902, quando nasceu o poeta, Itabira não era exemplo da configuração urbana que seria típica do século XX, mas tampouco era estritamente rural. Alcançara o status de cidade em meados do século XIX e sua economia girava em torno de fábricas de tecido e fundições de ferro, além de atividades rurais. De todo modo, o que afirma o poeta vale indistintamente para o campo e a cidade. O poema ilumina o vínculo orgânico entre o meio e o indivíduo. O eu lírico, lugar literário do sujeito, constrói-se nesse amálgama entre o ferro e o homem graças à mediação metonímica da memória.

João Cabral de Melo Neto, em "O cão sem plumas", de 1950, radicaliza a percepção da simbiose:

> *Na paisagem do rio*
> *Difícil é saber*
> *Onde começa o rio*
> *Onde a lama*
> *Começa do rio*
> *Onde a terra*
> *Começa da lama*
> *Onde o homem*
> *Onde a pele*
> *Começa da lama*
> *Onde começa o homem*
> *Naquele homem.*

É verdade que nem sempre a vida rural se realiza como experiência agregadora e razoavelmente harmônica entre os iguais, entre os trabalhadores e suas famílias — sem mencionar as relações opressivas com os desiguais, pois elas são onipresentes e desumanizantes. No caso extremo em que a seca expulsa os homens da terra, dá-se a circunstância trágica em que os expulsa da terra dos homens, degradando os laços sociais:

> Vivia longe dos homens, só se dava bem com animais. Os seus pés duros quebravam espinhos e não sentiam a quentura da terra. Montado, confundia-se com o cavalo, grudava-se a ele. E falava uma linguagem cantada, monossilábica e gutural, que o companheiro entendia. A pé, não

se aguentava bem. Pendia para um lado, para o outro lado, cambaio, torto e feio. Às vezes utilizava nas relações com as pessoas a mesma língua com que se dirigia aos brutos — exclamações, onomatopeias. Na verdade falava pouco. Admirava as palavras compridas e difíceis da gente da cidade, tentava reproduzir algumas, em vão, mas sabia que eram inúteis e talvez perigosas. (Ramos, 1971, p. 55)

Para o bem ou para o mal, a imersão do sujeito em seu cosmos é reiterada. O sujeito se identifica com a paisagem como seu espelho e a espelha em si. O cosmos mergulha no coração humano e esculpe a personalidade do protagonista, subtraindo-lhe as palavras para lhe conferir um poder de expressão superior, pleno, não mediatizado, irrepresentável. A eloquência narrativa brota da foz mais árida: do silêncio de Fabiano. Graciliano Ramos descreve a fusão entre a natureza, os animais e o personagem humano.

A secura que Graciliano flagra em seu personagem Fabiano, que era também a sua, na economia das palavras e na precisão fria dos relatos fabricados com a mesma aversão aos adjetivos que foi a marca de outro nordestino, João Cabral, a mesma secura transmitiu-se a Macabéa, a versão feminina e migrante de Fabiano. O texto de Clarice Lispector é áspero: "Mas uma coisa descobriu inquieta: já não sabia mais ter tido pai e mãe, tinha esquecido o sabor. E, se pensava melhor, dir-se-ia que havia brotado da terra do sertão em cogumelo logo mofado. Ela falava, sim, mas era extremamente muda" (Lispector, 1977, p. 29).

Em Clarice e Graciliano, a simbiose com a natureza aparece associada ao mutismo dos personagens. Carentes de comunicação, soam como a voz universal que sintetiza a comunhão com a terra e, pela escassez material, parecem fartar-se no prodígio da linguagem cósmica. São eles mesmos a expressão de seu mundo de origem, que lhes nega o privilégio da fartura e do acolhimento generoso, mas lhes faculta o acesso a uma intimidade preciosa com o essencial.

Reitero com ênfase o seguinte: não me passa pela cabeça nem remotamente a hipótese de tomar Fabiano e Macabéa como modelos dos homens e das mulheres que migraram do meio rural para o meio urbano a partir dos anos 1950. Ambos evocam experiências-limite dolorosas ao extremo. São personagens luminosos, mas correspondem a imagens sombrias, atrofiadas, afásicas, desidratadas, reduzidas ao pó de trajetórias desumanizantes. Na realidade brasileira, os itinerários foram múltiplos — não é demais repetir. Muitos migrantes venceram privações e desafios e redefiniram sua travessia como libertação. Lula viria a ser o ícone da afluência em todos os planos da existência. Para que não se fixe uma imagem unilateralmente negativa, insisto que muitos viveram suas dificuldades, mascararam as asperezas dos desencontros, mas teceram outras redes sociais e o declínio redimiu-se em ascensão, pelo menos como promessa herdada por filhos e netos. Da grande viagem brotaram talentos, muita loquacidade, riqueza expressiva, humanidade exuberante. Portanto, o que importa na seleção de poemas é a revelação da profundidade orgânica do vínculo entre o homem e seu lugar, a mulher e seu território. Sublinhando esse ponto específico, desejo chamar a atenção para a magnitude do processo que mudou milhões de pessoas, e o Brasil.

O ferro de que é feita a alma do eu lírico, o rio que deságua homens, o chão e o cavalo entrosados com o corpo do vaqueiro e a mulher-cogumelo que brota da terra encerram uma sabedoria que deve guiar a interpretação das migrações. Eis o que nos ensinam: nós, seres humanos, não moramos em um lugar. Nem mesmo basta dizer que somos parte de um lugar. Somos, em parte, esse lugar. Admiti-lo equivale a reconhecer que a migração em grande escala corresponde a um deslocamento de placas tectônicas da sociedade brasileira. Esse evento está longe de haver esgotado seus efeitos. Em certa medida, os homens e as mulheres que migraram viajaram para longe de si mesmos, afastaram-se do que foram, perderam-se de si. Na cidade, lançaram-se à aventura radical de inventar um novo sujeito, um personagem para si mesmos, um indivíduo que pudessem passar a habitar habitando a cidade, um lugar inteiramente outro — a estranheza sendo intensificada por envolver tanto as relações do sujeito consigo mesmo quanto as relações do sujeito com o novo universo social, a nova linguagem, a nova forma de vida.

Escreveu-se sobre isso copiosamente. Esse fenômeno complexo e doloroso foi cantado em prosa e verso. Filmes e peças de teatro ocuparam-se do tema sob os ângulos mais diversos. Esteve presente em *Central do Brasil*, de Walter Salles, em *Cidade de Deus*, de Fernando Meirelles, baseado no livro homônimo de Paulo Lins (2012). Muito antes inspirou Glauber Rocha, Nelson Pereira dos Santos e Cacá Diegues. E muitos outros cineastas. Ainda assim é preciso retornar a ele, tanto quanto o próprio tema da volta ronda o imaginário dessa odisseia nacional. O país elegeu seu Ulisses, herói da longa travessia. Lula, personagem histórico-cultural, não pode ser decifrado fora desse contexto.

Tim Ingold é o antropólogo que talvez tenha escrito mais extensiva e profundamente sobre essa matéria. Contrário à supremacia ocidental da forma sobre o processo, ele adota a perspectiva do "morar" ("*dwelling perspective*") em oposição à perspectiva do "construir" ("*building perspective*") (Ingold, 2000, p. 173). O ponto de vista que rejeita — como as concepções de Clifford Geertz e de tantos outros, cujas opiniões provavelmente predominam na antropologia — parte da seguinte premissa:

> O ponto de partida em todas essas considerações é uma suposta separação entre o mundo e quem o percebe, de

tal modo que este último tem que reconstruir o mundo na mente antes de qualquer envolvimento significativo com ele. [...] Aqui está, então, a essência da perspectiva construtivista: os mundos são feitos antes que vivamos neles; ou, em outras palavras, os atos de morar são precedidos por atos de construir mundos. (Ingold, 2000, pp. 178-9; ver também p. 191; tradução minha)[1]

Refletindo sobre a ideia heideggeriana de que há uma diferença significativa entre habitar e morar ou entre uma casa e um lar, Ingold entende que há muito mais na experiência de morar do que a simples ocupação (p. 185). O morar ultrapassa a separação entre público e privado, transcende os limites do abrigo doméstico e estende seu conteúdo para o estar no mundo: "por conseguinte, 'eu moro, tu moras' é idêntico a 'eu sou, tu és'"[2] (p. 185, tradução minha).

Além da categoria *morar*, Ingold trabalha com as noções de *paisagem* e *temporalidade*, distinguindo-as das ideias de terra e cronologia: "enquanto a terra é quantitativa e homogênea, a paisagem é qualitativa e heterogênea"[3] (p. 190, tradução minha). Paisagem não se confunde com os conceitos de natureza e espaço, assim como temporalidade não se esgota na extensão calculável e divisível em unidades isomórficas do tempo físico. Temporalidade é a jornada social do ser humano através da paisagem, marcando-a com a experiência dinâmica do morar ao longo do ciclo da vida — o morar é compreendido como estar aí na paisagem,

---

[1] "*The starting point in all such accounts is an imagined separation between the perceiver and the world, such that the perceiver has to reconstruct the world, in the mind, prior to any meaningful engagement with it. [...] Here, then, is the essence of the building perspective: that worlds are made before they are lived in; or in other words, that acts of dwelling are preceded by acts of worldmaking.*"
[2] "*thus 'I dwell, you dwell' is identical to 'I am, you are.*'" [3] "*where land is thus quantitative and homogeneous, the landscape is qualitative and heterogeneous.*"

nela engajado por atividades e interações de todos os tipos, cada uma das quais correspondendo a percursos diferentes. Ingold acrescenta: "[...] vivendo nela, a paisagem se torna parte de nós, assim como nós somos parte dela"[4] (p. 191, tradução minha). Mais à frente: "É desse contexto relacional do engajamento de pessoas no mundo, nessa história de morar, que cada lugar extrai sua significância única"[5] (p. 192, tradução minha). Por isso todo mapa está encapsulado em uma forma de vida (cf. p. 225).

Dialogando com Alfred Gell (1985) e Turnbull (1989), Ingold mostra que a separação analítica entre uma tradição e seu território, ou entre a cultura e seu lugar, significa também afastar o conhecimento tradicional do contexto em que foi produzido, da experiência prática em que emergiu. Experiência situada em um ambiente específico, ecologicamente significativo. A consequência dessa separação artificial seria reduzir uma "forma de vida" a uma "visão de mundo", a um "esquema cognitivo". Esse movimento intelectual corresponderia à transposição de uma imersão orgânica, própria à abordagem fenomenológica, para a metafísica da representação que opera com o dualismo sujeito-objeto.[6]

Na sequência, Ingold discute a relação entre paisagem, ponto de vista e totalidade, formulando a seguinte pergunta: o território vivido, a paisagem, só pode ser conhecido enquanto unidade, isto é, em sua totalidade, de uma perspectiva abstrata,

---

[4] "[...] *through living in it, the landscape becomes a part of us, just as we are a part of it.* [5] *It is from this relational context of people's engagement with the world, in this business of dwelling, that each place draws its unique significance.*"
[6] Seria interessante comparar a posição de Ingold com o pragmatismo de William James (2000) e Richard Rorty (1979, 1989, 1991a, 1991b, 1998, 2007), em cujas obras — guardadas as devidas distinções — o descarte do par cartesiano não dá lugar a uma concepção holística, mas a um deslocamento do *cogito* para a *praxis*, o que, de novo, traz Ingold para a conversa e evoca, se admitirmos várias mediações, o imanentismo de Spinoza (1996), relido por Deleuze (1969).

externa à experiência, estruturada como um esquema mental, reduzido à representação cognitiva de um mapa? O autor privilegia outra solução, que nos importa aqui diretamente, para pensar a migração. Ele diz:

> Não é uma visão "lá do alto" antes que "daqui de baixo", mas formada ao longo dos múltiplos caminhos que fazem um país, e *ao longo* dos quais as pessoas vão e vêm nas condutas práticas da vida. Nossa percepção do ambiente como um todo, em resumo, não é forjada na ascensão de uma perspectiva míope e local a outra, panóptica e global, mas na passagem de lugar a lugar, e nas histórias do movimento e das mudanças de horizonte ao longo do caminho. (p. 227, tradução minha; grifo do autor)[7]

Observe-se que o trabalho de integração entre as percepções não é feito pelo "olho da mente", mas pelo organismo em seu conjunto enquanto se move, atentamente, instado por seus propósitos, de um lugar a outro.

Desdobrando seus argumentos, o antropólogo britânico ajusta os conceitos de comunicação e significado a seu modo de compreender a experiência social ligada ao território, isto é, as práticas sociais conectadas àquilo que ele chama paisagem, em sua temporalidade. Tome-se o exemplo de uma crença. Usualmente, ela é definida como uma cadeia de significações materializadas em palavras que alcançam autonomia relativamente ao contexto da enunciação, e que chegam ao receptor

---

[7] "*It is not a view from 'up there' rather than 'down here' but one taken along the multiple paths that make up a country, and along which people come and go in the practical conduct of life. Our perception of the environment as a whole, in short, is forged not in the ascent from a myopic, local perspective to a panoptic, global one, but in the passage from place to place, and in histories of movement and changing horizons along the way.*"

pela mediação de uma forma linguística liberta do ambiente interlocucionário — isto é, liberta do mundo ao qual pertence a crença e no qual assume seu sentido, organicamente engatada a determinadas práticas. Crença, nesse paradigma conceitual, remete a subjetividades codificando e decodificando significações, em operações mentais isoladas. A relação entre signo e significação é estabelecida no interior do sujeito, independentemente do contexto — a subjetividade contrapõe-se, neste modelo, à "realidade" ou ao "mundo externo" (p. 408). O modelo antropológico de referência é o sujeito cognitivo.

Ingold propõe a substituição desse esquema intelectual. Prefere pensar o ser humano inteiramente imerso no contexto relacional do morar em um mundo. "Sendo assim, esse mundo já está carregado de significação: sentido é inerente às relações entre o morador e os constituintes do mundo em que se mora"[8] (p. 409, tradução minha). A sociabilidade e a significação compartilhada de relações constituem duas faces da mesma moeda, a moeda das práticas sociais territorializadas, com sua história, sua temporalidade, suas variações, sua abertura à experimentação. A comunicação envolve expressões emocionais e o estabelecimento de laços afetivos, sem os quais não haveria real engajamento no mundo. Uma análise restrita à dimensão cognitiva desidrataria a comunicação humana e o conhecimento da experiência social, assim como uma abordagem que fizesse abstração da paisagem (na acepção exposta) e de sua temporalidade.[9]

Se concordarmos com Ingold e aplicarmos sua perspectiva ao fenômeno da grande migração brasileira, novos horizontes nos desafiarão. Repito o que disse, porque talvez agora o argumento

---

[8] *"For this being, this world is already laden with significance: meaning inheres in the relations between the dweller and the constituents of the dwelt-in world."*
[9] Seria interessante estudar a grande tradição da astrologia como uma linguagem convergente, ao nível simbólico, com a perspectiva teórica proposta por Ingold (Vilhena, 1990).

fique mais claro: a migração em grande escala correspondeu a um deslocamento de placas tectônicas da sociedade brasileira. Quem sofreu o impacto mais radical nesse processo de transformação foi o próprio sujeito, que não pode ser o mesmo nos dois cenários. Os objetos mudam, os cenários mudam e o sujeito também. Ele perde literalmente o chão. Não era seu conhecimento que lhe dizia o que era sua vida antes da grande viagem; era sua vida antes da migração que lhe dizia o que ele era. E agora, José?

A grande migração aumentou o subemprego. A miséria invadiu as cidades, derramando-se para suas margens, subindo morros, espremendo-se onde houvesse espaço, forçando os migrantes e a massa trabalhadora local a cumprir jornadas sobre-humanas, moldando-se aos caprichos informais de patrões e patroas, inclusive nos bicos ou nas casas de família das camadas médias. Como sabemos, maior a oferta de força de trabalho desorganizada, sem apoio sindical (lembremo-nos de que esse dramático capítulo da vida nacional se passa sob ditadura), menor seu valor no mercado, inclusive no mercado informal. O sujeito que se transforma em contexto adverso mira-se na individualidade como uma possibilidade de autorrealização? Dificilmente disporia desse espelho, que supõe requisitos ausentes do cardápio cotidiano das classes populares sob o impacto do terremoto histórico, a grande migração. Espelhos em que mirar-se para autoinventar-se estão acessíveis na mídia, nas interações comunitárias, no mercado de trabalho, nas relações familiares, na hipótese remota de politização e no repertório religioso. Observemos mais de perto o universo religioso, onde provavelmente terá sido mais fácil encontrar e tecer narrativas que atribuíssem unidade e sentido a trajetórias surpreendentes e acidentadas, articulando os pedaços desassossegados de sujeitos mutantes, metamorfoseados pela migração, sujeitos carregados de paixões, sonhos e medo em trânsito.

5.
Revoluções no campo religioso
Novas subjetividades, ensaios da individualidade
e a expansão da vulnerabilidade à violência

Uma tentação ronda a sociologia brasileira desde que o movimento rumo ao urbano tornou-se tema central: a ideia de que os migrantes empobrecidos e perdidos nas cidades constituiriam fontes potenciais de anomia. Vítimas da desordem econômica, se tornariam agentes da desordem social. Seus valores se perderiam ante a grande confusão de crenças na babel urbana. Os padrões familiares e as referências tradicionais seriam anulados pela selva das cidades. Vivendo a humilhação do declínio e a angústia das mudanças velozes e profundas, sem acesso a condições materiais minimamente decentes, inseguros diante de si e dos próximos, eles talvez se sentissem instados a usar a violência a que haviam sido submetidos sob outra forma para alcançar alguma recompensa, valorizando-se e arrancando pela força o que lhes era negado. O crime seria a resposta "natural" à desfuncionalidade (relativa) de sua posição na sociedade.

Felizmente, os cientistas sociais temos sido capazes de resistir a esse clichê, graças sobretudo ao alerta precoce de Alba Zaluar.[1] Evitamos, assim, um erro analítico e a projeção de estigmas sobre uma ampla camada da população já onerada por

---

[1] Devemos a Alba Zaluar a crítica pioneira a essas associações mecânicas entre pobreza, desfuncionalidade social, anomia e criminalidade. Em sua obra-prima, *A máquina e a revolta*, já um clássico, demonstrou quão perverso pode ser esse tipo de raciocínio equivocado, cujo efeito é estigmatizar os atores sociais oriundos das classes subalternas (Zaluar, 1985).

preconceitos e dificuldades de todo tipo. O que estou dizendo em nada diminui a magnitude da reviravolta que embaralhou suas vidas em tramas inesperadas, nem a profundidade das mudanças, como Ingold nos levou a perceber. Meu objetivo é apenas demonstrar que as conexões na vida social não são mecânicas e que nem mesmo circunstâncias anteriores devem ser entendidas como determinantes das subsequentes, porque entre uma e outra está a ação humana, que contém o brilho da liberdade ainda que restrita, mesmo sob pressões.

Isso não significa que não haja condições mais ou menos favoráveis a tais ou tais linhas de ação. Favorecer determinada linha de ação implica fortalecer o potencial de recrutamento dos empreendedores dispostos a investir em atividades que estejam em sintonia com expectativas e aptidões disseminadas na área onde vigoram as referidas condições. Circunstâncias potencialmente favoráveis só atualizam seu potencial se empreendedores agirem como intermediários entre os recrutáveis e o empreendimento, beneficiando-se dessa facilidade e conectando demandas e ofertas, desejos e seus alvos, mesmo que demandas e desejos tenham de ser traduzidos para o idioma próprio ao empreendimento. Por exemplo, que condições sociais e econômicas seriam mais propícias ao empresário criminoso que planeja montar o negócio das drogas em uma favela carioca nos anos 1980? Supondo que ele tenha boas razões para esperar uma demanda suficiente e apta a pagar o preço lucrativo em territórios contíguos, os bairros de classe média, e que seu acesso à provisão atacadista do produto esteja garantido a custos compatíveis, e que os gastos com a corrupção policial caibam no orçamento, restaria avaliar o custo de recrutamento e reprodução da força de trabalho para formar sua equipe: um grupo armado para operar o negócio com razoável segurança. Dadas as condições conhecidas nas quais se processam tais operações, o que lhe pareceria mais conveniente: um contexto local em que os jovens em idade apropriada para o recrutamento estivessem engajados em trajetórias escolares proveitosas e promissoras, educados em uma cultura que valorizasse a paz, os direitos humanos e métodos não violentos de resolução de conflitos, imersos em relações familiares e comunitárias solidárias e afetuosas, nas quais se sentissem valorizados, acolhidos, admirados e queridos, não lhes faltando perspectivas futuras de inserção gratificante no mercado de trabalho nem lazer ou acesso à criação cultural e a redes de interlocução com diferentes grupos na cidade? Esse seria o cenário ideal para o empreendedor do crime? Ou ele optaria por um quadro inverso? Por motivos óbvios, o empreendedor não hesitaria em escolher o quadro inverso. E não há por que a sociologia discordar. Não existe motivo para divergir de seu cálculo. A avaliação nada tem a ver com teorias deterministas ou com visões mecânicas do ser humano e da vida social. Ela é precisa e pragmática. Apoia-se na observação cotidiana e repetida.

Examino uma hipótese explicativa isolada para ilustrar minha compreensão do tema: "Processos de degradação da autoestima de um adolescente induzem ao crime". O postulado é falso. Está errado. Até porque são crimes a evasão fiscal, o feminicídio, a homofobia, o latrocínio, a lavagem de dinheiro, o homicídio doloso etc. De que se está falando afinal?[2] E autoestima? De que se

---

[2] Observe-se que na experiência social há um contínuo entre práticas e relações, diluindo fronteiras formalmente delineadas na letra da lei. A posteriori, a ação de agências da Justiça criminal (das polícias aos tribunais e ao sistema penitenciário) é que, retrospectivamente, classificará em categorias os eventos empíricos, mediados por narrativas que lhes atribuem possíveis significações, acusando e estigmatizando alguns indivíduos e os punindo, enquanto outros atores e suas práticas permanecem intocados. A aplicação das leis, em todas as instâncias, é submetida à refração de filtros seletivos, que impõem vieses de classe, cor e território, entre outros. Um bom modo de abordar esse complexo, formado por continuidades e descontinuidades, é "seguir o dinheiro", acompanhar a dinâmica do capital. Roberto Saviano (2014) mostrou como os negócios legais, nas mais diversas áreas da economia

trata exatamente? O que significa "indução"? Por essas e outras razões, seria um equívoco afirmar o referido postulado. O erro não estaria na imprecisão do conceito de autoestima ou no psicologismo da tese, mas em sua arbitrariedade, em seu artificialismo, em seu formalismo abstrato, em sua absoluta impertinência empírica. Seria igualmente absurdo atribuir a qualquer outro fator o papel de fonte de uma relação de causalidade: fome, desemprego, crises familiares, desordem moral, escolaridade precária, valorização cultural da violência. Não faz sentido, sociologicamente, declarar que há causas para determinada modalidade de ação violenta ou criminosa. Se A causa B, na circunstância C a fórmula teria de explicar os fatos já observados e predizer o futuro: onde houvesse A em circunstância C, na sequência haveria B. Essa configuração dinâmica não é aplicável às sociedades, porque a equação faz tábula rasa do indivíduo enquanto agente, protagonista, sujeito da ação. Nem sob limitações extremas, como a tortura, o ser humano é previsível ou responde da mesma maneira. Em outras palavras, as condições são sempre pertinentes se o propósito for conhecer, prever (pelo menos no sentido limitado da redução da incerteza) e influir via políticas públicas. Mas o ponto fundamental a reter é este: o rendimento das condições propiciadoras depende do dinamismo criativo dos mediadores ou da qualidade do investimento dos empreendedores que se esforçam por fazer os fatores operar a seu favor. Fatores estáticos como cordas de violão só produzem som quando tocadas. Há sempre uma política (ou um empreendimento) transformando estruturas em processos, fatores em ações, "causas" em "efeitos".

e nos mais diversos países, tornaram-se indissociáveis dos ilegais, em especial do tráfico de cocaína (por isso, mesmo com o sacrifício do bom senso e de direitos individuais elementares, o proibicionismo continua em vigência, trazendo consigo todo um cortejo de violência, corrupção e degradação de instituições públicas). Por esse motivo, além da ignorância e da manipulação demagógica, a legalização das drogas não ingressa de vez na agenda política.

Por outro lado, insisto: o cálculo do empreendedor está certo. O potencial de êxito de seu recrutamento será maior quão mais numeroso for o contingente local dos jovens vulneráveis, isto é, receptivos a seu chamado. Essa receptividade tende a crescer na medida em que a nova forma de vida oferecida soar atraente, o que por sua vez dependerá de inúmeros fatores, em todas as esferas da experiência individual, entre os quais aqueles referidos na descrição inicial da comunidade ideal virados de ponta cabeça. Em síntese, soará sedutora uma forma de vida que faça um jovem se sentir visível, reconhecido, valorizado e alvo de afeto, ele que se sente socialmente invisível, exilado em sua casa e em sua comunidade, que abandonou a escola e não encontra nos outros reconhecimento de seu valor, e que tampouco imagina meio mais acessível do que a violência para reverter a situação (material, moral, simbólica e afetiva de desalento, desamparo e desesperança). O porte de uma arma e o pertencimento a um grupo coeso de guerreiros, temidos, admirados, desejados, podem representar a reversão desejada, a despeito de seus riscos e custos — inclusive psicológicos, porque matar não é simples.

Por isso as políticas preventivas que logram reduzir a violência associada ao tráfico de drogas — organizado como pequena força armada — estruturam-se para disputar com os empreendedores criminosos o recrutamento dos jovens, identificando os benefícios oferecidos e dobrando a aposta, claro que em direção oposta, dialogando com os desejos legítimos dos jovens e cumprindo as obrigações do Estado antes negligenciadas — além de mobilizar famílias, escolas e comunidades (Soares, 2001; Soares e Guindani, 2006; Rolim, 2006; Mesquita Neto, 2011).

Em outras palavras: a pauperização em massa e o deslocamento rural-urbano em grande escala e acelerado, sob ditadura a maior parte do período, sem o acolhimento nas cidades que políticas sociais e de moradia deveriam ter garantido, não podem ser definidos como causas do aumento da violência urbana, como se tivessem derramado sobre as cidades potenciais criminosos, espelhos e fontes de anomia, mas constituíram em si mesmos manifestação dramática de violência urbana. Ou melhor, a urbanização realizou-se no Brasil como violência.[3] Além disso, os filhos e netos dos migrantes estenderam o processo de vulnerabilização de que foram vítimas seus pais e avós. Afinal, no rastro do boom econômico dos anos 1970, cujos frutos não chegaram aos trabalhadores, sobretudo aos homens e às mulheres que sobreviviam da informalidade ou de serviços domésticos — como já vimos, as desigualdades nessa etapa apenas se aprofundaram —, veio a chamada "década perdida", do ponto de vista econômico: os anos 1980. Não parece acaso a escalada da violência letal e da criminalidade nos centros metropolitanos nessa conjuntura crítica, quando o país mergulhou na estagflação e o desemprego avançou.[4]

3 Obra muito importante sobre a urbanização é a de Milton Santos (2005).
4 Em certo sentido, é bastante discutível a tese de que o Brasil é mais violento atualmente do que foi no passado. Bastaria mencionar a escravidão e a incomensurável violência que ela representa para sustentar a ideia. Entretanto, se nos detivermos na experiência dos homens livres, no século XIX, em pleno Brasil rural, encontraremos, graças à pesquisa clássica de Maria Sylvia de Carvalho Franco (1997), um universo humano extraordinariamente brutal, aleatoriamente violento. As informações historiográficas não são suficientes para a construção de séries diacrônicas extensas que nos permitam estabelecer uma comparação precisa — aliás, em matéria de violência, o que não há nem antes nem hoje são dados precisos. De todo modo, independentemente dos cômputos que façamos, seria razoável questionar a convicção de que a violência brasileira explodiu nas últimas duas décadas do século XX depois de séculos de relativa tranquilidade, depois de décadas serenas. A paz nunca foi uma qualidade da sociedade brasileira. Muito pelo contrário. A brutalidade sempre foi a regra. O que havia era mais obscuridade e desleixo, e manipulação, nas práticas de registro. A modernização administrativa do aparelho de Estado aprimora os instrumentos de aferição e a valoriza como parte das estratégias de controle. Na medida em que os registros se tornam um pouco menos precários, os indicadores sobem. De qualquer forma, em sendo inviável formar uma convicção definitiva sobre quando fomos mais ou menos violentos, o que podemos fazer é esclarecer de que modos distintos temos sido violentos.

Migrantes, herdeiros de migrantes, moradores de favelas e bairros periféricos das metrópoles, particularmente daquelas que foram os destinos principais do fluxo migratório, em especial o Rio de Janeiro: é plausível supor que não tenha sido mera coincidência a concentração nesses contingentes populacionais dos ônus da vulnerabilização à violência, envolvendo-os nas duas pontas do processo de vitimização.[5]

Esse excurso reflexivo que tangenciou a violência e a teoria social não foi uma digressão, mas uma etapa necessária ao argumento sobre o destino dos migrantes.

Para quem, como eu, mantém um olho na violência — entendida pelo ângulo dos direitos humanos — e outro nas reações da sociedade à violência, as quais dependem dos valores e das formas coletivas de entendimento do que seja a violência, o grande fluxo migratório interno e a urbanização constituem fenômenos da maior importância, sem cuja compreensão é inviável avançar. Até aqui defendi duas hipóteses sobre essa temática: (1) a mudança radical do ambiente envolve alteração do sujeito, sobretudo quando mudam também todo o universo de relações sociais; (2) o indivíduo que se desloca do campo para a cidade, impelido pela precarização das condições rurais ou diretamente expulso, sob constrangimento da pauperização urbana e de limitações à participação democrática, atravessa uma experiência radical que exige mais do que adaptação; exige mutação adaptativa. A simples adaptação se daria se o indivíduo pudesse se manter subjetivamente inalterado e apenas tivesse de se empenhar em aprender novos códigos para credenciar--se a agir em conformidade com as novas regras do jogo, as novas possibilidades e limitações. Quando a mudança é transversal, no sentido descrito no primeiro item, a dinâmica é muito

---

[5] Sobre associação entre pobreza extrema e homicídio, vide Gláucio Soares (2008; 2014).

mais complexa e imprevisível. O caráter multidimensional da mudança, que transcorre em distintas esferas e temporalidades, expõe mais radicalmente os grupos sociais e os indivíduos a incertezas, dificuldades, sofrimentos, mal-entendidos, desperdício de energia, perda de oportunidades. Por consequência, o sujeito — plano subjetivo do indivíduo — torna-se mais vulnerável a sofrimento psíquico, ansiedades, insegurança, depressão (da autoestima) e intervenções externas, entre as quais a violência e a criminalização. O conjunto das observações anteriores justifica a adoção do conceito de Marcel Mauss, *fato social total*, para lidar com a problemática.

Por tudo que vimos, é complicada a ação sincrética defensiva, adaptativa, por meio da qual o ator social fragilizado — social, econômica, afetiva, culturalmente — junta a seu modo as peças separadas pelo *terremoto* da migração, inserindo aqui e ali os elementos de sua tradição, guardados em sua bagagem. O jogo de armar não serve como metáfora nesse caso, porque faltava ao jogador conhecimento da gestalt, da forma final que deveria ser restaurada. Ele tampouco tinha acesso a todas as peças. No ensaio e erro do cotidiano, na velocidade das decisões entre opções escassas, o jogo poderia ser mortal e infiltrava no espírito menos adrenalina do que medo e suspeição.

O cenário é propício para outro tipo de sincretismo que afeta o jogador em vez das peças para armar. O sujeito converte-se, ele mesmo, no espaço da montagem. É ele que tem de se (re)fazer, combinando os pedaços que ficaram no caminho com as expectativas que identifica na cidade — expectativas que chegam à consciência filtradas por sua percepção. Cada caso é um caso, repito, as trajetórias foram as mais variadas e também houve itinerários virtuosos e felizes para os que sofriam a exploração econômica no campo e a opressão moralista na comunidade rural de origem, e vivenciaram a chegada à cidade grande como a chance de oxigenação, recomeço e liberdade. De todo modo, o balanço foi intenso e fundo: o título do filme de Glauber Rocha *Terra em transe* descreveria muito bem a gravidade do fenômeno. A religiosidade não poderia ficar de fora, assim como não foram poupadas as formas de organização familiar, as relações entre os gêneros e com os filhos.

É natural que pesquisadores tenham procurado estabelecer correlações entre migrações, urbanização e religiosidade. As perguntas mais razoáveis incidiram sobre o impacto desse processo social tão significativo sobre as crenças religiosas (cf. César, 1974; e Souza, 1969). Conexões desse tipo são sempre problemáticas, e não se consolidou na área de estudos nenhum consenso a respeito, conforme demonstra a análise crítica primorosa de Ronaldo de Almeida em seu estudo etnográfico *A Igreja Universal e seus demônios* (2009, pp. 44 ss.). Almeida, com grande sensibilidade, refuta as hipóteses que estabelecem relações causais diretas e mecânicas, chamando a atenção para as complexas mediações que intervêm sobre as adesões, a formação de redes e os processos sociais implicados. Por concordar com o ponto de vista crítico de Almeida e de tantos outros pesquisadores avessos a reducionismos sociológicos, proponho que se pense a transformação em curso no campo religioso brasileiro, perceptível desde o final dos anos 1980, ainda que lhe fosse anterior, não como efeito da grande transição demográfico-sociológica, mas como parte desse processo, isto é, como uma de suas dimensões.

A ideia pode parecer um truque metodológico: ante a impossibilidade de demonstrar relações de causa e efeito ou vínculos significativos entre as duas variáveis, suspende-se a hipótese sobre o impacto espiritual da migração para que a implicação religiosa seja concebida como um pressuposto da análise. De meu ponto de vista, não é esse o movimento lógico. Simplesmente concebo a migração — em grande escala e curto período de tempo, nas condições em que se efetivou — como um *fato social total* estendido no tempo, conforme já assinalado. Descrita assim a grande transição migratória, a esfera religiosa inscreve-se no fenômeno com os mesmos créditos metodológicos que a economia, a política e a demografia.

Diz-nos Mauss: fatos sociais totais são aqueles que "põem em movimento, em certos casos, a totalidade da sociedade e de suas instituições [...] e, em outros casos, somente um grande número de instituições, em particular quando [as] trocas e contratos [isto é, as relações] dizem respeito de preferência ao indivíduo" (Mauss, 1974, p. 179). Espero que, graças à ajuda de Tim Ingold, este capítulo e o anterior tenham logrado reunir elementos suficientes para justificar o emprego da categoria maussiana. Por seu intermédio, as religiões saltam para o centro da migração, qualificando-a e configurando-a, como momento constitutivo de sua realidade. Em outras palavras, por esse prisma a migração não provocou a revolução religiosa em curso no país; ela é essa revolução, em um de seus níveis, assim como a revolução religiosa é a grande migração em um de seus níveis.[6]

Concentremo-nos, então, no campo religioso brasileiro. O que aconteceu de mais significativo nas últimas décadas, até 2010?[7] Vejamos os dados nas páginas seguintes.

6 O eminente sociólogo José de Souza Martins propõe uma interpretação que parece, à primeira vista, radicalmente oposta àquela aqui enunciada, mas que talvez esteja próxima, se a compreendermos como a afirmação de que há continuidades na descontinuidade, e vice-versa, além e aquém das relações causais: "[...] na sociedade brasileira, a modernização se dá no marco da tradição, o progresso ocorre no marco da ordem. Portanto, as transformações sociais e políticas são lentas, não se baseiam em acentuadas e súbitas rupturas sociais, culturais, econômicas e institucionais. O novo surge sempre como um desdobramento do velho" (Martins, 1999, apud Passos, 2001). A tese pode se deixar ler pelo avesso: a continuidade aparentemente conservadora e estável pode se revelar disruptiva, se filtrada por determinada ótica, em certo contexto. Na complexidade da articulação entre as distintas temporalidades dos fenômenos, as imagens são prismáticas: simultâneas e contrastantes, quando não contraditórias.
7 Para o período anterior, consulte-se Jacob et al. (2003; 2006). Sobre a participação política dos evangélicos, leitura fundamental é Machado (2006).

Tabela 1 — Adesão religiosa no Brasil — 1940-2010

	1940	1950	1960	1970
Católicos	39 177 880	48 558 854	65 329 520	85 472 022
Protestantes	1 074 857	1 741 430	2 824 775	4 814 728
Ortodoxos	37 953	41 426	48 401	–
Israelitas	55 666	69 957	96 199	–
Maometanos	3 053	3 454	7 745	–
Budistas	123 353	152 572	179 464	–
Xintoístas	2 358	–	–	–
Espíritas	463 400	824 553	977 561	1 178 293
Positivistas	1 099	–	–	–
Outra religião	107 392	140 379	339 579	954 747
Sem religião	87 330	274 236	353 607	701 701
Religião não declarada	101 974	137 807	34 519	13 355

	1980	1991	2000	2010
Católicos	105 862 113	121 812 771	124 980 132	123 840 953
Protestantes	7 885 946	14 618 453	26 184 941	42 275 440
Ortodoxos	–	–	–	–
Israelitas	91 795	86 416	86 825	107 329
Maometanos	–	–	–	–
Budistas	–	368 578	214 873	243 966
Xintoístas	–	–	–	–
Espíritas	1 538 230	1 644 355	2 262 401	3 848 876
Positivistas	–	–	–	–
Outra religião	381 286	743 045	3 293 633	4 460 127
Sem religião	1 953 096	6 946 221	12 492 403	15 335 510
Religião não declarada	299 686	595 979	357 648	643 598

FONTE: Censos do IBGE.

A seguir, destaco, em percentuais, as variações experimentadas pelos grupos que pretendo destacar:

Tabela 2 — **Adesão religiosa no Brasil (em percentuais) — 1970-2010**

	1970	1980	1991	2000	2010
Católicos	91,8%	89,7%	82,9%	73,6%	64,6%
Protestantes	5,16%	6,6%	9,0%	15,4%	22,2%
Sem religião	0,75%	1,65%	4,7%	7,35%	8.03%

FONTE: Censos do IBGE.

O mundo evangélico, em sua complexa diversidade, vem crescendo celeremente. O universo católico contraiu-se, embora ainda predomine. Expandiu-se o grupo dos sem religião não ateus — e o dos ateus também. Ampliou-se o contingente que denominei, em 1994, errante, nômade. Esse contingente com frequência se diz "sem religião", apesar de prezar a religiosidade. Referia-me ao personagem típico dessa tribo como "um peregrino muito especial". Escrevi o seguinte:

> O religioso alternativo brasileiro é também um andarilho. Faz parte de sua agenda um deslocamento permanente entre formas de *trabalhar* a espiritualidade, em nome de uma busca sempre renovada de experiências místicas. Nada mais coerente, portanto, que a inconstância e a volubilidade. A devoção a crenças e rituais se dá, geralmente, sob o signo da experimentação.
>
> Itinerário indefinido, montado na travessia, o errante da nova era caminha solitário, raramente se une a procissões e, mais raramente ainda, identifica sua viagem a uma

cruzada. Em certo sentido, deseja o repouso de uma adesão definitiva, de vínculos estáveis. Mas tende a reconhecer na própria busca a essência de sua utopia e a natureza de sua devoção.

O pêndulo da religiosidade, grosseiramente homogeneizada sob o rótulo precário "alternativa", oscila entre movimento e repouso; solidão e comunhão; experiências fragmentárias e a idealização da unidade e do pertencimento.

É verdade que esses temas polares e a oscilação entre eles estão quase sempre presentes em nossa cultura. Exatamente por isso, cumpre destacar as formas específicas e os significados que adquirem no contexto do nomadismo religioso,[8] característico do que denominamos misticismo ecológico. (Soares, 1994, p. 205)

Adiante:

É graças à mediação da cultura alternativa que os engajamentos religiosos, representativos da "nova consciência", são percebidos e vividos como "trabalhos espirituais" que pontuam trajetórias, irredutíveis aos portos de baldeação e aos sentidos que cada um dos portos projeta sobre o itinerário, sua meta e o repouso [...]. *Não está nas religiões a eventual novidade, mas no modo de relacionar-se com elas*". (p. 206)

Na sequência: "[...] a *bricolage* parece ser o modo de a 'cultura alternativa' realizar-se — inclusive a si própria" (p. 207).

Alguns traços identificados por minha pesquisa na "cultura alternativa" se disseminariam por todo o campo religioso: a

---

[8] Para interpretações mais recentes de fenômenos análogos, vale consultar Sanchis (1995), Amaral (2003), Novaes (2004), Hervieu-Léger (2005), Fernandes e Pitta (2006) e Coelho (2009).

errância na sequência de escolhas e experiências, a *bricolage*, a pluralidade nos modos de relacionar-se com as religiões e suas instituições. Da perspectiva dos religiosos sem religião, cujo número cresce, não há mais a adesão a um sistema completo e coerente de crenças. Quem totaliza (se é que sente a necessidade conscientemente de fazê-lo) é o fiel nômade e *bricoleur*, que tece experiências, descobertas, crenças, narrativas, imagens, mitologias, valores, comunhões provisórias e adesões parciais. Pode não haver o desejo de integrar os componentes rituais, valorativos e cosmológicos em totalidades sistêmicas, sendo suficientemente gratificante conviver com a série de crenças assistemáticas, colhidas na peregrinação existencial. Elas não necessariamente se incluem em estruturas coerentes, porque o importante é que se inscreveram no plano das extensões metonímicas, eventualmente interrompidas e retomadas. Esses cortes são editados pela narrativa que desfoca a religião e focaliza o indivíduo, para em seguida retornar à religião. O que conecta os pontos apartados pelo corte são o tempo e o percurso, é o sujeito (lugar de edição, cortes e montagem). Quando há saltos desse tipo, a visão de mundo do indivíduo cede lugar ao relato biográfico e aos testemunhos de passagens, visitas e vivências. Portanto, o destaque é o indivíduo. Eis a grande novidade. Com a ênfase em sua movimentação entre adesões e (re)conversões, destaca-se o viajante, o protagonista, o indivíduo dotado de subjetividade na qual destilam-se as experiências que se traduzem em memória e narrativa. Os laços sociais e afetivos são também muito importantes, mas fazem parte do equipamento que o viajante transporta. Ele (ou ela) é o centro, a usina em que se forjam os hibridismos. Por isso eu disse que o sincretismo — como lógica e procedimento — deslocou-se da cosmologia para a subjetividade, dos ritos e das crenças para o sujeito. Registre-se que o sujeito não só metaboliza significados e decisões, experiências e redes sociais, liberdade e compromisso, repouso e nomadismo, como se constitui a si mesmo por meio da narrativa que dá os nós nas linhas de continuidade, puxa os fios e corta as pontas.

O que escrevi no começo da década de 1990 sobre um grupo relativamente pequeno talvez hoje se aplique a um grupo bastante mais numeroso. A análise do mestre Pierre Sanchis sobre o quadro identificado pelo Censo de 2010 parece confirmar essa hipótese:

> Um dos grandes problemas religiosos do próximo século será o da relação do indivíduo com a instituição que lhe propicia uma identidade religiosa. Dizer-se católico ou umbandista, até proclamar-se evangélico, não será mais unívoco [...]. No caso de uma identidade tradicional, a situação está clara: continua-se aderindo a uma identidade, mas escolhe-se o conteúdo desta adesão [...]. E mesmo no caso de uma conversão, na medida em que o tempo vai passando, a iniciativa individual na bricolagem de uma cosmovisão de fé e de um mapa de vida tende a se alargar. Neste sentido, as pesquisas deverão afinar as suas perspectivas. (Sanchis, 2012)

Em artigo publicado nos *Cadernos Ceru*, diz-nos Sanchis (2008):

> Seria preciso encontrar a fórmula que conservasse a ambivalência analítica da situação. Uma adesão emocional profunda, não a uma religião, mas a uma "cultura enquanto religiosa", já que está em jogo uma concepção de Deus e do gênero de relação que o homem deve cultivar em relação a Ele. Falência do(s) "sistema(s)", mas presença de uma lógica subjetiva que redistribui as cartas, criando um cenário inédito.

O que era alternativo nos anos 1970 referia-se sobretudo à juventude, ainda que não exclusivamente. Os alternativos nessa década eram grupos das camadas médias, críticos da ditadura e do que chamavam "sistema" — categoria análoga ao que os hippies norte-americanos denominavam establishment —, mas refratários ao engajamento político clandestino à esquerda. Herdeiros dos beatniks e dos movimentos libertários de 1968 ao redor do mundo, sintonizados com as lutas dos negros americanos e das mulheres americanas, contrários à guerra do Vietnã, cultores da natureza, da paz e do amor, avessos à caretice (o conservadorismo moral hipócrita) nos hábitos e no figurino, e ao confinamento da vida espiritual nas disciplinas burocratizadas das igrejas tradicionais, antipáticos à institucionalização do afeto e do sexo no matrimônio, céticos quanto a carreiras convencionais e projetos de vida burgueses, inimigos do materialismo consumista e da ordem capitalista, amantes da espontaneidade autêntica que a gramática das boas maneiras reprime, contrários ao que denominavam "racionalismo ocidental moderno" que subestima o corpo, adeptos de experiências extáticas e dispostos a alterar a consciência ingerindo substâncias psicoativas, fiéis a medicinas alternativas, saberes esotéricos, práticas divinatórias, ioga, meditação e alimentação vegetariana, resistentes à vida urbana competitiva e repetitiva — em ambiente industrial onde reinam ambições e necessidades artificiais —, atraídos pela utopia comunitarista de um retorno às origens e da volta ao campo, encantados pela pureza primitiva, pela simplicidade romântica e pelo convívio com a natureza, sempre alertas contra a poluição que devasta o planeta Terra, representado pela deusa Gaia.[9]

---

[9] Vale a pena consultar Magnani (1999) para uma interpretação do mundo "alternativo", assim como Montero e Almeida (2000), Pierucci e Prandi (1996), e Pierucci (2004) para uma análise geral.

Na década seguinte, os anos 1980, os alternativos voltaram-se mais para o misticismo e a contemplação, afastando-se gradualmente de sua anterior vocação libertária radical. A conjuntura histórica mudava para melhor, na atmosfera política que se respirava, e os alternativos adaptaram-se, inventando maneiras de compatibilizar sua busca espiritual com o trabalho na sociedade de consumo. Reaproximaram-se, com reservas, da família burguesa e passaram a buscar um lugar ao sol no "sistema". Afinal, era preciso pagar as contas no fim do mês, os filhos nasciam e o pé na estrada já não preenchia a ânsia por uma vida saudável de novo tipo. A era de Aquarius frustrou esperanças escatológicas. Ninguém aguentava mais viver de improviso e gambiarra. O adjetivo "alternativo" deixou de implicar separação da sociedade ou opção pela margem. Passou a significar soluções de compromisso e convívio com a ordem instituída — ainda que sob tensão. Paralelamente, parte do segmento hippie vinha sendo cooptado pelo canto de sereia do individualismo darwiniano neoliberal, metia-se no terno-e-gravata à imagem e semelhança dos pais ou no tailleur das mães, e engolia em seco a ideologia yuppie, enquanto cheirava uma carreira de pó. Maconha (haxixe, cogumelos e LSD) e cocaína (álcool) eram totens de grupos opostos (quase sinais diacríticos), cujos membros, em alguma medida, provinham das mesmas camadas sociais (Velho, 1998; Soares, 2012).

São esses alternativos integrados, pós-hippies, mas firmes em seus valores, homens e mulheres críticos do "sistema" (não yuppies, portanto), embora capazes de sublimar sua disposição rebelde nos mergulhos místicos, são esses que constituem os personagens para os quais a religiosidade pervasiva será vivida como errância e *bricolage*. Eles vão apurar a experiência da individualidade, trazendo para o coração da classe média brasileira, sobretudo a jovem, a oportunidade de plantar os pilares da sacralização da pessoa como esteio dos direitos humanos. Os yuppies votariam em Fernando Collor para presidente. Esses yuppies estavam mais perto do individualismo liberal, contudo rejeitaram dessa tradição o legado humanista igualitário e retiveram a racionalização das desigualdades, a idealização do mercado e a idolatria do utilitarismo.

Nesse período que coincide com a etapa conclusiva da transição democrática, a década de 1980, há sem dúvida a expansão do segmento social que se identifica com os direitos humanos e a valorização plena da individualidade, mantendo-se equidistante das tradições religiosas. O que lhe importa e o que o caracteriza como grupo é a devoção à cultura democrática da cidadania. Desnecessário acrescentar que se trata de segmento minoritário, ainda que bastante influente.

Por outro lado, há os que saem da ditadura, defrontam-se com as transformações da sociedade, a globalização e a queda do muro de Berlim, e buscam avidamente o rumo oposto ao da errância: um destino estável, uma identidade, um continente para sua insegurança, um lugar e um sentido. Ninguém interpretou tão bem quanto Pierre Sanchis essa conjuntura, os sentimentos que despertou e o movimento que inspirou:

> Motivos assim sobrepostos: por um lado, coexistência de ofertas culturais dilacerantes, que opõem os indivíduos entre si e os dividem no interior deles próprios, por outro lado, uniformização tendencialmente compulsória, acaba produzindo simultaneamente, na condição pós-moderna, junto com a euforia da livre escolha e da autoconstrução das identidades, o vetor diametralmente oposto: uma procura das raízes, uma saudade das origens, um refúgio no reconhecimento apaziguador de uma identidade que se proclama como recebida. Uma volta dos povos para a "sua cultura", exatamente, aliás, quando os antropólogos põem

em questão a existência desta. Uma cultura, no entanto, que não será mais simplesmente recebida, mas ativa e autonomamente escolhida, indissoluvelmente reencontrada e "inventada". Perfil de "resistência", muitas vezes de "retorno". Pode se discutir, por exemplo, o futuro da ideia de "nação" — para alguns, ameaçada, por dentro, pela reemergência de suas partes (as regiões), ou por fora, pela exigência de maiores conjuntos (federações ou uniões) — mas algo no mundo está hoje a remobilizar homens e mulheres, em geral em movimentos pacíficos de efervescência ideológica, mas às vezes até a violência, pela ressurgência, a difusão, o fascínio, às vezes a criação de uma referência grupal que signifique uma origem, uma tradição, uma terra, uma pertença: nação, cultura, etnia. E também religião. (Sanchis, 2008, p. 76)

No campo religioso brasileiro dos anos 1980, dois impulsos opostos predominavam: a errância, cujo centro era a individualidade, em busca da experiência espiritual, e a fixação identitária, cujo centro era a comunhão coletiva e mesmo institucional, à procura do pertencimento. Registre-se que esses impulsos não se excluem, combinam-se. Toda a questão está em identificar qual deles predomina em cada caso. Ambos os impulsos intensificaram-se nos anos 1990, seguiram polarizando o dinamismo religioso na década seguinte e até hoje não cessam de produzir mudanças em um universo que, historicamente, parecia estabilizado sob ampla hegemonia católica. As características de cada tendência e o choque entre elas diversificaram as trajetórias de grupos e indivíduos, os tipos de adesão, as crenças, os valores, os ritos e os conteúdos que os fiéis emprestam à sua fé e a seus respectivos engajamentos. Portanto, o campo religioso vem se tornando mais diversificado e tem sido marcado pela expansão incessante das adesões evangélicas (correspondentes à valorização de identidades coletivas e do pertencimento) e pelo crescimento dos engajamentos múltiplos, simultâneos ou sucessivos (correspondentes à valorização do nomadismo individualizado).

A diversificação resulta também do crescimento do mundo evangélico, cuja evolução tradicionalmente segue a dinâmica da cissiparidade, ao contrário do que acontece no universo católico, cuja lógica predominante é a da absorção hierarquizante das diferenças sob a égide da unidade institucional, reproduzindo a supremacia dos extratos dirigentes.

Atentemos para o fato, destacado por Sanchis, de que, atualmente, mesmo a adesão a uma organização religiosa institucionalizada não garante uniformidade de crenças e valores nem permanência do vínculo. Eu acrescentaria a seguinte hipótese explicativa: a energia precipitada pela individualização é de tal modo potente que imanta inclusive as estruturas que se destinam à fixação de lealdades e à homogeneização moral e teológica. Em outras palavras, o processo cultural brasileiro, histórica e politicamente moldado, vinha sendo marcado, até a grande crise que eclode em 2015, pela afirmação predominante de tendências democráticas em todas as esferas da vida social. Nesse contexto, a individualidade vinha se tornando o principal alvo de investimento de valor e poder, tornando-se o espaço mais importante de experimentação das possibilidades oferecidas pela sociedade brasileira a seus membros, assim como o principal ativo social, porque gerador de protagonismo cidadão e empreendedorismo econômico e cultural. Necessitaremos de distância histórica para aquilatar os efeitos regressivos da crise e do fortalecimento do conservadorismo entre nós. Mas retornemos ao processo dominante, que caracterizou as últimas décadas.

Por mais estranho que pareça, as escavações tropicalistas na alma tradicional, abrindo espaço para o cuidado de si em versão contemporânea, e a construção de uma subjetividade de novo tipo cruzam o caminho da deriva religiosa rumo à individualização. O fenômeno não é o mesmo, nem o personagem individual que vem sendo gestado é o mesmo, mas a confluência, em linhas gerais, me parece inegável, ainda que os pontos de parada sejam distintos e os significados, contraditórios. Uma das rotas da navegação em busca de experiência religiosa pode conduzir a portos regressivos, cujos pilares sejam dogmas classificatórios e preconceitos violentos. Não há garantias nesses deslocamentos. Leituras unilaterais seriam equivocadas e induziriam a previsões insustentáveis.

O modelo da errância individualizada não exclui adesões de tipo evangélico, ainda que deixe sua marca forte sobre a natureza do vínculo porventura estabelecido e, portanto, sobre o próprio sentido que se empresta neste caso ao verbo "aderir", afastando-o do substantivo "conversão".[10] A mediação se encontra no universo da autoajuda. Indivíduos caminhando sob neblina, acuados por pressões diversas, procuram na cultura da autoajuda motivação e orientações que os animem a seguir adiante, enfrentando as dificuldades com energia, sem desesperar, aprendendo a valorizar-se e a decifrar os enigmas de um cotidiano complexo e opaco segundo um vocabulário de manejo simples e compatível com quase qualquer tipo de formação anterior, nos mais variados graus de dificuldade. Assim como livros, programas e cursos de autoajuda, e também algumas modalidades religiosas, oferecem uma psicologia prêt-à-porter, um kit de ferramentas intelectuais de aplicação imediata e universal para a solução de conflitos. Em lugar de práticas divinatórias ou oráculos misteriosos, e mesmo de intermediações mágicas para a cura dos males,[11] que continuam prestigiados mas não suprem

---

[10] Um exemplo interessante é analisado por Fonseca (2000). [11] Para análises muito ricas sobre o lugar do mal (não só, nem principalmente, dos males) na sociedade brasileira, vale a leitura de Birman, Novaes e Crespo (1997).

todas as necessidades e correm o risco da infirmação no dia a dia, surgem e se disseminam as mais variadas fórmulas de autoajuda, inclusive e com destaque em alguns segmentos religiosos do universo evangélico, cuja pujança decorre da habilidade em fornecer, via TV ou em ritos presenciais, bússolas bastante acessíveis a todo tipo de interessado e mapas muito simples para uso rápido e direto.

Dois tipos de individualidades nômades percorrem o espaço religioso: aqueles que buscam o contato com a esfera extramundana, a experiência do sagrado, para elevar-se acima do materialismo e do imediatismo impostos pelo cotidiano, e aqueles que procuram orientação intramundana porque precisam lidar com uma realidade cotidiana material e imediata, mas também emocional e subjetiva, tremendamente desafiadora e em constante mudança — realidade tão precária quanto as novas relações de trabalho e tão efêmera quanto os relacionamentos amorosos de novo tipo e os novos arranjos familiares.[12] Nesse sentido, a instrumentalidade da autoajuda e de suas versões religiosas corresponde a novas abordagens para problemas análogos aos que, no passado, suscitavam respostas curativas e divinatórias. Claro que não há substituição plena e irreversível de umas pelas outras, e sim variadas combinações. Mais uma vez, e weberianamente, trata-se de identificar predominâncias tendenciais e não de optar por modelos descritivos unívocos, estáticos e mutuamente excludentes. Sobretudo, importa reter a centralidade do *indivíduo em trânsito* como o operador de decisões, o protagonista por excelência dessas distintas sagas religiosas. Além disso, vale sublinhar a continuidade entre as dúvidas e a ansiedade vividas por atores sociais diante de dilemas práticos em uma sociedade dinâmica que se complexifica — atravessada por contradições e violência,

---

[12] Os conceitos intra e extramundano foram originalmente concebidos por Max Weber em seus estudos sobre as religiões mundiais (1991 e 2010).

exploração e iniquidades, mas também caracterizada por promessas de salvação e oportunidades de superação —, e a cultura da autoajuda em seu conjunto, laica ou religiosa, as diferenças sendo nesse caso talvez menos relevantes do que as similitudes.

Em outro estudo que realizei entre as décadas de 1980 e 1990, identifiquei algumas características do que se passava no campo religioso brasileiro que me pareciam importantes e originais, e projetei consequências benéficas da "guerra santa" dos evangélicos pentecostais, especialmente a Assembleia de Deus e a Igreja Universal do Reino de Deus, contra a religiosidade afro-brasileira, mas a história subsequente demonstrou que eu estava errado. Os efeitos foram desastrosos. Naquele momento, como hoje, as organizações religiosas que mais cresciam eram exatamente aquelas que provocavam a guerra. O resultado tem sido devastador para as tradições afro-brasileiras, alvo de perseguições, estigmas e acusações que chegam ao cúmulo de violar direitos e se manifestar sob formas fisicamente violentas.

Contudo, as características que descrevi permanecem atuais e relevantes. Ousaria dizer que sua identificação é indispensável para o conhecimento dos processos em curso na esfera religiosa. Cito trecho da análise publicada em 1993:

> O exorcismo (realizado nos templos da Igreja Universal do Reino de Deus, em determinadas etapas de seus rituais) constitui o momento crucial do confronto; e a exibição de sua face verdadeiramente dramática [...]. Por seu intermédio, os pentecostais expulsam os demônios da vida dos fiéis em processo de conversão e afirmam seu predomínio religioso no embate entre o bem e o mal. O extraordinário é que, representando a culminância da luta contra o "povo do santo" ou, mais exatamente, contra sua fé "espúria" ("ilusão"; "ignorância"; "obra do demônio"), atualiza uma integração orgânica com o antagonista, orquestrando uma

espécie de harmonia contrapontística. Orando com o inimigo, poder-se-ia denominar, com alguma ironia, este impressionante paradoxo [...].

Em meio à cerimônia religiosa dos santos guerreiros em luta contra os dragões (espirituais) da maldade, conversões são declaradas, estilizando-se uma tradição cara a Igrejas reformadas. Ocorrem aí os notáveis episódios de exorcismo, em que as entidades da Umbanda são invocadas para serem detratadas e reenviadas ao inferno, de onde não deveriam voltar a perturbar a boa alma recuperada. O "cavalo" volta a sê-lo pela última vez e a incorporação é vivida com enorme sobrecarga de emoções. A intensidade resulta da sobreposição de dois movimentos, em si mesmos plenos de som e fúria: o "santo" é recebido e, a seguir, expulso. O esforço da convocação e da abertura indispensável à acolhida é acompanhado de uma reação violenta à própria incorporação e de uma luta desesperada contra o "santo" e tudo o que ele significa. Crenças, relações, práticas, rotinas, valores e linguagens são suprimidos no ritual que recusa o passado, inverte o sinal de antigas fidelidades e exige a reconstrução retrospectiva da biografia moral. É de alternação que se trata.

Suprimidas e negadas, mas reconhecidas, mencionadas, incorporadas. Este ponto é decisivo: o pentecostalismo exige a pureza doutrinária e rejeita práticas e crenças que as camadas populares cultivam sobretudo na Umbanda, na Quimbanda, no Candomblé. Entretanto, invocam as presenças de Exu e Pomba Gira nos rituais de exorcismo que promovem. [...] Em outras palavras, a existência das entidades espirituais que povoam os credos afro-brasileiros é reconhecida [... assim como] as performances corporais dos ritos de incorporação [...].

Há, na guerra santa brasileira em curso, um diálogo, ainda que áspero, com as crenças criticadas e seus objetos são tidos como reais. [...] A continuidade entre os planos representados pelos universos simbólico-axiológicos em confronto constitui a característica mais importante do conflito, responsável inclusive pela determinação de sua natureza sociológica, que poderia ser assim definida: neste caso, o conflito separa com radicalidade para unir, estabelecer relações, construir pontes, fundar as bases de uma nova experiência de sociabilidade, identificada por um renovador igualitarismo, associado a uma postura cultural excludente e diferenciadora, oposta à nossa tradição inclusiva e neutralizadora de diferenças, que o sincretismo expressa de modo ímpar. (Soares, 1993, pp. 204-5)

Algumas páginas adiante, depois de sublinhar a origem social dos pastores e o sistemático recrutamento de lideranças religiosas nas classes populares, a análise concluía o seguinte:

No plano da religiosidade, os brasileiros pobres começam a prescindir da direção católica, da hegemonia tradicional que se exerce, fundamentalmente, no plano simbólico. Pentecostais ou não, os evangélicos crescem, empurrando o próprio catolicismo para a via carismática, no afã de recuperar o tempo (e as almas) perdido(as). A população pobre começa a descobrir uma nova linguagem e uma outra forma de disciplina, outra maneira de conceber a ordem do mundo e de experimentar a subjetividade, valores distintos, perspectivas diferentes. Lutando contra seus próprios pares, do ponto de vista da estrutura de classes, vivem seus desígnios e identificações com ardor inusitado, tomando-se mutuamente como referência e invertendo a ordem brasileira multissecular: o igualitarismo segmentar popular substitui o patrimonialismo e a verticalidade estamental. As implicações políticas desse processo não devem ser subestimadas.

Quando elites deixam de dirigir a cultura, correm o risco de ceder o comando político. (pp. 213-4)

Hoje, contemplando os mais de 25 anos que me separam da publicação dessas reflexões, concluo que a interpretação otimista se equivocou, mas que o diagnóstico de fundo mostrou-se correto.[13] O deslocamento da hegemonia católica prosseguiu e intensificou-se, e de fato proporcionou uma interação mais direta, menos tutelada, entre os segmentos populares. Não por acaso, conforme a previsão, o igualitarismo vinha sendo a tônica, crescentemente, na consciência popular, pelo menos até a irrupção da crise. O erro do prognóstico estava em supor que a interação igualitária, tensionada pela "guerra santa", promoveria naturalmente o equilíbrio, o reconhecimento recíproco e o convívio pacífico nas diferenças, induzindo a geração democrática de novos mediadores, egressos dos próprios grupos

---

[13] Creio não abusar da liberdade interpretativa se tomar as seguintes afirmações de Ronaldo de Almeida como a confirmação da atualidade de minha tese: "O culto de libertação, portanto, pode ser lido como uma inversão simbólica dos rituais encontrados nos terreiros. Logo, se por um lado a relação entre os universos religiosos está fundada sobre uma situação inicial de oposição e de confronto, por outro a Igreja Universal não deixa de reconhecer a veracidade do que ocorre na Umbanda e no Candomblé. Assim, o reconhecimento garante que a possessão efetivada num terreiro se reproduza também no templo; contudo, no templo, a 'manifestação' das entidades tem a função de revelar as estratégias do diabo para a escravização espiritual, física e material do homem" (2009, p. 105). Em outra passagem: "A Igreja Universal acabou estabelecendo [...] uma continuidade entre o ritual de incorporação das entidades e o ritual de exorcismo. Inversão e continuidade que se caracterizam pela aceitação do que ocorreu no terreiro como verdadeiro..." (p. 112). Mais um trecho: "Acima de tudo, o confronto simbólico é mais acentuado com as religiões afro-brasileiras. A hipótese deste trabalho é de que, nesse processo de confronto, a Igreja Universal constituiu-se em relação ao universo simbólico de seus adversários, ficando parecida com as religiões combatidas" (p. 57. Consultem-se também as páginas 83 ss., e 93 ss.).

envolvidos no conflito. Nada disso: igualdade sem mediações redundou em intensificação do confronto, que visa extinguir o polo fragilizado, o afro-brasileiro. O desdobramento belicoso deveu-se provavelmente à importância estratégica que a oposição a um Outro significativo (no caso, à umbanda) assumiu para a formação da identidade e para a coesão interna dos grupos evangélicos. Em certo sentido, mais importante do que combater as tradições afro-brasileiras era combater. Como se sabe, a coesão interna de um grupo não raro depende da rivalidade com outros grupos. Além disso, quão mais intensa a hostilidade, mais vigoroso tenderá a ser o gregarismo interno. Portanto, a dialogia eu-tu não prosperou nesse terreno. Por outro lado, a hostilização ostensiva associada ao estabelecimento de pontes e de uma realidade comum terá sido fundamental para o sucesso do recrutamento de adeptos. Como afirmei na primeira parte deste capítulo, o empreendedorismo é condição sine qua non para que condições de possibilidade e fatores facilitadores transformem-se em realidade. No campo religioso, a competência empreendedora corresponde à aptidão para o proselitismo. Refiro-me a algo maior que liderança e talento persuasivo: estratégias de sedução que combinem verossimilhança das crenças e linhas de continuidade com a adesão anterior, nas quais a ruptura faça sentido, infundindo inteligibilidade e coerência às mudanças. Além disso, são necessários outros ingredientes: liturgias atraentes em que emoções, música e o movimento integral do corpo participem. Porém, nada é mais importante, nesse universo de adesões religiosas, do que a garantia de que a organização do grupo ofereça acolhida a seus membros em dificuldade e funcione como uma rede confiável de cooperação em todos os níveis para os indivíduos e suas famílias.

Em resumo, as transformações que vêm ocorrendo no campo religioso brasileiro nos últimos trinta anos, pelo menos, inscrevem-se nas grandes mudanças por que vem passando a sociedade brasileira, no centro das quais se encontra a grande migração, contraface do processo de urbanização acelerada que virou o país de cabeça para baixo. As principais alterações verificadas no plano religioso são provavelmente as seguintes: (a) a diversificação de um universo que antes se caracterizava por certa homogeneidade; (b) o dinamismo em lugar da estabilidade anterior; (c) o declínio da ampla e tradicional hegemonia católica; (d) a expansão veloz e em grande escala, sobretudo nas camadas mais pobres da população,[14] do pentecostalismo evangélico, conjunto heterogêneo que impactou o próprio catolicismo, provocando a valorização do segmento católico carismático; (e) a centralidade dos rituais-espetáculo e da midiatização da fé, transformando pastores-estrela e padres cantores (e escritores) em fenômenos pop; (f) o crescimento do grupo dos sem religião, que prefiro definir, assim como Pierre Sanchis e outros pesquisadores, como o grupo dos sem Igreja, sem vínculos permanentes institucionalizados, entretanto interessados em práticas espirituais e pertencentes ao universo religioso; (g) a valorização da individualidade e de seus trajetos no campo religioso, em busca de experiências místicas e contato com o sagrado, gerando múltiplas adesões ou adesões sucessivas, e mudando o sentido que se atribuía no passado à adesão a uma Igreja ou a uma religião; (h) os cruzamentos entre a cultura da autoajuda e a procura espiritual, deslocando, ainda que não substituindo, as práticas terapêuticas alternativas e divinatórias; (i) a constituição de um terreno comum entre universos

---

14 Ronaldo de Almeida observa essa concentração do crescimento evangélico entre os mais pobres, comparando os censos de 1991 e 2000 na região metropolitana de São Paulo (2009, p. 41). O censo de 2010 parece confirmar suas conclusões e justificar sua generalização. Consulte-se também Almeida (2004). Para uma refinada e profunda apresentação geral do quadro religioso brasileiro contemporâneo nos estados do Rio de Janeiro e São Paulo, vale consultar Mafra e Almeida (2009).

religiosos populares em conflito, promovendo as diferenças sobre o pano de fundo da igualdade, ainda que a guerra entre evangélicos e adeptos da umbanda não tenha sido obstada por isso e que seus efeitos deletérios para as tradições afro-brasileiras continuem a se produzir; (j) a predominância de escolhas religiosas intramundanas que não excluem as opções extramundanas, mas as redistribuem no campo ou revogam sua antiga centralidade; (l) o fortalecimento de redes sociais de apoio mútuo entre os evangélicos; (m) a conjugação histórica nas últimas duas décadas entre as promessas intramundanas das teologias da prosperidade e o desenvolvimento econômico, envolvendo a redução da pobreza e a elevação da renda para os mais pobres. A conjugação é posta em cheque pela crise econômica e política que emerge em 2015.

Para facilitar a compreensão do último item, que me parece decisivo e talvez insuficientemente destacado, passo a descrever seus pressupostos e suas consequências, recapitulando o enredo desde o começo.

Bombardeados pela desconcertante realidade dos anos 1970 e 1980 — vividos, a maior parte do tempo, sem democracia e sob crescente crise econômica — que incidiu sobre suas sensibilidades coletivas em transição, e ainda em busca de novas narrativas que dessem conta de sua acidentada história recente, os segmentos populares não pareciam suficientemente atendidos pelos repertórios religiosos disponíveis.[15] A grande narrativa católica talvez se revelasse incapaz de suscitar uma postura apta a fruir o que a vida — como ela era — oferecia, enfrentando as dificuldades para vencê-las, em vez de resignar-se. A versão tradicional tendia a ser interpretada como um estímulo a aceitar o sofrimento como forma de purgar os pecados e, sacrificando-se,

---

15 As reflexões sobre as vantagens de opções religiosas intramundanas para a massa da população e sua coincidência histórica com a ampliação de oportunidades, conferindo verossimilhança às crenças, foram incluídas, em versão anterior, em Soares (2013).

alcançar a salvação espiritual. A versão progressista, inspirada na teologia da libertação, propunha um posicionamento ativo, cujo fundamento era a crítica da sociedade capitalista e a recusa à vida como ela era, ao mundo como se apresentava. Nos dois casos, o fiel popular era descrito como vítima, fosse do enigmático capricho divino, fosse da exploração econômica. As diferenças diziam respeito ao dilema: conformar-se ou empenhar-se na mudança? Observe-se que, no credo socialista da teologia da libertação, não se tratava de mudança das condições objetivas de vida, mas de transformação das estruturas que determinavam a existência de tais condições, o que envolveria a renúncia aos bens materiais, aos valores materialistas e consumistas, e aos critérios de julgamento sobre a realização pessoal desejável. Essa grande mudança só seria alcançada coletivamente.

Na versão católica tradicional, a redenção dá-se no reino do espírito, fora do mundo material. Na versão heterodoxa politicamente engajada, a salvação dá-se fora do mundo materialista. Em ambos os casos, os símbolos estratégicos focalizam renúncia e vitimização, insinuando a necessidade de que se recuse a vida como ela é, ou como ela era aos olhos dos fiéis mais pobres. Em um caso, seria preciso morrer em graça para alcançar a recompensa eterna. No outro, seria necessário fazer a revolução, o que não estava no horizonte histórico biográfico de ninguém. O fato constante em ambas as narrativas teológicas era a inviabilidade da realização pessoal neste mundo, nesta vida, qualquer que fosse o sentido que se atribuísse à ideia de realização. Para quem sofre carências de todo tipo, é desolador negar que haja possibilidade de mudanças no tempo que o destino concede à vida individual.

Por outro lado, faltava à cultura cívica laica o encantamento profético do carisma, fonte de promessas e esperanças. Não viriam dessa outra fonte, portanto, garantias que justificassem a esperança em uma redenção intramundana.

Sem prejuízo de todos os fatores previamente discutidos, talvez esteja aí a principal razão para a emergência de um dos fenômenos mais importantes na cultura popular brasileira das últimas décadas: a revolução no campo religioso, em especial a adesão em massa a igrejas evangélicas.[16] A despeito da imensa diversidade escondida sob um mesmo título — de resto já suficientemente complexificado na análise que expus —, arrisco uma hipótese interpretativa sintética: o trabalhador, sobretudo a trabalhadora que assume a liderança familiar, onerada pela multiplicidade de obrigações, domésticas e profissionais, precisa contar com uma narrativa que atribua sentido positivo, afirmativo, ao mundo real e à vida como ela é, de tal modo que as eventuais conquistas sejam percebidas como acessíveis em seu tempo de vida útil. Precisa contar a si mesma uma história em que não figure como vítima, na qual os objetos de seu desejo não sejam depreciados, em que atue como protagonista e mereça reconhecimento. Precisa de uma crença que a impulsione para dentro do mundo e a reassegure. Precisa que a vida como ela lhe aparece não seja reduzida a uma torpe indignidade dos poderosos ou a uma arbitrária e malévola maldição divina. Se a vida material — o dinheiro e os bens materiais — for maculada, o indivíduo e sua família estarão inapelavelmente conspurcados enquanto viverem. Ou na clave revolucionário-sebastianista: enquanto a grande mudança não vier. Pois bem, a salvação neste mundo, a possibilidade de realização pessoal

---

16 É preciso destacar a importância histórica para o conhecimento desse fenômeno do *Censo institucional evangélico*, publicado em 1992 pelo Iser, sob coordenação de Rubem César Fernandes. Os números surpreenderam na época: em 1992, já havia quase 3500 espaços de culto na região metropolitana do Rio de Janeiro e a cada semana se registravam oito novas organizações religiosas. Não por acaso o estado do Rio de Janeiro é aquele em que o crescimento evangélico tem sido o mais pronunciado segundo dados do IBGE relativos a 2010.

ainda em seu tempo de vida útil, a chance de tocar a felicidade, tudo isso lhe é facultado pela teologia da prosperidade difundida no mundo evangélico pentecostal.

Essa leitura faz do mundo evangélico uma grande conspiração conservadora? Não necessariamente, ainda que as religiões intramundanas sejam, por sua natureza, mais próximas da ética do trabalho e das orientações pragmáticas, como nos ensinou Max Weber. Tudo se passa como se parte expressiva do povo brasileiro dissesse a si mesma: se o capitalismo veio para ficar, joguemos o jogo e empreguemos seu vocabulário, desde que amparados por parâmetros morais que imponham limites aos apetites vorazes, à soberba, à ostentação e ao abuso dos outros. Afinal, talvez o dinheiro nem sempre seja sujo e "vencer na vida" não seja uma blasfêmia competitiva e egoísta. Respondamos à dubiedade do Estado — que proclama a igualdade de todos perante a lei e pratica a mais despudorada iniquidade — com nossa postura severa e reta. Enfrentemos a plasticidade de situações informais e amorfas, tão próprias às manipulações iníquas, com o rigor de nossa disciplina. Mas não nos detenhamos à espera da redenção utópica nem nos postemos à beira do caminho clamando por piedosa indulgência e caridade paternal: avancemos para o interior desse mundo com nossa energia e muita ambição. É provável que o exorcismo, envolvendo possessão, como forma de combate à umbanda guarde relação com a natureza intramundana da religiosidade evangélica — refiro-me em particular à Igreja Universal. O diabo dá as caras no centro do ritual, no meio do povo de Deus, sob o disfarce de uma ou outra entidade. Para uma religião que fala a linguagem deste mundo, que negocia os caminhos deste mundo, é importante que o mal esteja encarnado. Vencê-lo ou expulsá-lo requer um enfrentamento direto no espaço e no tempo desse mundo.

Nem tudo foi fruto da virtude no sucesso evangélico. O tempero foi espargido pela fortuna, tornando a crença intramundana saborosamente verossímil: crescimento econômico, redução da pobreza, aumento da renda, expansão das oportunidades, acesso ao consumo e disseminação de expectativas favoráveis. Se a promessa de prosperidade não encontrasse estruturas de plausibilidade na vida real, talvez o balão desinflasse, perfurado por ceticismo e desânimo. Mas uma corrente benfazeja soprou por aqui até 2015. O que era hipótese desejável tornou-se projeto realista. O dízimo valeu a pena. Os sacrifícios não foram em vão. Nada levaria a crer que sobreviesse alguma reversão inesperada no fluxo de adesões à teologia da prosperidade na diversidade de suas versões, enquanto a vida levasse adiante o sonho de virar cidadão pleno. Ocorre que a grave crise pela qual o Brasil vem passando desde 2015 impôs uma inflexão no ciclo socioeconômico ascendente: o desemprego explodiu, a pobreza avançou. Veremos até que ponto a popularidade da Universal resiste ao abalo em suas estruturas empíricas de plausibilidade. Por outro lado, quem sabe a crise torne ainda mais importantes os vínculos comunitários de solidariedade?

O grande desafio para os católicos será combinar valores sociais com expectativas intramundanas sem abdicar da crítica ao estado das coisas na vida como ela é. É possível aderir a seu tempo e cultivar esperanças intramundanas sem fazer dessa adesão compromisso com iniquidades?

Dessa visão de mundo que conquista mais adeptos a cada dia no meio popular, na nova classe média, nas camadas médias tradicionais, deriva um clamor por ordem, estabilização de expectativas, respeito a contratos e regras do jogo, de que a segurança pública constitui o conceito e a síntese prática.

Seria um equívoco de grandes proporções deduzir daí um suposto caráter conservador desses grupos sociais. Primeiro, porque esse caráter não pode ser objeto de dedução com base em condições já consolidadas: ele é objeto de disputa no espaço da política e da cultura política. Por isso mesmo, não é propriamente um caráter ou uma característica intrínseca ao personagem ou a suas condições históricas. Tudo vai depender das interpelações que os atores políticos lhes souberem dirigir, dos diálogos que estabelecerem com eles, os quais serão mais ou menos fluentes e bem-sucedidos conforme a compreensão de seus valores, expectativas e trajetórias. O projeto "vencer na vida fazendo força" pode implicar adesão acrítica ou participação crítica no sistema político-econômico, e essa distinção faz toda a diferença. Não é nada sutil. O que parece fora de cogitação é a hipótese de que esses grupos venham a se mostrar receptivos a imaginários políticos utópicos, isto é, extramundanos, ou mesmo a linguagens políticas sectárias, que confundam a crítica a iniquidades — as quais traem as próprias regras do jogo constitucionais — com a recusa de "tudo isso que está aí". O discurso que desqualificar a ideia de vencer na vida no sistema vigente estará ameaçando as bases da ética religiosa intramundana, que dá a liga a esses grupos e os impulsiona a seguir vivendo, enfrentando toda sorte de dificuldades. A ânsia por ordem tem as mais diferentes acepções, e as escolhas entre elas estão abertas, à espera do processo e da sensibilidade dos empreendedores políticos. Assim como a segurança pública, a ordem desejada pode ou não ser compatível com os direitos humanos. À política e ao dinamismo criativo da cultura, a última palavra.

É curioso observar que a individualidade não se afirma apenas entre os andarilhos da "nova era" ou das religiosidades alternativas, nem apenas entre os errantes que experimentam diferentes religiões institucionalizadas, optando provisoriamente por alguma ou combinando algumas, como um sujeito sincrético, em lugar do antigo fiel cuja crença era sincrética. A individualidade também se constitui no âmbito evangélico pentecostal, na medida em que se abraça a religiosidade intramundana. Afinal, o mundo em questão é regido pelo individualismo igualitário de raiz liberal, não só dos pontos de vista formal e normativo, como também cada vez mais na vida real, graças à democratização participativa cidadã, recentemente bloqueada. Quão mais o evangélico investe com realismo pragmático no mundo, mais contagiante torna-se o individualismo, o qual, como sabemos, se bifurca em egoísmo utilitário e experiência de autonomia, esta última sintonizada com os princípios que constituem o eixo dos direitos humanos.

Mais um fator a ponderar quando se analisa o sentido da ordem desejada: os direitos humanos e a crença na dignidade da pessoa serão incorporados? Ou essa ordem aceita o convívio com a barbárie? De novo, à política e à criatividade da cultura, a resposta. Essa ordem idealizada ainda não existe. Será construída, ou poderá sê-lo. Será, portanto, o que a sociedade, com todas as suas contradições, puder fazer.

Em síntese, mesmo não sendo correto o reducionismo que considera todo esse universo pentecostal conservador, é verdade que as linhas principais apontam para limites às mudanças. Ocorre que, de modo paralelo, avança a individualidade, o que implica dizer: estão lançadas sementes de transformações muito mais profundas, como veremos adiante.

6.
A intervenção tropicalista como contraponto à divisão radical
Antropofagia, dialogia criativa, abertura participativa e expansão do repertório

Em 1964, Hélio Oiticica escreveu sobre o "estandarte", criação que problematiza a participação do espectador, e iniciou a exploração da dança como componente da estrutura da obra, entendida como ação. No mesmo ano, a pesquisa conduziu à "capa", o parangolé, integrando a participação na estrutura-movimento da obra, feita para vestir. A obra desloca-se no corpo do espectador ou do protagonista da performance. O movimento situa a obra no tempo e no espaço, suscitando, em vez de contemplação, a "vivência mágica" (cf. Oiticica, 2011, p. 73). Nesse momento, o espectador passa a ser chamado participador. Tão extraordinária quanto a sensibilidade estética de Oiticica era sua refinadíssima capacidade de refletir sobre suas obras:

> O vestir já em si constitui uma totalidade vivencial da obra, pois ao desdobrá-la tendo como núcleo central o seu próprio corpo, o espectador como que já vivencia a transmutação espacial que aí se dá: percebe ele na sua condição de núcleo estrutural da obra o desdobramento vivencial desse espaço intercorporal. Há como que uma violação de seu *estar* como "indivíduo" no mundo, diferenciado e ao mesmo tempo "coletivo", para o de "participador" como centro motor, núcleo, mas não só "motor" como principalmente "simbólico", dentro da estrutura-obra. É esta a verdadeira

metamorfose que aí se verifica na inter-relação espectador-
-obra (ou participador-obra). (p. 74)[1]

Na sequência, Oiticica explica como concebeu a "tenda", o primeiro de seus "penetráveis", nesse caso o "Penetrável Parangolé". A meta é proporcionar a "vivência-total parangolé", que lançaria o sujeito no mundo ambiental por sua participação nas obras, instando-o a "decifrar a sua verdadeira constituição universal transformando-o em 'percepção criativa'" (p. 74).

Em 1965, Oiticica refletiu longamente sobre a dança, a desinibição, a superação de preconceitos, a revisão da relação corpo-
-espírito, o realinhamento liberador, dionisíaco, de ideias, ações e sensibilidade. Seu interesse voltou-se para a música, o ritmo, a coreografia popular, abrindo espaço para a intersubjetividade transmutada em intercorporalidade — uma ambiência propícia ao exercício da relação "eu-tu" e à sua metamorfose em um "nós" fusional e orgiástico, em cujo contexto a participação (em uma ação coletiva) e o pertencimento (a um grupo ou à sociedade) rearranjam o regime de distinções entre os indivíduos e entre eles e a coletividade, em paralelo à transmutação do espectador em protagonista. A palavra "parangolé" — conversa fiada, papo sem importância, abobrinha — combina autoironia e referência ao coloquial cotidiano àquilo que nos diálogos é mais forte que o conteúdo intercambiado: o simples estar ali, lado a lado com o outro.

Devolvo a palavra a Hélio, que visitou a Mangueira fazendo circular os parangolés:

---

[1] Anoto à margem: um mundo interativo assim reconstruído instaura o protagonismo individual engajado na sociabilidade eu-tu, portanto avesso ao isolamento individualista, e expurga o uso recorrente da categoria "eles" — sobre o qual vou me deter adiante — como confissão de impotência política.

A derrubada de preconceitos sociais, das barreiras de grupos, classes etc., seria inevitável e essencial na realização dessa experiência vital. Descobri aí a conexão entre o coletivo e a expressão individual — o passo mais importante para tal — ou seja, o desconhecimento de níveis abstratos, de "camadas" sociais, para uma compreensão de uma totalidade. (p. 76)

O artista aproxima-se da concepção antropológica de *festa* (Perez, Amaral e Mesquita, 2012) e do conceito — tão útil no capítulo anterior — de *fato social total* (cf. Mauss, 1974).[2] Recorro a uma metáfora que ele talvez aprovasse: Hélio instala na praça central da Polis o umbral — o penetrável —, que permite a passagem da dimensão corriqueira, em que as estruturas sociais brasileiras autoritárias e iníquas comandam a vida, para outra dimensão, externa ao cotidiano, na qual o comando sai de cena e todo o espaço é tomado pela experiência estética e existencial da redescoberta de sons e sentidos, ritmos e temporalidades, relações consigo mesmo e com os outros. Essa dimensão não ordinária afirma sua autonomia frente às pressões do sistema institucional, as estruturas, constituindo-se como fato social total, regido por sua própria lógica contingente e ordenado em sua anarquia pelo contrato entre indivíduos livres e iguais, um diante do outro com seus corpos, seus desejos, suas diferenças, embora imersos no tom e no ritmo da comunhão extravagante.

Oiticica também vestiu sua capa-parangolé, também atravessou seu penetrável e cumpriu seu rito de passagem. Ele menciona a passagem em sua obra — que é também uma transformação pessoal — do hiperintelectualismo ao mito e à sua

---

[2] Sobre a relação de Oiticica e sua obra com o Carnaval, consulte-se Oiticica Filho, 2011, p. 185.

potência simbólica. Esse caminho experimental desaguou na exposição-evento *Tropicália*, em abril de 1967, no Museu de Arte Moderna do Rio de Janeiro (cf. Oiticica, 2011, p. 108). O próprio Hélio cita o crítico inglês Guy Brett, do *Times* de Londres, para o qual o Parangolé era "algo nunca visto" que poderia "influenciar fortemente as artes europeia e americana". Mas cita-o para dizer que a *Tropicália* seria ainda mais importante:

> O Penetrável principal que compõe o projeto ambiental foi a minha máxima experiência com as imagens, uma espécie de campo experimental com as imagens. Para isto criei como que um cenário tropical, com plantas, araras, areia, pedrinhas (numa entrevista com Mário Barata, no *Jornal do Comércio*, a 21 de maio de 1967, descrevo uma vivência que considero importante: parecia-me ao caminhar pelo recinto, pelo cenário da *Tropicália*, estar dobrando pelas "quebradas" do morro, orgânicas tal como a arquitetura fantástica das favelas — outra vivência: a de "estar pisando a terra" outra vez). (p. 108)[3]

Penetrar é sentir de novo de um novo modo e viver com mais frescor a relação com sua morada, com o ambiente, consigo mesmo e com os outros. Eis o ensaio geral para reabrir os grandes dilemas da história do Brasil. A obra de Oiticica interpela o espectador-participador e o incita a desestabilizar o que o tempo e as estruturas repetitivas cristalizaram para, das cinzas e dos cacos, da suspensão do que foi naturalizado, do estranhamento, transcorrido o itinerário do ritual de passagem, recompor o puzzle eu-tu. Os penetráveis evocam rituais de

---

[3] Peço que o leitor registre o adjetivo "orgânicas" e a expressão "pisar a terra". Voltarei a elas mais adiante, quando discutir as migrações internas e a urbanização, à luz das reflexões de Tim Ingold sobre as relações entre os seres humanos e o meio ambiente.

passagem (afastamento, liminaridade desconstrutiva, reintegração), mas os parangolés também aludem ao par desestabilização-reestabilização, porque vesti-los impõe balançar com eles, dançar, mover-se em coreografias inusitadas. Inusitadas porque a forma dos parangolés é inusitada, como que a exigir incessantes deslocamentos no espaço para ajustar seu feitio assimétrico ao corpo. O parangolé é um manto ou uma capa em cores com divisões e faixas transversais contínuas, lembrando a fita de Moebius ou uma peça justaposta a outra, ambas inacabadas e sempre disformes e desequilibradas em relação ao corpo humano ereto. A incompletude sugere vazios a serem preenchidos pelo corpo, o que requer movimento. Um convite à dança. O que me parece mais interessante na incompletude e na mobilidade é a remissão inevitável e permanente a sobras e restos. A palavra convoca de imediato a tese de Lorenzo Mammì sobre o estatuto da arte como o que não se deixa assimilar plenamente a classificações, conceitos, instituições, cânones ou metodologias: o resto. Pois é graças ao excesso e à falta, ao evento que transborda e ao objeto que escapa, ao significado que se esfuma e à conta que não fecha, que a cultura move-se, em diálogo com a criatividade humana e as dinâmicas sociais (Mammì, 2012).

Para mim foi muito interessante perceber que a ideia de resto não serve apenas para pensar a arte. Serve perfeitamente para designar o desconforto que sinto ao contemplar o conceito de ambiguidade quando empregado para diagnosticar o aspecto-chave da cultura brasileira. A ambiguidade, embora verdadeira, alude à incompletude. Se existe ambiguidade é porque pelo menos duas versões (não) cabem — ou seja, ambas são impertinentes, incompletas, ou são pertinentes mas relativas a realidades parciais que conflitam com outras. Parece que a incompletude contamina a própria interpretação, tornando-a insuficiente ou revelando sua insuficiência. Resto aplica-se às duas alternativas que sugeri — alternativas à resignação com a ideia de que referir-se à ambiguidade seja suficiente para descrever os fenômenos socioculturais ambíguos. Proponho que resto designe a inconclusão do processo em que a ambiguidade se realiza: ele permaneceria aberto e se completaria sob o modo de continuada (re)negociação entre os agentes direta e indiretamente envolvidos (cf. Schwarcz, 2011; 2012; Vianna, 1995). Outra hipótese seria adotar a ideia de resto para evocar a natureza prismática da relação entre as ambiguidades e a dualidade ontológica instaurada pela escravidão. A dualidade aparece infletida e refratada, transposta para outras topologias nas mil e uma faces dos fenômenos ambíguos. A refração deixa restos e performa o novo. Dois restos, portanto: o que sobrou da imagem original e não foi incorporado no "prisma" e o que o "prisma" produziu além da fonte original. Desvio e criação, sempre diferença: o vocabulário da ambivalência e da ambiguidade não basta, soa pobre para lidar com a complexidade.

Concorde-se ou não com as duas sugestões que apresentei, o fato é que no parangolé estão presentes movimento e incompletude. O primeiro surge por força do desequilíbrio, na busca do eixo, a segunda emerge no contato entre o corpo e o tecido em desajuste. Somando-se a esses dois componentes a redefinição do espectador, agora participador, conclui-se que a equação Brasil está montada. O desequilíbrio voluntariamente provocado pelo desajuste da capa com o corpo incita a ação, estimulando o portador do parangolé a dançar, assumindo o protagonismo da cena. A dança remete à renegociação do corpo com o espaço, no tempo, sendo o espaço ocupado dinamicamente por outros corpos. Não há rupturas, mas continuidade e diálogo, na sucessão de metamorfoses coreográficas. Mesmo o salto dá-se com as forças disponíveis e nos limites ditados pelo corpo no ambiente, entre outros corpos.

Quando traça a genealogia de sua exposição *Tropicália*, Oiticica compõe uma linhagem que inclui a antropofagia de Oswald de Andrade, Tarsila do Amaral, o cinema de Humberto Mauro e Mário Peixoto, Carmen Miranda, Noel Rosa e Araci de Almeida, "e a evolução da música popular urbana no Brasil, escolas de samba, macumba, candomblé, todos os mitos e festas populares do Brasil, principalmente os de origem negra e índia, que é o caso geral. Programas de auditório, Emilinha, Marlene, Ângela Maria, Dalva de Oliveira etc. etc. e cinema chanchada" (2011, p. 130). Assinala, portanto, seu pertencimento à tradição brasileira relativamente consagrada, à cultura pop e à sociedade de consumo, a despeito de sua oposição ideológica ao sistema econômico e político. Sabe e diz que não fala da estratosfera, não cria senão no lugar e no momento histórico que são os seus.

Em evidente diálogo com Hélio, Lygia Clark exibia (performava) as suas séries "óculos", "máscaras sensoriais" e "o eu e o tu: roupa-corpo-roupa", também em 1967 (Basualdo, 2007, pp. 172 ss.). Ainda em 1967, o cenário de outro Hélio, Eichbauer, muito próximo do ambiente penetrável criado por Oiticica para a exposição *Tropicália*, chocou e encantou as plateias de *O rei da vela*, de Oswald de Andrade, dirigido por José Celso Martinez Corrêa. Naquele mesmo ano infernal, sob ditadura, mas vibrante como talvez nenhum outro antes ou depois,[4] Glauber Rocha estreou sua obra-prima, *Terra em transe*, e José Agrippino de Paula publicou seu *PanAmérica*, sobre o qual escreveu Caetano Veloso — a quem Oiticica dedicou o parangolé — no prefácio: "[...] talvez não haja no mundo nenhuma obra literária

---

[4] Brincando um pouco com o célebre livro de Zuenir Ventura, *1968, o ano que não terminou* (2018), talvez fosse apropriado dizer que 1967 foi o ano que acabou cedo demais, sepultado pela carga explosiva que o sucederia. Seu legado fantástico foi abortado pelo drama do AI-5, depois de ter sido em parte deslocado pela urgência e pelo impacto das lutas políticas.

contemporânea que lhe possa fazer face. O livro soa (já soava em 1967) como se fosse a *Ilíada* na voz de Max Cavalera" (Caetano Veloso, prefácio da terceira edição de Agrippino de Paula, 2001, p. 5). O que estava em jogo em todas as frentes era a reinvenção das linguagens artísticas e mais: a reinvenção do modo de pensar (e fazer) a sociedade brasileira e suas culturas. A súmula codificada por Oiticica seria aprofundada, ampliada, ressignificada e desenvolvida pelo movimento tropicalista, especialmente por Caetano Veloso e Gilberto Gil. Acredito que haja no DNA do tropicalismo — entendido como gesto estético, existencial e político — algumas senhas que talvez ajudem a abrir caminhos no labirinto das interpretações do Brasil.

Em seu ensaio primoroso, "Coro, contrários, massa: A experiência tropicalista e o Brasil de fins dos anos 60", Flora Süssekind descreve a proliferação exuberante da criação cultural nas mais diversas áreas e destaca uma novidade particularmente significativa: a intensificação das intercomunicações entre os campos culturais (2007, p. 44). Em todos eles, processava-se a busca de novas sínteses, acrescenta Flora, citando Oiticica. O tropicalismo nasce com um disco-manifesto coletivo que faria história. Participaram Caetano, Gil, Torquato Neto, Gal Costa, Mutantes, Nara Leão, Capinam, Tom Zé e Rogério Duprat. Flora identifica o fio condutor que articulava uma rede dialógica entre os campos e que seria matricial para o tropicalismo, especificamente:

> Uma vontade construtiva de afirmação de novas relações estruturais, conjugada paradoxalmente a uma antiformalização desintegradora, a uma fuga (auto)consciente da forma, tornam-se, pois, elementos fundamentais ao processo de trabalho não apenas de Oiticica ou de compositores como Caetano, Gil, Tom Zé; são, igualmente, essenciais à noção de antiespetáculo, ao privilégio do "acontecimento" (e não

da "representação"), invocados pelo grupo Oficina (e potencializados em montagens como *Na selva das cidades* e *Gracias, señor*), às formas de improvisação trabalhadas por Glauber Rocha em *Câncer*, e às "imagens descentralizadas e errantes", à "desestetização", à "negação da forma do filme" que marcariam o cinema de Rogério Sganzerla e Júlio Bressane. (p. 44)

Compreende-se que esse elã crítico não abrandaria seu sarcasmo dissolvente nem mesmo diante do espelho. Merecer o nome pomposo de movimento adjetivado por um título, tropicalista, incomodava seus membros porque os devolvia à prisão das classificações da qual empenhavam-se tanto em escapar. A imprensa carioca insistiu na palavra-chave. Falou sem parar na "cruzada tropicalista" (cf. Süssekind, 2007). Até que Caetano contornou a resistência dos parceiros e os convenceu de que "Se essa é a palavra que ficou, então vamos andar com ela" (Veloso, apud Süssekind). Não lhe faltou sensibilidade para a importância da comunicação de massa e do mercado pop, com os quais o movimento teria de conversar se almejasse a conexão com a sociedade em grande escala — e essa percepção constituiria um elemento estratégico do próprio tropicalismo.

Flora sublinha a diferença com a arte de matiz populista, politicamente engajada na perspectiva tradicional, de que se nutre a intervenção recriadora dos tropicalistas — oswaldiana, antropofágica devoradora de tradições, potencializadora de alternativas e multiplicadora de veredas. Sua política era outra. Enquanto as canções de protesto ecoavam o velho realismo socialista, convocando as plateias para os coros em uníssono nos refrões de frases feitas, os rebeldes — com causas para as quais ainda não havia vocabulário — preferiam desafinar o coro dos contentes, em harmonia com a ousadia transgressora ensaiada por João Gilberto, Tom Jobim e a bossa nova, cuja importância transcendeu o gosto americanizado da pequena burguesia intelectualizada — surpreendendo o obscurantismo de muitos críticos sem imaginação. O Maracanãzinho exultava com o mantra "Quem sabe faz a hora não espera acontecer", no mesmo compasso que as passeatas entoavam "Povo unido jamais será vencido". Como explica Flora Süssekind:

> Ao contrário, nas criações da Tropicália, interessava [...] provocar o público e expor-lhe as cisões, sublinhando disparidades, descompassos, trabalhando com uma multiplicidade descontínua de dicções, materiais, com imagens que se desdobram, que se contrariam mutuamente e potencializam tensões. "Toda simultaneidade é complexa", enfatizaria Glauber. Não se trata, aí, pois, de criar correspondências, homogeneidades ou analogias entre elementos que, sem maior interferência, e apenas paralelos, mantenham-se "seguindo na mesma direção". Seu coro inclui e expõe 'contrários'. O operador fundamental dos modos corais do grupo da Tropicália é, portanto, a simultaneização. (2007, p. 49)

Na fonte lê-se: "A palavra-chave para se entender o tropicalismo é *sincretismo*" (Veloso, 1997, p. 286).

Eis as perguntas-chave: o que é sincretismo? Qual sua relação com a simultaneização e com a antropofagia oswaldiana retomada por Zé Celso? De que forma a canção "Coração materno", interpretada por Caetano no disco-manifesto, dialoga com *Macunaíma*? Compreender o tropicalismo poderia de fato ajudar a decifrar o Brasil, a cultura popular e suas complicadas relações com a individualidade e os direitos humanos?

Uma colagem realiza a simultaneização, mas não basta para produzir os efeitos alcançados pela simultaneidade adotada como estratégia de aproximar elementos contrários — ou pertencentes a séries semânticas e sintáticas diversas e supostamente incompatíveis —, gerando tensões e estranhamentos desnaturalizadores. Operações conhecidas na poesia desde sempre, mas exploradas com apuro em sua máxima potência — por exemplo, nas vanguardas russas, até o controverso suicídio de Maiakóvski — exercitam a simultaneização.

A antropofagia não se caracterizaria pela colagem tensionante, mas pela assimilação do outro (ou do alvo da devoração), o que envolve a alteração do devorador, ou seja, a transformação do sujeito no outro que ele come.[5] Entretanto, como procurei demonstrar nas considerações sobre o manifesto antropófago, o destino da alteração do sujeito, este outro que ele devora, ao ser comido, já não é o outro que era antes da relação. Por isso a devoração não se esgota em um mimetismo, assim como, no âmbito estético, não se reduz à subordinação do outro à lógica poética do poema-sujeito. A antropofagia implica dupla mudança e o movimento da metamorfose. Pelo menos é como a interpreto. Há os que preferem manter-se no estágio mais simples: o polo que devora assimila propriedades do outro e as submete à gravitação de sua linguagem, desestruturando a linguagem objeto e a recompondo segundo a lógica do poema sujeito da devoração. O que vale para o poema aplica-se às demais artes.

A simultaneização pode ser o efeito da devoração no sentido que eu lhe atribuo ou no sentido que não me parece o mais fecundo. Ela, de certa forma, independe da antropofagia para realizar-se. Seu efeito é o estranhamento cujo desdobramento é a percepção crítica que desnaturaliza determinada forma de vida, isto é, determinada linguagem, digamos genericamente. A antropofagia no modo como a compreendo produz mais do

---

[5] Essa leitura me parece fiel a Oswald, mas foi inspirada pela análise de Eduardo Viveiros de Castro (1986) sobre o canibalismo araweté.

que esse efeito crítico, o qual remeteria ao enriquecimento da consciência e à instauração de uma metalinguagem inteligente. De meu ponto de vista, a antropofagia visa ampliar o espectro de abrangência da receptividade, alargando o repertório e, por essa mediação, estender as possibilidades criativas, expandir a linguagem e, por consequência, multiplicar as formas de vida — mais ou menos como as mutações adaptáveis fazem na evolução biológica.

Flora menciona luta. Caetano, em 1968, falou em luta e violência. Era o clima da época — a ditadura emanava enxofre e cinzas. O ódio estava no ar. Infiltrava-se nos pulmões de todo mundo. Logo depois viriam o desespero e suas argolas de chumbo. Por isso a luta fez parte do léxico tropicalista, só por isso. Era o preço do ingresso na vida feroz daquele tempo. Caetano pagou tributo como todos nós que militamos na resistência. O movimento tropicalista não atravessaria a rua entediado e incólume até a banca de revistas debaixo da chuva ácida, acendendo um cigarro blasé. É verdade que houve evocações guerreiras aqui e ali entre rimas e clarins, entredentes. Hermano Vianna chama a atenção para a batida marcial seguida pelo "*riff* antológico de violão bem alegre, mas urgente, como uma convocação militar" na abertura da primeira canção do álbum-manifesto *Tropicália*, a "Miserere nobis". Hermano também descobriu um Guevara sibilino espetado por Gil em falsete no meio de outra canção (Vianna, 2010, p. 16). Mas as alusões guerreiras são secundárias. É claro que me refiro à turma da música popular, sobretudo a Caetano e Gil — foi diferente com a trupe do teatro e do cinema.

Caetano costuma dizer que só satiriza o que ama. Hermano Vianna fala em "ironia amorosa" (2010, p. 17), mas tempera seu significado, assinalando o caráter "trágico e alegre" que identifica no disco-manifesto. Capinam, citado por Hermano, disse o mesmo referindo-se à escolha de "Coração materno", de

Vicente Celestino, para o repertório: "Não é paródia nem rejeição. Somos filhos disso tudo, e não somos melhores, apenas discordamos disso com afeto" (Capinam apud Vianna, 2010, p. 17). Muito diferente da devoração oswaldiana cheia de veneno que inundou o teatro de Zé Celso, e da deglutição barroca e messiânica que Glauber fez da mitologia política brasileira e de nossas tradições arcaizantes. Em todos eles assomava o desejo de "pôr as entranhas do Brasil para fora" (Veloso apud Vianna, 2010, p. 17). Contudo, há diferentes maneiras de fazê-lo: do parto à mutilação, à necrópsia. Outra leitura poderia remeter ao verbo "desentranhar" com o sentido de diferenciar e separar as partes do todo, ação que corresponde ao trabalho analítico, seja como uma etapa do processo de conhecimento, seja como fase inicial de uma colagem, seja como passo metódico para a recomposição transformadora do todo.

Cito Caetano longamente porque me parece indispensável aconchegarmo-nos na intimidade subjetiva do álbum-manifesto:

> Na concepção do disco *Tropicália ou Panis et circensis* havia um plano, este sim totalmente tropicalista, de gravar uma velha canção brasileira em tudo e por tudo desprestigiada. Era a super-sentimental "Coração materno", um dos maiores sucessos de Vicente Celestino, o melodramático compositor e cantos de voz operística cuja brilhante carreira remontava aos anos 30 e incluía, além de inúmeros discos de sucesso, operetas e filmes, como o recordista de bilheteria, *O ébrio* de 46. "Coração materno" conta a história de um jovem camponês que se vê obrigado a entregar à sua amada, como prova de amor, o coração da própria mãe. O matricídio se dá enquanto a velhinha está ajoelhada diante de um oratório. O jovem, depois de rasgar-lhe o peito e extirpar-lhe o coração, corre para a amada levando-o nas mãos. Na estrada, tropeça e cai, quebrando uma perna. Do coração

da mãe, que tinha sido atirado longe, sai uma voz que pergunta: "Magoou-se, pobre filho meu?", e, num último e extremo golpe comovedor, exorta: "Vem buscar-me que ainda sou teu".

Em 67 Vicente Celestino estava praticamente esquecido e seu estilo — o extremo oposto do que viera dar na bossa nova — era indefensável. A melodia do "Coração materno", como todas as outras de Celestino, era para nossos ouvidos um mero pastiche de ária de época italiana. A ideia de gravar essa canção me ocorrera por ela ser um exemplo radical do clima estético acima do qual nós nos julgávamos alçados altamente. Mas essa era uma história que, em vários planos, era mais arcaica do que podia parecer. (Veloso, 1997, pp. 286-7)

Caetano refere-se a um episódio infantil que sintetiza o ambiente doméstico em que transcorreu sua educação estética. Tinha entre quatro e seis anos quando sentiu-se humilhado pelo esnobismo cultural dos irmãos ao admitir sua admiração por Vicente Celestino. Por outro lado, o matricídio bizarro tinha origem em contos populares que tematizavam "a necessidade que tem o filho macho de se libertar de um amor materno demasiadamente sufocante" (1997, p. 288). Esse mito estaria em sintonia com a sensibilidade das massas brasileiras ou até mesmo com "a própria natureza de toda cultura popular" (p. 288).

Não houve escárnio:

O arranjo que Rogério Duprat fez para essa canção é uma das maiores vitórias do tropicalismo. Excelente orquestrador, Duprat criou uma atmosfera de ópera séria (sem, no entanto, deixar de lembrar trilhas de filmes de Hollywood), restituindo dignidade e conferindo solenidade a canção execrável, o que fazia ressaltar minha interpretação assustadoramente sincera e sóbria. [...] O resultado [...] é uma peça que comove porque faz o ouvinte passar, consciente ou inconscientemente, por todas as referências que pude explicitar aqui — e por tantas outras que não pude. (1997, pp. 288-9)

Está tudo aí. A crítica e a diferença de registros não impediram a valorização da canção de Vicente Celestino. Depois de ouvir a gravação belíssima, a sensação do ouvinte, se meu testemunho serve de exemplo, é tríplice: perplexidade, desorientação e encantamento. O choque perturba, inquieta, mistura mapas e bússolas, e tudo se passa sob a aura do deslumbramento. Mais objetivamente, eis minha hipótese: por meio de Caetano e Duprat pode-se ouvir "Coração materno" de outra maneira, não só porque os dois grandes artistas tropicalistas nos autorizam a fazê-lo, emprestando legitimidade estética a essa experiência, estendendo sua virtude à canção antes conspurcada, mas sobretudo porque a gravação fez saltar uma insuspeitada e paradoxal originalidade da peça de Celestino. Originalidade aqui significa força expressiva, personalidade melódica, harmônica, rítmica e poética. A esses atributos acrescentava-se a densidade inusitada conferida à letra: a solenidade não empostada, verdadeira, sincera da voz de Caetano fazia as palavras gravitarem em torno de eixos arquetípicos da cultura popular e das tradições camponesas.

Em suas reflexões sobre "Coração materno", Caetano não cita *Macunaíma*. Minha intuição — talvez a memória em fragmentos — me levou à releitura da obra-prima de Mário de Andrade, depois de passar pelo esclarecedor *Morfologia do Macunaíma*, de Haroldo de Campos, onde a ambivalência do personagem é destacada, ainda em suas versões popular e indígena. O nome Makunaíma, supremo herói tribal, significa "o grande mau". Ele aparece como pérfido e grosseiro, mas também criador, transformador (Campos, 2008, p. 112). Essa qualidade mágica está presente desde o início no romance de Mário. E não apenas como virtude do herói; também como propriedade da natureza que o cerca. Por aí, chego ao episódio que importa:

> No outro dia Macunaíma depois de brincar cedinho com a linda Iriqui, saiu pra dar uma voltinha. Atravessou o reino encantado da Pedra Bonita em Pernambuco e quando estava chegando na cidade de Santarém topou com uma viada parida.
> — Essa eu caço! Ele fez. E perseguiu a viada. Esta escapuliu fácil mas o herói pôde pegar o filhinho dela que nem não andava quase, se escondeu por detrás duma carapanaúba e cotucando o viadinho fez ele berrar. A viada ficou feito louca, esbugalhou os olhos parou turtuveou e veio vindo veio vindo parou ali mesmo defronte chorando de amor. Então o herói flechou a viada parida. Ela caiu esperneou um bocado e ficou rija estirada no chão. O herói cantou vitória. Chegou perto da viada olhou que mais olhou e deu um grito, desmaiando. Tinha sido uma peça do Anhanga... Não era viada não, era mas a própria mãe tapanhumas que Macunaíma flechara e estava morta ali, toda arranhada com os espinhos das titaras e mandacarus do mato. (Andrade, 2016, pp. 49-50)

Sim, exatamente, o matricídio estava já em *Macunaíma*. O faro de Caetano não costuma falhar. Intuiu relações profundas com a cultura popular, identificou alguns pontos de ligação. Escapou-lhe o mais direto e importante. O diálogo entre o tropicalismo e a Semana de Arte Moderna, de 1922, tão ostensivamente travado via Oswald e Tarsila, pôs-se no centro do álbum-manifesto *Tropicália* pela via oblíqua de Mário. Curiosamente, a mãe aparece no elogio antropofágico ao matriarcado em Oswald e no matricídio em Mário e Caetano. Escrevi extensamente sobre racismo e desigualdades sociais, mas silenciei sobre a misoginia inscrita no patriarcado despótico. A dominação a que a mulher foi submetida não deve passar despercebida, cabendo à mulher negra o duplo fardo. Por isso, tanto para o modernismo de 1922 quanto para o tropicalismo dos anos 1960, foi fundamental reverter simbolicamente essa estrutura de poder, seja pela defesa do matriarcado, seja pela revelação do matricídio na origem de nosso herói sem nenhum caráter. Macunaíma é o mito de origem moderno do povo brasileiro — é mais ou menos o que admite Mário em carta a Tristão de Athaíde em 19 de maio de 1928 (Campos, 2008, p. 111). E Caetano evoca nosso mito de origem pela mediação de Vicente Celestino.

Retomo o argumento sobre a originalidade: como seria possível descobrir a autenticidade até então ignorada de uma canção amplamente conhecida e depois por longo tempo esquecida? O encontro entre a canção estilizada, congelada em classificações rígidas, e a impetuosidade rebelde, livre, autoral, exalando o frescor da juventude, vincada por compromissos com o movimento coletivo que revolvia as entranhas da cultura brasileira, esse encontro, esse diálogo produzia um fruto por tudo estranho, inclassificável, residindo na estranheza dessa conexão a originalidade retrospectivamente transferida à canção e prospectivamente infiltrada no disco-manifesto, em sua carreira, em seus desdobramentos.

Era possível, portanto, ouvir de novo e ao mesmo tempo pela primeira vez uma peça sepultada. Exumava-se o cadáver de uma estética banida do catálogo musical por todos os critérios razoáveis. "Levanta-te e anda", sussurravam Caetano e Duprat, soprando vida no oco do fantasma. O repertório brasileiro ampliava-se — nesse sentido, evoluía. A sociedade recebia autorização para fuxicar o relicário abandonado no porão.

Registre-se que valorizar o passado implicava valorizar o país e sua cultura, potencializando sua disposição criadora. Observe-se que esse reforço narcísico, no sentido salutar da palavra, valia mais que várias passeatas somadas e certamente muito mais que os coros supostamente politizados das redundantes canções de protesto, carregadas de idealizações simplificadoras, as quais, ante o primeiro embate com a complexidade do real, desmaiavam em prostração. O protagonismo estava em outro lugar.

De fato, havia mais do que a releitura do passado. Havia um gesto novo no ar, desdobrando o parangolé, fazendo-o girar, um ato libertador que revogava as revogações absolutas e irreversíveis. Tornara-se proibido proibir, o que de modo algum implicava aceitar tudo e todos numa geleia geral homogeneizante, acrítica, relativista e vazia. Não se tratava de matar o Pai no dia seguinte ao matricídio, dissolvendo todos os limites. O que se declarava suspenso era o banimento da cidade das letras (e das artes) como se uma sentença tivesse legitimidade para suplantar a liberdade criativa e interromper o fluxo da história. Sublinho o seguinte: o dinamismo histórico a que me reporto estende-se também ao passado, às formas pelas quais o interpretamos, relacionamo-nos com ele e dele nos apropriamos. Os novos ares de liberdade atravessavam de lado a lado a história da música popular (e da cultura brasileira), os ventos corriam para trás e para a frente, levantando poeira, permitindo novos itinerários e descobertas — em contraste com o chumbo opaco da ditadura. Olhar de novo, ouvir de novo, esse frescor de manhã era quase um (re)nascimento, nada no bolso ou nas mãos. O álbum-manifesto interpelava a sociedade brasileira a livrar-se dos antolhos, e essa tarefa formidável deveria ser encetada como uma dimensão (essencial) da luta pelas mudanças sociais e políticas. Os estudantes que vaiavam a guitarra elétrica não estavam mesmo entendendo nada.

O gesto libertador (autorizador) era um gesto autoral, e convidava à participação. Valorizava o indivíduo, inscrevendo-o na comunidade. De meu ponto de vista, inaugurava outro sincretismo e uma antropofagia diferente daquela encenada por Zé Celso. Caetano, como Gil e seus parceiros do tropicalismo, compositores, cantores, performers, pensadores da arte, da cultura, da sociedade, transformavam-se ao transformar a relação da sociedade com sua memória musical e poética, cruzando gostos de elite e populares. Caetano mudou Celestino e se transformou ao mudar Celestino. Em outras palavras: Caetano transformava-se ao cantar "Coração materno", ao mesmo tempo que transformava a canção de Vicente Celestino. Essa dupla alteração promovia, simultaneamente, a transformação de práticas e critérios, juízos e sensibilidades, vocabulários musicais e gramáticas poéticas. Ampliavam-se repertórios em múltiplas arenas de atuação: o que um cantor/compositor podia fazer, de que modo podia conversar com a tradição e negociar com as diferenças. O movimento de dupla mudança coincide com a interpretação da antropofagia oswaldiana que apresentei. O elemento belicista cede lugar ao convívio sem acomodação mútua, sem recíproca neutralização; pelo contrário, cede lugar ao convívio envolvendo mútua ação transformadora. O tropicalismo demonstrou que é viável afirmar identidades, pronunciar-se criticamente e marcar diferenças, embora também abraçando alteridades, reconhecendo-lhes a força e a dignidade estético-cultural.

Há um plano formal em que peças provenientes de fontes distintas articulam-se sob a lógica de nova estrutura. O léxico é antigo e a sintaxe, nova. Eis uma modalidade sincrética. Derivará dessa configuração nova semântica. Outro arranjo sincrético inova no léxico mas gera surpresa, submetendo-o à sintaxe convencional. Há combinações múltiplas e heterogêneas em que elementos inovadores e tradicionais no léxico e na sintaxe combinam-se. Essa diversidade de estruturas existe nas artes, nas religiões e em outras áreas da cultura humana. Todas elas são sincréticas. O que me parece mais importante no tropicalismo, em especial nos percursos de Caetano e Gil, e não apenas durante o período em que o movimento teve vigência (pois a marca de origem nunca os abandonou), é sua relação com a alteridade no campo da cultura. Ironizar o que se ama, reconhecendo-se parte de uma linhagem, valorizando em si mesmos o que é herança e continuidade, e reinventando o que perdera viço na poeira dos escombros. Os ouvidos são tão importantes quanto os sons e os sentidos das canções. Dedicando-nos a mudar o registro de nossa sensibilidade, credenciamo-nos a compor canções de novo tipo e sobretudo a descobrir novos objetos de prazer, encantamento e sabedoria. Eles serão novos e originais graças à novidade de nossa audição.

Em outras palavras, eis o gesto exemplar tropicalista: Caetano tira Vicente Celestino pra dançar. Assistindo ao baile, dentro dele, embalados pelo som, compreendemos a beleza do gesto de Gil, tirando Jackson do Pandeiro pra dançar, ou Catulo, enquanto Gal desfila com Dalva de Oliveira, Capinam rodopia com Ângela Maria, e Torquato com Marlene. Caetano chama Dolores Duran para o meio do salão, encantado com a simplicidade excêntrica de Jorge Ben. Tom Zé repassa o som com Carmen Miranda. Rogério Duprat troca dois dedos de prosa com Tom Jobim. Os Mutantes coreografam o samba do parangolé, Oiticica dá o braço a Cartola, e João Gilberto puxa Ary Barroso para um canto e deixa o violão com Dorival Caymmi. A roda se abre. A festa se anima. Pares formam-se juntando personalidades culturais, sociais, estéticas distantes no espaço e no tempo, no estilo, no balanço. Caetano tira o bolero do armário e gira na varanda. Gil dá a mão a Gonzaga e distribui sanfonas para os roqueiros. Como não é possível entender ou curtir a festa de fora, o jeito é participar. Mas o conhecimento possível está cifrado no modo pessoal do depoimento, do envolvimento. A conversa musical é contagiante, não anula diferenças, não dissolve identidades, joga com elas e, por isso, elas só resistem se forem porosas e permeáveis.

É verdade que soa excessivamente metafórica a referência a festa, baile, rodas de conversa e de samba, pares que se formam e dançam. Não obstante as aparências, a descrição é muito menos metafórica do que parece. O que quero dizer é isso mesmo. O tropicalismo não se realiza no reino das ideias e das estruturas sígnicas. Seu terreno de ação é o chão da festa, é a rua, a praça, o lugar de encontro mais democrático e inclusivo que se possa imaginar, sem vetos prévios e crachás, sem ingressos pagos e cadeiras vip. Sua intervenção no campo da cultura dá-se sob a forma de convite a interlocuções e parcerias, sob o modo de interpelação a todas as audiências radiofônicas e televisivas. O movimento tropicalista organiza e patrocina uma série de performances de personagens cujo carisma só é comparável ao talento transgressor e compassivo, amoroso e irônico, lasso, volúvel, promíscuo e esteticamente rigoroso. O tropicalismo inaugura uma dramaturgia para narrar a nova genealogia da cultura popular brasileira e apresenta ao distinto público um elenco de jovens que não cabiam nas classificações disponíveis. Por tudo isso, o movimento tropicalista requer uma etnografia antes que uma semiologia, uma sociologia antes que uma crítica estética. Exatamente por esses motivos, as interpretações tradicionais do Brasil põem-se em tela de juízo quando o álbum-manifesto chega às melhores casas do ramo e às mais remotas e improváveis. A mensagem tropicalista perturbadora e desestabilizante não se decifra na lógica das estruturas musicológicas e poéticas: esteve todo o tempo na ponta da língua dos atores, a depender de suas iniciativas, de seu empreendedorismo, de sua liderança, de sua capacidade de convocação e mobilização, de sua sintonia com o mercado e com os segredos da indústria cultural. Caetano soube valorizar a jovem guarda de Roberto e Erasmo Carlos, mas teve o tino de ocupar o proscênio, deslocando as platitudes adolescentes que vendiam gato por lebre e não teriam fôlego para conduzir a juventude na travessia da longa noite. Fundamental é isto: o tropicalismo logrou restabelecer o regime de relação com a alteridade no registro eu-tu.

O efeito histórico foi extraordinário e até hoje insuficientemente valorizado: o movimento tropicalista e os desdobramentos que o transcendem — embora permanecendo fiéis a seus princípios — formaram nova audiência, novo mercado, nova sensibilidade, uma estética da recepção libertária e generosa, compatível com a vitalidade exuberante de uma democracia cultural dinâmica, inclusiva e criativa, que o Brasil jamais conhecera antes. Tom Zé o diz com admirável lucidez em seu depoimento para o documentário *Tropicália*, dirigido por Marcelo Machado.

Retomo outro ponto decisivo: o que caracteriza a dinâmica performática tropicalista é a predominância da relação eu-tu entre os parceiros diretos ou indiretos, voluntários ou acidentais, entre o protagonista e as tradições culturais que interpela, entre cada autor e a linguagem herdada, porque a matéria-prima das canções é parte integrante de uma comunidade de sentido, participa de uma linhagem cuja dignidade é reconhecida. O que vale para o passado vale para o presente, permitindo a extensão interminável do campo de interlocução.[6]

Esta é a linha evolutiva da música popular brasileira de que fala Caetano Veloso: em vez de linearidade sequencial e aperfeiçoamento progressivo, linha e evolução significam ampliação

---

[6] Roberto Schwarz apresenta análise brilhante, revendo interpretação anterior, mas ainda se situando em distância crítica no ensaio "Verdade tropical: um percurso de nosso tempo" (2012). Nossas perspectivas são inteiramente diferentes, quando não opostas, mas a reflexão de Schwarz deve ser citada por sua relevância.

do espectro de abrangência da interlocução criativa e expansão do repertório de realizações e possibilidades. Mais: significa relação entre autores e obras em um circuito dinâmico, aberto e inclusivo de trocas. Significa a sucessiva extensão da roda de reciprocidade e a potencialização do diálogo crítico que, mesmo nas diferenças e tensões, valoriza os interlocutores, reafirma o pertencimento comum a uma linhagem e a reinventa, renegociando a cada passo seu sentido e suas implicações. O povo negro, o samba, as tradições populares, as novas formas do rap, do hip-hop, do funk, tudo aquilo que é musical e mexe com o corpo e a alma não permanece indiferente à roda de bambas, onde sempre cabe mais um(a). Nada de geleia geral. Polifonia, diferenças, choques, mas sempre no circuito das trocas, que a internet ampliará e requalificará. A tal ponto se intensifica e se expande a pulsão produtiva da cultura popular brasileira, especialmente em sua vertente musical, esticando os fios de ligação da rede — como para tirar som da tensão —, que já não tem cabimento falar em sincretismo, porque seu contrário não faz mais nenhum sentido. Pureza não há e, por isso, a geleia geral como categoria de acusação esgotou o prazo de validade. Tampouco prospera a vanguarda, entendida como tradição da ruptura. No âmbito do tropicalismo, o campo musical desdobra-se em múltiplas topologias, mas o que predomina — como na dinâmica do parangolé — é a continuidade nas metamorfoses e diferenças, apesar delas e por meio delas. E os ritmos operam as passagens. O break não quebra nada; faz parte do contínuo, a sequência o incorpora.

Volto à reflexão de Wisnik sobre o drible e ao poema de João Cabral de Melo Neto que lhe serviu para exemplificar o funcionamento da elipse, "Tecendo a manhã" (de *A educação pela pedra*, 1966):

Um galo sozinho não tece uma manhã:

> *ele precisará sempre de outros galos.*
> *De um que apanhe esse grito que ele*
> *e o lance a outro; de um outro galo*
> *que apanhe o grito que um galo antes*
> *e o lance a outro; e de outros galos*
> *que com muitos outros galos se cruzem*
> *os fios de sol de seus gritos de galo,*
> *para que a manhã, desde uma teia tênue,*
> *se vá tecendo, entre todos os galos.*

A movimentação mal se vislumbra, mostra-se por seu efeito porque o verbo "lançar" é suprimido, projetando-se a ação para a frente sem que se acompanhe a descrição de cada sequência: supressão que é soma, eis a elipse. O resultado é belo como o processo, ambos independentes, dada a omissão da passagem entre causa e efeito: "A manhã, toldo de um tecido tão aéreo/que, tecido, se eleva por si: luz balão".

Não por acaso evoco Wisnik. Assim como no drible que se faz como o passo claudicante convertido em "baile", combinando continuidade e descontinuidade, o circuito de trocas ou o campo de conversa musical e poética aberto pelo tropicalismo articula continuidades e descontinuidades.[7]

Wisnik pensa o futebol e associa o drible à elipse, por aí conectando o jogo à ambivalência matricial da cultura brasileira — ambivalência que também pode ser entendida como supressão e soma. Creio não deformar sua intuição primorosa se a estendo à nova dinâmica da cultura brasileira, que vem reorganizando o espaço musical desde a explosão tropicalista, aos

---

[7] Há personagens picarescos nas mitologias indígenas e populares que usam a deficiência de seu movimento físico como recurso para ludibriar os inimigos e operar mediações entre planos distintos, como natureza e cultura, a humanidade e o mundo espiritual. Saci Pererê não está sozinho nem Garrincha foi o único clown genial.

trancos e barrancos, elipticamente. Nesse caso, deve-se compreender a elipse como uma das estratégias privilegiadas de ligação entre o novo e o tradicional. Insisto no ponto-chave: ambos os polos, o novo e o tradicional, redefinem-se mutuamente nessa relação, ambos renegociam o pertencimento comum a um campo que se expande, garante continuidade, legitima novas genealogias e incorpora diferenças. Conforme sublinhei, as descontinuidades convertem-se em ritmo, isto é, em parte do jogo, parte da conversa que prossegue. Incorporação aqui nada tem a ver com domesticação reducionista que obsta mudanças. Tem a ver com permeabilidade à mudança.

No ambiente em que impera o regime eu-tu de sociabilidade, quem disser "eles", excluindo algum segmento criativo, correrá o risco de morder a língua, vendo-se em breve cantando em dueto com o Outro, reatando uma relação eu-tu. Não porque tudo seja possível, mas porque os atores continuam vivos e renegociam suas relações com valores, opções estéticas e referências, dentro e fora do país. Essa rede se globaliza depressa. Nasceu transnacional. E o tropicalismo derrubou barreiras. Quando Caetano e Gil vestiram os parangolés de Oiticica, experimentaram o desajuste da capa colorida como impulso ao movimento da dança. Nesse momento, assumiram um tipo de protagonismo cuja virtude depende do reconhecimento dos outros corpos no espaço, depende da atenção ao desenho ágil de suas coreografias imprevisíveis, livres, individualizadas, porém indiretamente coordenadas pela percepção comum de pertencimento à mesma arena — em expansão.

Caetano e Gil já não são tropicalistas, porque o movimento foi um evento datado. Mas permanecem fiéis ao que deu sentido ao movimento e o fez perdurar por seus efeitos, até porque seus efeitos não são mais do que a perpetuação do novo regime de relação com a alteridade a que deu origem. Em vez de substituir uma classificação antiga, populista ou elitista e careta por outra, o tropicalismo suprimiu a ordem das classificações, pondo em seu lugar a continuidade como experiência e valor. Continuidade que em nada é conservadora ou acrítica, daí a importância da paradoxal categoria evolução, adotada por Caetano, cujo significado, como vimos, não é linear-evolucionista. Continuidade aqui aponta para movimento e relação, mais especificamente para relação em movimento. O que evolui (expandindo-se — aqui quantidade é indissociável de qualidade) é o repertório não só das obras valiosas, mas dos valores, das possibilidades de (re)criá-las, dos meios de produzi-las e de fazê-las circular, ressignificando-se na circulação. Por isso evolução aponta para o futuro e também para o passado. Sublinho o caráter múltiplo da continuidade: trata-se de um modo de ser e agir na relação com o campo musical e seus atores, de um modo de pensar correspondente a certos valores. Portanto, continuidade, aqui, é experiência, categoria de pensamento e valor. Essa equação foi formulada desde o primeiro parangolé que impelia o movimento do corpo entre corpos, transformando o espectador em protagonista, colando percepção e uso, portanto sobrepondo inteligência e performance, pensamento e ação, interpretação e intervenção, fazendo coisas com palavras e palavras com coisas, e danças.

Quando afirmo que as classificações foram abolidas como modo de funcionamento das relações com os autores da música popular brasileira e suas obras (claro que o campo de referência não se esgota nesses limites), quero dizer que as classificações foram substituídas pela valorização radical da individualidade e a liberdade de suas escolhas autônomas. Entretanto, individualidade não implica individualismo fragmentário ou "egoísta", darwiniano ou típico do modelo utilitarista, uma vez que, no contexto desse argumento, predomina a relação eu-tu nos termos já descritos: relação regida pelo "amor", significando não menos do que respeito e reconhecimento da dignidade do outro. Recordemo-nos ainda que o "amor" não neutraliza a crítica e o afastamento, e as transformações, como vimos.

A "continuidade" e a afirmação culturalmente heroica da individualidade e de seu gesto livre tematizam de forma tácita, revertendo-a, a duplicidade ontológica instalada pela escravidão, recalcada pela memória social e insuficientemente desconstituída pelo igualitarismo democrático — plasmado na Constituição de 1988. O adjetivo "heroico" justifica-se: tratava-se de ousadia subversiva perante a ditadura e as homogeneizações que ela cobrava, cujos ecos à esquerda eram os coros unívocos.

Ousaria dizer que, além do nascimento do movimento negro, há duas grandes intervenções dissipadoras dos efeitos da dualidade ontológica, cujas significações mais dolorosas e profundas foram recalcadas na memória coletiva: a revolução cultural tropicalista e a formação do Estado democrático de direito, nos termos da Constituição de 1988, ainda que sua implantação prática esteja distante. A história do samba e do futebol, assim como conquistas políticas e mudanças legislativas, representaram ao longo do século XX dinâmicas importantes, de grande impacto, contrárias à perpetuação traumática da grande divisão. Porém, os dois eventos referidos, além da afirmação histórica da consciência negra organizada, situaram os avanços anteriores em novo patamar, oferecendo-lhes novas condições de possibilidade para seus desdobramentos.

Dramatizando a *autopoiesis* da individualidade solidária e participativa, e recusando clivagens excludentes (símbolos indiretos da grande violência brasileira, a escravidão), o tropicalismo foi e ainda é fundamental para a história dos direitos humanos no Brasil, para a metabolização cultural não dos conceitos intelectuais, mas dos sentimentos, dos valores e das experiências que lhes dão sentido.

7.
Capitalismo autoritário, novo individualismo e a superação da divisão ontológica[1]

7.1. O individualismo radicalizado pode gerar seu avesso

A economia de mercado, quanto mais se complexifica e dinamiza, mais estimula o desenvolvimento do que se convencionou chamar individualismo, uma forma de vida, de visão de mundo e de relacionamento com os outros cujas características são o egoísmo, o privilégio exclusivo concedido ao interesse próprio e a competitividade sem limites. Ocorre que esse processo carrega consigo um potencial revolucionário. Em outras palavras, a formação do indivíduo como experiência subjetiva — correspondente à afirmação da individualidade como categoria cultural, como valor e como sujeito de direitos — abre a possibilidade de que os seres humanos se reinventem criativamente, tomando a si mesmos como "obras de arte", estilizando suas vidas, rebelando-se contra classificações sociais que os aprisionem nas gavetas — por exemplo dos gêneros, entre tantas outras. Claro que essa possibilidade criativa não se inscreve apenas como contradição e emergência disruptiva no processo de desenvolvimento do capitalismo. Há outras dinâmicas históricas e outras ambiências culturais — em sociedades originárias, por exemplo,

---

[1] Uma das partes deste capítulo incorpora e desenvolve palestra que proferi no Instituto de Ciências Sociais da Uerj em 26 de maio de 2015. Agradeço aos organizadores pelo convite, especialmente a Helena Bomeny e Maria Claudia Coelho, diretora do novo instituto.

como veremos adiante — que apresentam afinidades eletivas e oferecem condições para a consolidação, mais ou menos universalizada, dessa modalidade de formação subjetiva. Além disso, há sempre as excepcionalidades, de que está repleta a história humana.

A radicalização da individualidade pode explodir a conexão obrigatória corpo-sexualidade-gênero, e essa é apenas uma ilustração do repertório ilimitado de alternativas abertas à criatividade humana. Essa mudança exige que a sociedade aceite a autodescrição sempre contingente e contextual como único critério de identificação de cada indivíduo. A mudança implica, portanto, a supressão de preconceitos, estigmas e classificações institucionalizadas. Suprimir o sistema de produção de identidades institucionalizado significa transformar as instituições e as estruturas de poder, afetando a ordem econômica.

Essas transformações são possíveis apenas se a demanda por respeito radical à individualidade deixar de ser individual, solipsista ou autorreferida e se tornar interpelação social em nome de valores universalizáveis. Nada mais gregário e politizado do que o movimento pelo direito à autocriação, até porque pressupõe a defesa da igualdade, da universalidade desse direito. E a defesa desse direito implica a demanda pela provisão por parte do Estado (quando e enquanto houver Estado) das condições materiais necessárias ao exercício desse direito e à sua fruição universal. O modo de produção capitalista não cabe nesse futuro possível: esse indivíduo (aqui considero o tipo ideal, isto é, o modelo que descreveria a nova realidade) não se confunde com o consumidor, o proprietário, o ator racional no sentido utilitário da palavra (que age apenas calculando custos e benefícios), não é cooptável e não está disposto a aceitar de forma passiva a naturalização das instituições, das leis, do poder e do status quo. Trata-se de um sujeito resiliente e impetuosamente anti-hegemônico.

A realização desse direito também depende de uma linguagem compartilhada e do pertencimento a uma comunidade — composta por sujeitos diversos mas regidos pelo princípio da igualdade. A articulação entre essas comunidades engendra uma coalizão política cuja bandeira e razão de ser é a universalização do direito à livre autoexploração da individualidade. A autoexploração tende a promover o encontro com a alteridade no "interior" do sujeito, experiência que o prepara para um reencontro mais aberto, solidário e humilde com o Outro externo. Por humilde aqui se entende a postura que decorre da consciência da própria finitude, sabendo-se que a consciência dos limites é condição do reconhecimento do Outro como um igual, isto é, um sujeito de direitos na diferença.

O potencial transformador intrínseco à dinâmica capitalista converte, portanto, o individualismo em seu avesso, pela mediação de um processo que o valoriza como categoria, experiência e valor. Há um ganho importante nessa via de promoção de mudanças: o indivíduo estando no centro, perde sentido o instrumentalismo que o reduz seja a mercadoria, seja a meio a ser sacrificado em nome de fins supostamente mais elevados. Os direitos humanos, a dignidade da pessoa ganham assim lugar prioritário.

É evidente que esse fenômeno só se torna transformador, socioeconomicamente, quando se politiza, isto é, quando se converte em movimento coletivo, politicamente orientado para a promoção das mudanças estruturais. Por isso não pode ser o único fator — claro que há as classes e seus conflitos, e também inúmeras lutas específicas, como as das mulheres, dos negros, dos indígenas e de tantas minorias oprimidas — nem será necessariamente o mais importante, mas creio que tende a ser cada vez mais relevante e, assim sendo, qualificará do ponto de vista ético (ou mesmo estético) a política e as mudanças. Até porque o que está em jogo no fenômeno individualizante são dinâmicas que atravessam e potencializam os diversos movimentos. A chamada política de identidades se fortalece com a emergência da individualidade radicalizada e tende a realizar potenciais universalizantes, superando fronteiras que ainda separam as lutas, na medida em que dilui as próprias identidades pessoais e grupais, expandindo o campo das experimentações de si e da sociabilidade — isso exige liberdade democrática radical e a consagração de uma ética eminentemente anticlassificatória,[2] antidiagnóstica[3] e não punitivista. Longe de uma visão anarquista ingênua e, na prática, divisionista e desmobilizadora, estamos diante da necessidade imperiosa de reconhecer o papel das instituições.

Nossa questão, portanto, passa a ser: como a sociedade brasileira se relaciona com a emergência desse tipo radical de individualismo, estimulado de modo paradoxal pelo próprio capitalismo (em nosso caso, periférico e autoritário) e que potencialmente escapa a seu domínio ou à sua cooptação? De que modo a história nacional de racismo, desigualdades, exclusões, migrações, rupturas, continuidades e reinvenções se articula com o fenômeno global da individualização, sempre variável de acordo com contextos locais? Faz sentido conceber como utopia pós-estatal e radicalmente democrática o "comunismo das individualidades"? Para responder, é recomendável começar por uma reflexão sobre o desenvolvimento do capitalismo à brasileira e as oscilações da individualidade.

---

[2] Trabalhei esse tema em Soares (1999). [3] A medicalização psiquiátrica, a despeito de suas contribuições, constitui um dos ingredientes mais perigosos do congelamento acusatório dos sujeitos, isto é, das classificações que dizem ao sujeito "o que ele é", fixando-o no que, eventualmente, ele tenha sido, ou melhor, fixando-o na posição de sujeito de atos pregressos, cuja qualidade a ele se transmite, metonimicamente, como se fora sua natureza ou sua essência — condenando-o, portanto, e o paralisando.

7.2. O capitalismo autoritário brasileiro

Iniciemos pela reflexão sobre o paradoxal declínio de uma tese vencedora, cuja virtude estava na abrangência multidisciplinar de sua abordagem, pois tratava história, sociedade, política, cultura e economia como dimensões organicamente interconectadas. Passo a expor em detalhe meu tema e os motivos pelos quais o considero pertinente.

Inspiradas em Lênin, autor de *O desenvolvimento do capitalismo na Rússia* (1946a; 1946b; 1964; 1970), em Gramsci (1968) ou em Moore Jr. (1969), com matizes distintos e conclusões convergentes, importantes obras de cientistas sociais brasileiros, publicadas nas décadas de 1960 e 1970, destacaram a indissociabilidade entre economia e política nos processos históricos de modernização ou construção do capitalismo. Otávio Velho (1976) escreveu sua tese de doutorado sobre o capitalismo autoritário brasileiro. Observem: não focalizou o regime autoritário e o capitalismo, mas as peculiaridades intrinsecamente autoritárias do capitalismo, tal como se implantou entre nós. Werneck Vianna (1999; 2004; 2011) escreveu e ainda escreve sobre modernização conservadora ou revolução passiva, identificando, pelo viés de releituras de Gramsci, fenômenos análogos aos estudados por Otávio Velho. Vários outros autores, como Carlos Nelson Coutinho (1979; 1999; 2012), César Guimarães (1972), Elisa Reis (1980), Luciano Martins (1968; 1976) e Florestan Fernandes (1975), em certa medida, com categorias distintas, pensaram a evolução do capitalismo brasileiro pelo prisma do que se convencionou chamar "via prussiana", seja no sentido de Moore, seja na acepção de Lênin.

Foi uma forma criativa de evitar o antigo duelo político-intelectual entre os que enfatizavam o caráter pré-capitalista de nossa economia, que se industrializava atrelada à âncora regressiva do arcaísmo agrário, e os que, sobretudo ante o *fait accompli* pós-golpe de 1964, subestimavam os dilemas anteriores, definindo a formação social brasileira como inapelavelmente capitalista, à moda clássica e universal. A especificidade brasileira mostrava-se antes particular do que singular. Essa ótica permitia integrar comparativamente nossa história ao feixe das trajetórias de outras nações sobre as quais acumulara-se bastante conhecimento. A metodologia histórico-comparativa descerrava novos flancos de reflexão e pesquisa. Por outro lado, essa abordagem autorizava a incorporação de contribuições centradas em aspectos socioculturais, oferecidas pelos notórios "intérpretes do Brasil", que destacavam, por exemplo, o patrimonialismo, numa vertente weberiana[4] — penso em Raimundo Faoro (1975) e Simon Schwartzman (1982) —, ou a resistência a valores republicanos, na linha de Sérgio Buarque de Holanda (2015) e de seu conceito "cordialidade". Nesse âmbito, cabiam formulações valiosas, como as de Roberto DaMatta (1979), Antonio Candido (1970), Roberto Schwarz (1977; 1992; 2008) ou José Murilo de Carvalho (1998).

Para o epicentro das polêmicas confluíam não só obras vinculadas às ciências sociais ou à história e à economia — penso, por exemplo, em Ignacio Rangel (1953), Alberto Passos Guimarães (1968) e Caio Prado Jr. (1962; 1966) —, como a literatura (nas querelas do neoconcretismo com Ferreira Gullar e a geração 45, e com a incandescente redescoberta de Oswald de Andrade pelos irmãos Campos), as artes plásticas (Helio Oiticica reina, aqui, soberano), a música (a bossa nova e o revolucionário tropicalismo de Caetano Veloso e Gilberto Gil), o teatro (do CPC a Augusto Boal, Oduvaldo Vianna Filho e José Celso Martinez Corrêa) e o cinema, com o genial messianismo de Glauber Rocha, ao lado das inspeções urbanas do profeta

---

4 Helio Jaguaribe (1950) sugeriu esta abordagem escrevendo sobre o Estado cartorial.

Nelson Pereira dos Santos e de seus herdeiros, como Cacá Diegues, Arnaldo Jabor e o brilhante Rogério Sganzerla.

Via prussiana, autoritária, modernização conservadora, revolução passiva (deixemos de lado a linhagem que estrutura a análise histórica a partir da categoria patrimonialismo, porque, apesar de similitudes, há diferenças profundas):[5] instaurou-se uma plataforma conceitual comum, a despeito das divergências teóricas e políticas. Talvez nos últimos cinquenta anos, no campo intelectual, nunca tenhamos chegado tão próximo ao que se pudesse denominar consenso, com todas as devidas cautelas e reservas. Não entendo consenso como coincidência de concepções teóricas e metodológicas, conclusões e pressupostos, mas como a formação histórica de condições de possibilidade para a identificação compartilhada dos pontos de divergência e da hierarquia de prioridades. Por isso, e este me parece um bom exemplo, a produção da USP opôs-se ao Iseb, acusando a falta de independência científica que lhe obstruíra a análise crítica do populismo getulista, mas acabou por se defrontar com seus próprios limites quando questionada pelas formulações relativas aos tipos de desenvolvimento capitalista, as quais recolocaram os problemas em novo patamar de complexidade e articulação conceitual.

O debate em torno do desenvolvimento do capitalismo no Brasil, desde a década de 1960 até meados dos anos 1980, talvez tenha sido o que mais se aproximou do modelo ideal do diálogo. Entretanto, depois que a problemática afirmou-se e firmou-se no centro das disputas político-intelectuais, o diálogo não se aprofundou nem se desdobrou senão de modo limitado, circunscrito a determinadas publicações ou a certos ambientes acadêmicos e extra-acadêmicos. Reapareceu, por exemplo, no debate entre Richard Morse (1988) e Simon Schwartzman,

---

5 Caberia sugerir consulta à obra de Brandão (2007).

para o qual concorreram Werneck Vianna, Otávio Velho, José Murilo de Carvalho (1998), José Guilherme Merquior (1982; 1983) e Lucia Lippi Oliveira (2001a; 2001b), entre outros. O extraordinário é que a convergência dissipou-se sem sequer um réquiem, um atestado de óbito ou a declaração de que o prazo de validade, por alguma razão fortuita, se esgotara. Desvendar este segredo talvez nos conduza ao coração de nossa história intelectual recente. A maioria dos autores não reivindicou mudança de opinião, apenas afastou-se do objeto. Não se voltou ao assunto, por assim dizer. Claro que há exceções. Werneck Vianna, por exemplo, continua publicando, incessantemente, insistindo na tese. E Otávio Velho nunca chegou a abandonar o fio da meada. Mas não tem sido essa a regra.

À emergência fulgurante dos conceitos, seguiu-se o silêncio. A abordagem que parecia ambicionar a hegemonia refluiu, enquanto o Brasil transitava para a democracia, diluindo as diferenças destacadas nos modelos analíticos, em cujos âmbitos a política não se resumia ao desenho institucional. Tal perspectiva, vê-se, caso aplicada ao Brasil da segunda metade dos anos 1980, tenderia a provocar um decepcionante anticlímax não por desprezar a institucionalidade jurídico-política, mas por relativizá-la. A consequência da aplicação do modelo que apela a tipos de modernização, ou de capitalismo, não seria necessariamente a adesão ao marxismo, mas a convocação da sociologia, da antropologia e da história para a pesquisa e a reflexão. O modelo não convinha nem ao momento, ao espírito da nova época que se inaugurava com a redemocratização, nem ao novo contexto que se desenhava na academia: chegara a hora dos especialistas e dos homens e das mulheres que calculavam, dispostos a sepultar de vez os hábitos arcaicos do ensaísmo e da irreverência disciplinar.

O fato é que, salvo melhor juízo, o debate foi abandonado por boa parte de seus protagonistas sem que tenha sido desautorizado por novos e persuasivos argumentos, capazes de formar novo consenso, repelindo o anterior. Intuo que a neutralização do quase consenso guarde relação com a lenta, gradual e progressiva despolitização do debate intelectual brasileiro ou, o que dá no mesmo, com sua migração para arenas partidárias ou ideológicas, por conta da nova divisão do trabalho intelectual, envolvendo a autonomização dos saberes, das disciplinas e das especialidades. A economia foi sequestrada pelos economistas, encantados pelo fetiche do cálculo, vislumbrando sua transfiguração em ciência exata. A política, em parte, seguiu destino análogo, confundida com a institucionalidade política e com os processos eleitorais, e transformada em objeto exclusivo dos cientistas políticos. A sociedade foi fatiada em componentes fragmentários, estudados por sociólogos e antropólogos, no varejo de projetos e teses — a etnologia foi e continua sendo um caso à parte, de extraordinária riqueza. Nada mais apropriado, caso se admita a hipótese de que nosso tempo é, intrinsecamente, refratário a grandes narrativas, teorias totalizantes e sínteses. A experiência esquartejada não pelo método, mas como destino, tornou-se, no campo acadêmico, a réplica especular e a racionalização da vida social contemporânea.

Impôs-se uma espécie de assepsia, expulsando ágrafos, perfeccionistas, obsessivos e experimentalistas — aqueles professores e pesquisadores refratários ao tempo da burocracia e às rotinas mecânicas das chancelas ritualizadas —, independentemente do valor de seu trabalho com e entre colegas e estudantes. Operou-se uma recodificação de prioridades, critérios de legitimidade, referências valorativas. Em poucas palavras, centralizaram-se fontes de recursos, mecanismos de avaliação, cooptação e reprodução, sob condições micropolíticas bastante específicas e estáveis. Interesses corporativos de departamentos, associações ou de subgrupos ligados a entidades acadêmicas substituíram engajamentos políticos em sentido amplo, preservando a academia, salvando-a, por assim dizer, da conspurcação ideológica que supostamente macularia a verdadeira e boa ciência ou redimindo-a dos pecados supremos da erudição, do diletantismo ou da experimentação formal.

O processo de assepsia implica o seguinte: a militância das novas gerações, considerando-se em paralelo a decadência dos partidos políticos enquanto escolas de quadros e processadores de tradições, é deixada aos cuidados de si mesma, ou melhor, é entregue à fritura grosseira e caricata da fast food ideológica. Resultado: na esfera do ativismo, não há mais lugar para aprender a pensar e operar mediações, nem onde sensibilizar-se para reconhecer nuances, contradições, valorizando a dúvida e a incerteza. A celeridade da produção em massa de diplomas, no contexto das especialidades, costuradas entre si por bons sentimentos, quando não ressentimentos, generalidades e retóricas maniqueístas, aponta para um horizonte mais adorniano e sombrio do que sintonizado com a notável vitalidade dos jovens oriundos de periferias e favelas que hoje chegam às universidades no Brasil e que constituem a grande esperança de renovação.

Consideremos, então, que o diagnóstico permaneça fundamentalmente correto, ainda que as profundas mudanças que têm marcado o capitalismo financeiro globalizado contemporâneo exigissem atualização das teses formuladas para uma realidade pretérita. Todavia, suponhamos que o diagnóstico permaneça válido, porque, naquilo que é essencial, estou convencido de que, sim, permanece correto: o modo pelo qual política e economia se relacionam não se alterou, a despeito das mudanças no regime político. O que isso significaria para a hipótese analítica, aplicada à sociedade brasileira, segundo a qual o individualismo radicalizado pelo capitalismo contemporâneo pode se converter em seu avesso e voltar-se contra seu domínio sobre as relações sociais? Em outras palavras: o capitalismo autoritário periférico também promoveria a radicalização do individualismo e seria por ele potencialmente desconstituído, como ocorreria sob o império do capitalismo central, resultante da realização histórica da chamada via democrática de desenvolvimento? A resposta é positiva, embora enfrentando obstáculos muito peculiares.

Antes de responder, é preciso definir capitalismo autoritário, reconhecendo que o autoritarismo, mesmo eventualmente amenizado pela institucionalidade política liberal, é constitutivo do modo de produção capitalista, qualquer que seja sua configuração histórica. As especificidades fazem diferença significativa e as formas de exercício do autoritarismo são distintas. Vejamos o que diz Pablo Semán, prefaciador da recente tradução para o espanhol da obra *Capitalismo autoritário e campesinato*, de Otávio Velho:

> *Las posiciones estructuralistas de los años sesenta y setenta insistieron en la necesidad de dejar de lado la particularidad histórica, no para negarla, sino para intentar subrayar que el capitalismo, en algunas de sus figuras, tiene necesidad de que la política termine de consumarlo. La posición de Velho recoge esa inspiración, reteniendo la idea de que en ciertos capitalismos esa articulación entre economía y política tiene un principio de organización, pero sin negar ni las posibilidades de los agentes, incluso los subalternos, ni afirmar la reproductibilidad eterna del sistema. Registra si, de forma contundente, la necesidad inmanente de política que tiene un capitalismo que debe asegurarse, todo los días, la sujeción de la fuerza de trabajo "libre". La abstracción en que se afirma esto hace que su modelo no refiera ni a un capitalismo atrasado ni al capitalismo dependiente (aunque cualquiera de estos dos puedan ser autoritarios).* (Semán, 2014, p. 21)

Mais adiante, afirma:

Brasil presentó la tendencia a los cambios graduales que sólo son perceptibles en el tiempo, por acumulación y sedimentación. Más aun, se trata de cambios que representados con rótulos grandilocuentes, que deben ser analizados críticamente, encubrían una compleja dialéctica de síntesis sin superación en la que el pasado es retenido en el presente, se proyecta al futuro y es posible que el cambio ocurra de formas "no progresistas". [...] En esa dinámica de transformaciones controladas, subordinadas a una forma de ordenamiento social que parecía capaz de asimilar en su estructura muy variadas diferenciaciones funcionales, se consigna lo que Velho llama "el desarrollo capitalista de un sistema originalmente basado en la sujeción de la fuerza de trabajo, a través de una transformación gradual y no revolucionaria".

En tal contexto de cambio y permanencia, el capitalismo autoritario *contrasta con el desarrollo capitalista burgués. Como desarrollo específico surge una diferencia nítida con el capitalismo "clásico". Su relación con el régimen político es dispareja: puede haber* capitalismo autoritario *sin régimen autoritario (incluso el* capitalismo autoritario *podrá ser cosmopolita y liberal), ya que el* capitalismo autoritario *se define en el desarrollo histórico no sólo por una forma de relación entre lo político y lo económico, sino, específicamente, por el hecho de que [...] tiende a mantener los mecanismos de acumulación originaria. Podríamos plantear una analogía quizás irónica para iluminar este punto: si desde la perspectiva de Trotsky la dirección proletaria en la revolución era la de la revolución permanente, la dirección del capitalismo conducido por las élites brasileñas es la de una 'transición permanente' en la que la acumulación originaria es el presente eterno.* (Semán, 2014, pp. 27-8)

Finalmente, Semán conclui:

> *El concepto de que el* capitalismo autoritario *supone que una forma de relación entre política y economía que opera en la producción del campesinado, en la que la acumulación originaria parece un presente eterno, y en la que las élites parecen renovar, en cada etapa de transformaciones funcionales, las mismas relaciones estructurales, no es una simple ilustración de un modelo teórico. Es más bien el resultado de la elaboración de los* impasses *de las ciencias sociales latinoamericanas para pensar el capitalismo "atrasado", "subdesarrollado", "dependiente".*
> (Semán, 2014, p. 28)

Segundo Otávio Velho, a exploração extrema da força de trabalho com alguma estabilidade, à qual se contrapõe a resistência dos espoliados, supõe a subordinação política (à qual serve muito bem o instituto da representação tal como praticada no Brasil, caracterizada pela cooptação por parte dos grandes interesses) e da consciência, para empregar vocabulário tradicional. Hoje, destacaríamos a dimensão inconsciente desse domínio. Registre-se que o mercado opera a despeito das peculiaridades do Estado, e o impulso rumo ao individualismo dá-se com o ímpeto correspondente à afirmação hegemônica do capital — agora, financeiro. Aqui se coloca a questão: o processo de inversão do individualismo de algum modo modificaria esse quadro? A resposta é positiva, desde que se entenda que modificar não significa, necessariamente, a extinção da velha ordem econômica. Mas por certo implica resistência à sua dinâmica de reprodução.

Uma forma complementar de compreender a peculiaridade do autoritarismo próprio ao capitalismo brasileiro seria pensá-lo como uma configuração de relações econômicas que tendem a potencializar o individualismo, o qual, entretanto, teria se amasiado com a hierarquia (anti-individualista por definição), moldando, como já vimos no capítulo 2, a sociedade do "você sabe com quem está falando?" (DaMatta, 1979).[6] O amálgama proviria da natureza mesma do capitalismo "tupiniquim", que se desenvolve, transforma e moderniza, preservando tipos tradicionais de relação socioeconômica, de tal forma que, por exemplo, o patrimonialismo pôde ser incorporado por uma economia que, portanto, apenas em parte é regida pelo mercado. Contudo, a dinâmica que predomina é a do capitalismo e, portanto, do individualismo, embora predomínio não implique exclusão dos elementos subsumidos no processo.

7.3. A pluralidade brasileira de experiências da individualidade e o horizonte de sua radicalização

A fase do hibridismo, descrita acima, dá mostras de estar sendo ultrapassada, seja pela dinamização do mercado, a transnacionalização, a complexificação da divisão do trabalho, que abalaram antigas estruturas relacionais verticalizadas, seja pelas transformações culturais profundas em curso, seja pela vigência (ainda que parcial) de uma Constituição democrática desde 1988, inaugurando a etapa dos direitos e abrindo a política à participação popular, a despeito de seus limites. No entanto, mesmo que o modelo hierárquico não defina a sociedade brasileira, continuam em curso transições "pelo alto", por meio de pactos entre elites, excluindo-se as classes subalternas. Isso reduz o grau de politização das camadas populares, restringe seu protagonismo e obsta a radicalização libertária do individualismo (a radicalização a que nos referimos, vale insistir, é a que inverte o sentido, o sinal político, psicológico e ético do individualismo moderno). Obsta, mas não tem força suficiente para bloquear inteiramente

---

[6] Afinal, como se vê, os processos econômicos e culturais exercem profundo impacto social. As questões relativas a comportamentos e modos plurais de vida são tão centrais quanto as vias de desenvolvimento.

a emergência da nova individualidade. Os sintomas desse fenômeno dão-se a ver no cotidiano, marcado por conflitos cada vez mais duros entre a criatividade na estética de si e as reações conservadoras. Soa coerente: ambiente conservador numa sociedade exportadora de bens primários, até hoje situada na periferia do capitalismo, e que, dado o abismo das desigualdades, recorre rotineira e despudoradamente à disciplina militarizada, imposta pela força das armas, à sombra da legalidade constitucional e com o beneplácito do Ministério Público e da Justiça. Por outro lado, a definição do Estado como detentor monopolista dos meios de força legítima não se aplica com propriedade ao Brasil, assim como a soberania tem se mostrado muito relativa. Nesse quadro, até que ponto tem sentido falar em Estado democrático de direito? Existe na forma, não na substância, não na prática, para as populações que vivem em territórios vulneráveis, sobretudo para os negros, para militantes dos direitos humanos no campo e os que lutam pela terra, ou para as sociedades originárias.

Como não há retorno na história, tudo indica que o máximo que o obscurantismo reacionário — atrelado ao capitalismo e a seus agentes dominantes — tem alcançado é a ampliação da presença evangélica vinculada à teologia da prosperidade, como uma espécie de solução de compromisso entre a modernidade individualizante e os freios da contrarreforma regressiva. O neoliberalismo ascendente se associa ao conservadorismo dos costumes, bloqueando, entre outras manifestações do novo indivíduo que emerge, a revolução feminista contra o falocentrismo, em geral, e a velha ordem familiar patriarcal, em particular. Por isso é tão importante para as forças religiosas conservadoras a demonização das substâncias psicoativas, das experiências extáticas que alteram a consciência e das tradições místicas e religiosas afro-brasileiras, as quais colocam em tela de juízo a identidade-a-si do sujeito e a idealização da consciência substancializada, fundamento dos dogmatismos, do autoritarismo e da onisciência intolerante etnocêntrica e preconceituosa.

Transes e possessões rituais impõem uma torção à problemática do "eu" porque sublimam e transfiguram o sujeito. Tais experiências fazem parte de tradições afro-brasileiras e também das culturas das sociedades originárias.

> Os povos da floresta enriquecem o repertório global com seu patrimônio fascinante de experiências extáticas com substâncias vegetais sagradas, as chamadas "plantas de poder", que estalam o "eu", subvertendo sua ilusória unidade, enquanto o conduzem por *paisagens mentais remotas nos estados alterados de consciência*. Nada a ver com as viagens lisérgicas das curtições hedonistas; tudo a ver com a duríssima descoberta da finitude e da irreversível vulnerabilidade do sujeito. (Soares, 1993)

Subestimar a importância, para a experiência da individualidade (como categoria, valor e experiência), do xamanismo, do misticismo, do universo de crenças e práticas religiosas que exercitam o transe e a possessão seria tão estúpido quanto construir a torre de Babel. Mas aqui é preciso atenção: o que se afirma não se confunde com exaltação do irracionalismo, até porque o avesso da racionalidade utilitária do individualismo liberal não é a irracionalidade. Tampouco significa idealizar a porosidade dessubstancializadora das formações subjetivas não ocidentais típicas. Senão, vejamos.

Davi Kopenawa, principal liderança dos ianomâmis no Brasil, descreve sua iniciação como xamã, usando a yãkoana (2015, p. 135) na forma de líquido ou pó e sob a orientação de um xamã mais velho, seu sogro, permitindo-lhe virar outro (p. 146), "virar espírito" (p. 167) — o que implica uma forma de morte (p. 157) — e comunicar-se com os xapiris (espíritos), até o ponto em que ouvirá e compreenderá a "língua dos ancestrais animais" (pp. 157, 176). Registre-se que, para os ianomâmis, os seres humanos têm duplos animais (p. 175), cujos eventuais ferimentos nos atingem (p. 171). Kopenawa continua: "São eles também (xapiri) que rasgam nosso peito e aumentam seu tamanho para que os outros xapiri possam nele construir sua casa" (pp. 141-2). O processo é doloroso e aterrorizante para o neófito, até que seu "pensamento se abre. Começa enfim a ouvir os cantos dos espíritos e, pouco depois, eles começam a se revelar a seus olhos" (p. 165). O depoimento prossegue, corrigindo um primeiro entendimento superficial do fenômeno:

> No começo, como os outros, eu pensava que os xapiri moravam no peito dos xamãs. Mas estava errado, não é verdade. Suas casas [...] ficam noutro lugar, penduradas bem alto no peito do céu. Por isso os xapiri podem contemplar a floresta toda, por maior que seja. Da altura em que estão, nada escapa a seus olhos, nem nos confins da terra e do céu. Na verdade, são imagens deles, e de seus espelhos, que moram no peito dos xamãs. (pp. 164-5)

Eis o resumo da trajetória iniciática:

> Quando ficamos assim arrumados, carregam-nos (os espíritos) para as costas do céu e lá nos depositam no meio de uma clareira, onde fazem sua dança de apresentação. O chão dessa clareira é um grande espelho salpicado de penugem branca que cintila com uma luminosidade ofuscante. É tudo ao mesmo tempo magnífico e apavorante. É nossa imagem que os xapiri levam desse modo, para consertá-la. Primeiro a extraem de dentro de nosso corpo, para

depositá-la em seus espelhos celestes. Enquanto isso nossa pele, muito enfraquecida, queda-se estendida na praça de nossa casa, na floresta. *Então os espíritos extraviam nosso pensamento e nossa língua, para nos ensinar a sua.* Depois nos dão a conhecer o desenho da floresta, para que possamos protegê-la. Os xapiri são estupendos e resplandecentes. Parecem muito pequenos e frágeis, mas são muito poderosos. A partir de seus espelhos, revelam-nos a aproximação das fumaças de epidemia, dos seres maléficos da floresta ou dos espíritos do vendaval. Os brancos não conhecem isso. No entanto, é assim que, desde sempre, nossos maiores têm se tornado xamãs. Apenas seguimos seus passos. (p. 142, grifo meu)

Evidentemente, seria um absurdo comparar individualidades tão distantes entre si que, a rigor, nem merecem designação pela mesma palavra, até porque as cosmologias em que se inscrevem, o ambiente e as relações sociais (que no caso ianomâmi incluem o que chamamos "natureza" e cujo sentido equivocado atribuímos a uma realidade externa e diferente de nós mesmos) são inteiramente distintos. Entretanto, se o propósito é explorar um catálogo humano multidimensional dos processos de subjetivação e, nesse sentido, de construção de sujeitos e de individualização, estaríamos autorizados a ousadias comparativas artificiais, ao preço de tanta riqueza, que se perde. Nesse caso, além do exercício experimental de individualidades polifônicas e dialógicas, evocadas e praticadas no tropicalismo, é legítimo incluir no repertório o xamanismo.

Aqui pode ter lugar a audácia de afirmações mais pragmático-políticas (no sentido rortyiano) do que conceituais:

(1) A autocorrosão do capitalismo no Brasil, sobredeterminada pela especificidade de sua história autoritária, pode

conduzir à metamorfose do indivíduo-individualista, personagem do mercado, em indivíduo-empático-solidário pós-gênero (isto é, participando da dissociação ética entre corpo, gênero e sexualidade), crente no valor da diversidade, da igualdade, com olhos postos no horizonte do universal, figura que incluiria a natureza, numa perspectiva pós-antropocêntrica. O novo ator (referimo-nos a um tipo ideal) é o espelho antecipatório de uma utopia comunista libertária, equivalente ao éden anarquista.

O indivíduo como experiência libertária, categoria que desloca conceitos essencialistas, valor que cultua a diversidade, a liberdade, a igualdade e o respeito à alteridade, não se confunde com o indivíduo plenamente racional, cujos interesses e motivações dão-se com transparência à consciência.

Registre-se que a alteridade não se esgota no outro externo, mas incorpora o outro interno, vivido como reconhecimento sensível da finitude, vale reiterar, e da pregnância potencializadora da solidariedade.

O personagem racional e consciente, senhor de si e de seus interesses, é o tipo ideal do liberalismo, não por acaso predominantemente branco, masculino, ocidental, proprietário, agente do mercado, portador de valores burgueses. O novo indivíduo, esteta de si, não é o super-homem nietzschiano nem o egoísta autorreferido, entregue a uma solidão solipsista, indiferente à coletividade. A individualidade que realiza o avesso do individualismo, ao radicalizar suas virtualidades e explorar as contradições do processo que o engendra, é a plataforma singular, mental e prática, espiritual e material capaz de abrigar e estimular experiências de si tão distintas e extremas quanto o xamã e o transgênero, o candoblecista e o artista, independentemente de suas respectivas cosmologias.

(2) O xamã, enquanto experiência de si, categoria e valor, explode as diferenças substancializadas entre interior e

exterior, subjetivo e objetivo, identidade e alteridade, cultura e natureza (como nos ensinou Viveiros de Castro), na medida em que transita entre os domínios e se compreende e experimenta como passagem e mediador, conexão. Seu peito abriga a multiplicidade, a polifonia, ou melhor, a imagem, o eco da polifonia. E tem de alargar-se, não pode permanecer estreito. Precisa incorporar uma comunidade espiritual. Em seu peito, o xamã convive com a alteridade, sua finitude e potencialidade. Jamais se encerrará em si mesmo, no círculo solipsista que é o análogo "subjetivo" do insulamento "individualista". Em nossa acepção do termo, o xamã, devotado à cura, à defesa de seu povo e da floresta, e disposto ao "eclipse do self" — às mortes que o transformam —, é um ser político porque existe para o outro, com o outro, alterando-se, virando outro, metamorfoseando-se (como o poeta cão de seu tempo de Elias Canetti (2011) — não por acaso, o duplo do autor é um animal). O outro, aqui, são os humanos, os animais, os seres da floresta e a floresta como ser e seres.

(3) Se as duas primeiras hipóteses são aceitáveis, é razoável sugerir que os dois tipos ideais, o xamã e o indivíduo radicalizado pelas contradições do capitalismo, avesso do indivíduo do mercado e da mercadoria (como diria Kopenawa), não constituem linhas paralelas, mas convergentes, ainda que o encontro se dê nas vizinhanças do infinito.

(4) Observe-se ainda que o xamã, como o ser do transe e do trânsito, aquele que conecta e se "extravia" de si mesmo (ou seja, rejeita a unidade substancializada do sujeito), representa a negação da dualidade ontológica, marca histórica constitutiva da sociedade brasileira. O xamã se abre ao Outro. É, vale insistir: passagem, mediação, porosidade. Situa-se na terceira margem do rio, esse não lugar que, afastando-se, interconecta. Como diz Kopenawa: "[...] *os espíritos extraviam nosso pensamento e nossa língua, para nos ensinar a sua*". O xamã talvez seja

a resposta mais criativa do espírito humano à dupla ontologia da escravidão, estendida no racismo estrutural.

Pode-se compreender, portanto, quão extraordinária é a localização do caso brasileiro: nossa sociedade localiza-se no vértice em que se cruzam duas linhas de força. De um lado, o capitalismo autoritário — o patrimonialismo e a ordem hierárquica —, combinação que, sem deixar de impulsionar, matiza o mercado e esmaece as dinâmicas geradoras do individualismo burguês liberal clássico (o qual, por sua vez, não existe em estado puro, pois é atravessado sempre por histórias e culturas determinadas). De outro lado, as tradições afro-brasileiras e indígenas, permeáveis à formação de sujeitos porosos e expostos à alteração, preâmbulo interno da abertura para a alteridade social, ou seja, da abertura para a sociabilidade empática.

8.
A Justiça e seu duplo

8.1. A tradição liberal, republicana e democrática ante o enigma de sua autonegação

O Estado democrático de direito, de extração liberal e republicana, constitui uma referência prática e teórica fundamental para os países que buscam se reger pelos valores da liberdade e da igualdade. A sociedade brasileira passou, formalmente, a orientar-se por essa moldura institucional a partir da promulgação da Constituição de 1988. Isso é verdade, mas não toda a verdade. O desafio e a armadilha estão contidos no advérbio "formalmente". Em outras palavras, impõe-se indagar: o que da letra da lei e dos princípios que ordenam a legalidade resta na experiência concreta da vida cotidiana? A desigualdade aberrante que se manifesta desde o nascimento das crianças não é compatível com a Carta Magna. O próprio acesso à Justiça não se caracteriza pela equidade, nem o acesso a educação, saúde, mobilidade e condições sanitárias minimamente dignas. Acrescente-se a esse quadro dramático o fato de que as desigualdades têm cor e gênero. Em suma, a garantia dos direitos não tem sido o foco prioritário da ação estatal, embora seja inegável que os governos do PT realizaram esforços meritórios de redirecionamento da tendência secular, com resultados insuficientes mas extremamente relevantes. A tendência histórica, que antecede a Constituição, em alguma medida ignorou sua promulgação.

Exemplos ostensivos do descumprimento dos deveres elementares do Estado acumulam-se nos territórios vulneráveis, onde muitas vezes seu braço armado é o principal violador. Em lugar de contrarrestar o racismo estrutural — nossa iniquidade mais funda e abjeta —, o Estado, tripulado por governos sucessivos, não raro o reproduz e aprofunda. A tal ponto que, segundo alguns pesquisadores, várias favelas e periferias se encontram sob a vigência de um "estado de exceção", porque nesses espaços estariam suspensas as garantias individuais e sociais, consagradas no texto constitucional, típicas da democracia.

A afirmação me parece incontestável, o que não significa — como por vezes se deduz superficial e precipitadamente — que os marcos constitucionais sejam irrelevantes e que a institucionalidade democrática seja um engodo, uma ilusão ou mero mascaramento ideológico. A prova empírica nos é dada pela história: os que atuamos na resistência à ditadura aprendemos que faz toda a diferença lutar pelo respeito aos mandamentos constitucionais ou contra a legalidade instituída. No primeiro caso, somos legalistas exigindo que o Estado fora da lei cumpra seu dever; no segundo, somos fora da lei, sujeitos a toda a sorte de penalidades. Ainda que haja riscos de retaliação a quem, hoje, denunciar os abusos, riscos extremos, eles não são comparáveis, em escala e capacidade de promover desmobilização, ao peso esmagador da repressão quando militamos pelos direitos humanos sob ditadura.

Observe-se que há diferentes modalidades de "exceção" no Estado democrático de direito: aquela sancionada legalmente, a mais grave ou mais difícil de ser combatida pelos movimentos sociais, e aquela praticada ao arrepio da lei. Neste último caso, a supressão dos direitos, isto é, a "exceção", transgride a legalidade. Salvo nas situações, cada vez mais frequentes, das GLOs, operações de Garantia da Lei e da Ordem, ou de intervenção federal, estado de defesa ou estado de sítio, qualquer violação às garantias constitucionais é crime passível de julgamento em tribunais civis.

Por que, entretanto, em sua imensa maioria, as violações perpetradas pelo Estado não têm sido denunciadas pelo Ministério Público (MP) e, por consequência, julgadas pela Justiça? O MP em geral alega que os inquéritos policiais ou sugerem arquivamento, ou são insuficientemente instruídos e requerem novas diligências, as quais terminam por frustrar expectativas de uma persecução criminal eficiente, porque a ausência de trabalho pericial rigoroso inviabiliza investigações consistentes. Além disso, posto que a palavra do policial merece fé pública e que testemunhas, naturalmente acuadas, não se apresentam, só resta ao MP não proceder à denúncia. A Justiça, não provocada, abstém-se, cumprindo seu destino constitucional. Essa descrição contempla os casos mais favoráveis à competência e ao compromisso legalista dos promotores e juízes, contudo, não raro representantes do MP, quando não magistrados, aliam-se sem pudor aos policiais eventualmente acusados, justificando suas ações com alusões inespecíficas à violência dos criminosos.

A omissão torna o conjunto da Justiça criminal parte do problema, senão cúmplice das violações contra pobres, negros e populações que vivem nos territórios vulneráveis. Se abusos nas abordagens policiais e execuções extrajudiciais não ocorressem com frequência, justificativas como as expostas poderiam fazer sentido. Entretanto, são sistemáticas e, nessa medida, consistem em práticas institucionalizadas, ações padronizadas, previsíveis. Reduzi-las a desvios individuais de conduta ou a circunstâncias singulares é insustentável.

Conclui-se, então, que a exceção, nas periferias e favelas brasileiras, assim como em áreas rurais manchadas pelo sangue de ativistas de direitos humanos, ambientalistas e líderes indígenas ou de movimentos sociais, instalou-se no circuito da Justiça criminal, a começar pelas polícias e, até certo ponto, independentemente de quem as comande. Isto é, a exceção institucionalizou-se, o que, todavia, vale enfatizar, não significa alteração da lei, mas sua adulteração. Dizendo de outro modo, não estamos diante de lei de exceção, mas de práticas transgressoras, ainda que incorporadas às rotinas profissionais e naturalizadas. Eis aí uma pseudojurisprudência que não cabe na Constituição e não ousa dizer seu nome. A diferença que menciono (entre a exceção feita lei e aquela perpetrada em nome da lei, porém contra ela) talvez pareça menor, mas é politicamente significativa quando pensamos e atuamos para a transformação das práticas, em defesa dos direitos humanos.

Por que o Brasil — as elites econômicas e políticas que comandam o país —, useiro e vezeiro em violações contra os direitos humanos e os ditames constitucionais, tem enveredado pelo caminho tortuoso de práticas institucionalizadas à sombra dos termos que legitimam essas mesmas instituições, em vez de, o que seria ainda pior, inscrever as exceções na letra da Carta Magna, expandindo o espaço concedido a GLOs, intervenções, defesa e estado de sítio, e rasgando de vez os compromissos com o ideal democrático?

Há duas respostas que não se excluem e que, de certa maneira, se entrelaçam:

(1) A sociedade, em grande medida, ou melhor, segmentos sociais numerosos e influentes toleram ou mesmo reivindicam o extermínio de "criminosos", sem que tais "suspeitos" sequer tenham sido julgados, desde que eles mimetizem o estereótipo erigido pelos preconceitos. Esses portadores da ameaça, homens (e cada vez mais mulheres) perigosos, não são vistos como cidadãos inocentes até prova em contrário, nem mesmo como suspeitos a merecer as penas da lei, mas como inimigos a ser eliminados. Ou seja, a ideologia da guerra, que a cultura das corporações policiais, sobretudo militares, contrabandeou da ditadura (em decorrência da natureza da transição brasileira

da ditadura para a democracia, sem rupturas, especialmente na área da segurança pública, mantendo-se o modelo policial herdado de tempos mais sombrios), encontra eco e mesmo suporte ativo na sociedade, sendo, por conseguinte, preservada e estimulada por forças políticas hegemônicas.

Apesar disso, a história que a nação conta a si mesma, por meio dos documentos legais e do discurso oficial dos três poderes, refere-se à reconstrução pactuada da democracia, percurso concluído e consagrado na promulgação da Constituição em 1988. Assim, pensamos e agimos no mundo como uma sociedade livre e democrática, orientada por ideais republicanos respeitáveis. Essa autoimagem é preciosa e tem um peso forte de realidade, seja porque retrata uma dimensão da experiência brasileira, seja porque, performaticamente, contribui para o autocumprimento da profecia.

Em síntese, a sociedade, ou expressivos segmentos sociais, autoriza o genocídio de jovens negros e pobres, mas não renuncia ao legado liberal-democrático e republicano. Essa contradição está no coração do que quer que sejamos como sociedade, e em parte nos define. O segundo ponto, a seguir, ajuda a compreender esse novelo complexo.

(2) A via brasileira de modernização e desenvolvimento do capitalismo tem sido, como vimos no capítulo anterior, autoritária, prussiana, pelo alto, via pactos das elites com exclusão das classes subalternas, em revoluções passivas que caracterizam a modernização conservadora. Um aspecto que deriva da natureza da transição, aspecto que, salvo engano, ainda não foi analisado, é o caráter inconstante, volátil, ambíguo e contraditório de algumas instituições-chave para a articulação do poder, em particular o sistema de Justiça criminal. A tese que sustento mantém-se, a meu juízo, mesmo considerando que qualquer sistema de Justiça merece esses qualificativos, pois não há sistema inteiramente equilibrado, homogêneo, íntegro, estável e

uniforme. Afinal, ambiguidades e mesmo contradições constituem o efeito inevitável do tipo de trabalho dos magistrados: a leitura da lei, ou da jurisprudência, e sua aplicação: ambas são exercícios hermenêuticos, operações interpretativas.

Peço licença para um excurso.

8.2. Mediações: No meio do caminho, a linguagem[1]

Há muitas mediações a considerar entre a letra fria da lei e a realidade efetiva dos casos singulares, objeto do julgamento. Em primeiro lugar, pode-se sempre ponderar que não há a letra da lei autoevidente, revelada em sua positividade insofismável e objetiva no texto da Constituição. Toda leitura consiste em uma compreensão, fruto de um empreendimento hermenêutico, ou seja, de um exercício interpretativo. Leituras não são passivas, são ativas, projetam sobre o lido camadas cognitivas, simbólicas, valorativas, políticas e emocionais. Há em ação no ato de ler a lei para aplicá-la pelo menos os seguintes elementos: (1) concepções anteriormente formadas (preconceitos) e as gramáticas culturais incorporadas; (2) imaginação e memória que mobilizam tradições, símbolos, afetos e valores; (3) expectativa sobre o que nos diria o "todo" sobre seus componentes, porque um trecho de um sistema só tem sentido como parte de uma totalidade, e a extensão do foco cognitivo ao todo tende a corrigir as primeiras hipóteses interpretativas. Na formação da referida expectativa, combinam-se, de um lado, a jurisprudência, ou o estoque conhecido de leituras anteriores; de outro, a projeção criativa que permite antecipar o contexto sempre atual em que ganha sentido aquilo que, no passado, foi escrito pelos constituintes. Esse contexto se desdobra em duas dimensões: a totalidade da Constituição, pensada como um sistema internamente

---

[1] Trato extensamente do tema em Soares (2011).

coerente, e a conjuntura historicamente circunscrita (macropolítica e micropolítica, intra e interinstitucional, seus distintos jogos de poder), na qual se inscreve o ato mesmo de ler, interpretar, aplicar. Essa conjuntura compõe-se de múltiplas cenas ou *frames* (molduras interacionais, institucionalizadas ou não), mais ou menos articulados entre si: ali está o réu, o cenário do júri dispõe-se de tal ou qual maneira, simbólica e fisicamente, os jornais sinalizam reações, o clamor público condena ou absolve, o juiz vivenciou ou não situações análogas às da vítima ou do acusado, e assim por diante.

Portanto, aplicar a lei envolve práticas diversas e o acionamento de diferentes dinâmicas. Nada mais ingênuo do que sustentar a autoevidência positiva da lei. Pelo mesmo motivo, não seria razoável constatar a distância entre forma e substância como uma traição à suposição idealizada de uma correspondência especular. Apenas no universo platônico da ideia, forma e substância se superpõem perfeitamente, compondo uma unidade indissociável.

Avançando alguns passos na reflexão, chegaríamos ao outro polo da comparação, a "realidade", aquilo que "realmente acontece": tampouco existe em si mesma essa realidade. Dizer o que ela é ou descrevê-la varia de acordo com numerosos fatores: quem fala? Em que contexto? A quem se dirige? Qual é a sua classe, a sua cor, o seu gênero, a sua idade, suas adesões religiosas e ideológicas, qual a sua trajetória social, ascendente ou descendente etc.?

Em outras palavras, entre a lei e os fatos há muito mais do que supõe a vã teoria positivista e seus correlatos. Há muito mais quando está em jogo a justiça e a operação grave do juízo além da lei "aplicada" ao réu, a partir de determinada descrição dos fatos. Não nos iludamos, nem mesmo vídeos trazem de volta toda a "realidade". Um vídeo só se transforma em prova, em peça pertinente aos autos, vertendo-se em discurso, convertendo-se em narrativa ou descrição do que "efetivamente se passou". A linguagem constitui mediação inexorável, implicando a complexidade do juiz como sujeito e as contradições sociais em cada sentença. Nesse sentido, podemos afirmar que a lei é aplicada aos fatos e eles aplicam-se à lei, derramam sobre a interpretação da lei a carga tóxica de emoções, valores, preconceitos e interesses, conspurcando toda decisão de um magistrado. A sentença é impura por natureza.

Essas reflexões não nos conduzem ao relativismo: há impurezas mais e outras menos absorvíveis pelas comunidades de sentido de que participamos. Provavelmente, o principal critério que impõe nuances e gradações no continuum do arbítrio é a consciência da impureza, da inexorabilidade da impureza, o reconhecimento da finitude do conhecimento, a admissão da incerteza. Sim, porque essa consciência determina a aplicação de métodos de trabalho particularmente cautelosos. E é também a aceitação de que a hermenêutica judicativa institucionalmente instalada é plena de consequências, isto é, funciona como um poder que eventualmente se torna devastador, impactando não apenas vidas de indivíduos, o que já seria gravíssimo, mas a história de uma nação. Por isso a sabedoria recomenda prudência e moderação na distribuição de penas, o minimalismo penal e a renúncia à ânsia punitivista. Em certa medida, a justiça, tomando-se o campo criminal como referência, corresponde a um processo orientado para a redução de danos na produção do juízo: danos às vítimas e aos suspeitos, réus e condenados. Na impossibilidade de alcançar a verdade absoluta e final, monolítica e insofismável, adverte-se de que se passará a trabalhar com descrições que possam ser elas próprias descritas — porque é metalinguagem o pronunciamento da Justiça —, como estando acima de dúvidas razoáveis para uma comunidade de sentido extensa o bastante para ultrapassar os limites da subjetividade do magistrado, da intersubjetividade de um júri, da comunidade dos operadores do direito, ampliando-se até o ponto mais próximo possível do que mereceria a consigna, embora idealista, "consenso" da sociedade.

8.3. Justiça: De suntuoso monumento liberal--republicano a vulgar aparelho de hegemonia

Retomo o argumento: ressalvando-se as causas universais, ligadas ao papel irredutível da linguagem, o caráter inconstante, volátil, ambíguo e contraditório do Poder Judiciário brasileiro, em geral, e do sistema de Justiça criminal, em particular, deriva da natureza do desenvolvimento capitalista entre nós, no qual predominam transições negociadas entre as elites, mudanças que se combinam com continuidades, uma vez que não há rupturas. Esses aspectos me parecem singulares e extremamente relevantes mesmo considerando-se que, em alguma medida, estão presentes em qualquer instituição análoga nos países que se querem, e se afirmam, regidos pelo Estado democrático de direito. Até pelas razões apresentadas na unidade anterior.

É importante assinalar o que não estou dizendo. Não afirmo, por exemplo, que a Justiça brasileira seja mera fachada ou máscara para iludir incautos e viabilizar a reprodução da dominação do capital. Essa formulação é muito simplista e não dá conta da contribuição da Justiça para avanços sociais e políticos na direção do aprofundamento da democracia e da restrição da voracidade predadora dos grandes interesses. Tampouco estou afirmando que a Justiça é um campo de luta, em que se enfrentam as classes sociais, avançando ora uma delas, ora outra.

O que afirmo, e tenho consciência da ousadia da tese, é que, assim como, guardadas as enormes diferenças e especificidades, o sistema político tradicional da Birmânia, estudado pelo antropólogo Edmund Leach, funciona com uma duplicidade de modelos, "Gumsa" e "Gumlao" (cf. Leach, 1954), e assim como na ficção científica de China Miéville, *A cidade & a cidade* (2014), duas cidades que se ignoram convivem no mesmo espaço, a Justiça brasileira se realiza em dois regimes de existência inteiramente diferentes e inconciliáveis, a despeito de categorias compartilhadas, códigos normativos e práticas rituais comuns. É como se a Justiça e seu duplo produzissem e correspondessem a ontologias mutuamente irredutíveis. Entre essas duas existências simultâneas da Justiça, não chega a haver choque violento, porque sua diferença não é identificada, isto é, não se apresenta em sua radicalidade, e o antagonismo é percebido como desacordo tópico ou individualizável, embaraço solucionado pela hierarquia e por sanções. A realidade liberal e republicana da Justiça, oriunda da Constituição de 1988, terceiro poder do Estado democrático de direito, se transfigura e metamorfoseia em aparelho de hegemonia, instrumento político de interesses econômicos e sociais particulares. A metáfora dessa transformação é a escada desenhada por Escher, que se alterna entre aclive e declive, representando uma ou outra figura, mas contendo as duas formas ao mesmo tempo. Na obra de Escher, o segredo está no olhar, no ponto de vista do observador e em sua oscilação. Na Justiça, a metamorfose está em sua realização prática.

Recorro à imagem da duplicidade para evitar compreensões das quais discordo: não creio que haja entre as duas Justiças um predomínio permanente. A prevalência é instável. A realidade liberal da Justiça brasileira, inspirada no contrato como tipo ideal regulador e em princípios democráticos, não se reduz a mera ilusão destinada a ocultar a função de classe. Por outro lado, a realidade político-instrumental não se afirma apenas nos tropeços — e como tropeços — circunstanciais da verdadeira Justiça, fiel à Constituição democrático-republicano-liberal.

O que caracteriza nosso momento histórico é o deslocamento acentuado do eixo ontológico, por assim dizer, configurando a Justiça como aparelho de hegemonia, braço ativo da política brasileira e fonte de processamento de perspectivas ideológicas conservadoras, imantadas pela polarização que se verifica na sociedade e enviesadas pela potência gravitacional exercida pela mídia, desde seu núcleo central, que dita as regras de coerência (o método e a lógica de edição), determina os critérios e as condições para a validação da verossimilhança das representações e formula, visual e discursivamente, e sobretudo dramaturgicamente, os relatos sobre fatos e ações em curso. Esse fenômeno ocorre em plena ascensão das religiões de extração evangélico-pentecostais, que giram em torno da identificação e eliminação da fonte do mal, o diabo encarnado nos infiéis, inclusive pela via de rituais de exorcismo.

A inclinação do eixo que obscurece e paralisa a Justiça liberal e proporciona a emergência plena da Justiça-aparelho-de-hegemonia provavelmente decorre de dois fatores principais: (1) a força extraordinária e a violência inclemente com que agem, sobretudo em tempos de crise mundial, os grandes interesses do capital financeiro globalizado, confrontando os limites que lhe impõe o voto popular, vetor de incerteza que desestabiliza a casa de máquinas do poder — afinal, poder é expectativa de poder. Voto popular, registre-se, nos marcos do Estado democrático de direito, indissociável da valorização da soberania nacional; (2) a supremacia da verossimilhança como estratagema estético naturalizador e modo de produção da hiper-realidade,[2] quando a matéria é a corrupção na política.[3] Explico: se o real é apresentado na mídia como a

---

[2] A categoria hiper-realidade já foi usada muitas vezes em diferentes contextos e sentidos. Aqui, emprego-a na acepção estrita que lhe atribuo na sequência do texto. [3] Estejamos atentos para o fato de que essa matéria tornou-se decisiva para a política e a sociedade brasileira, determinando os cálculos dos agentes políticos e a formação da "opinião pública". Minha questão é: de que modo passou a se formar essa "opinião"? E como se dá a passagem da omissão (em algum grau, cúmplice de políticos e gestores corruptos) ao punitivismo violador de direitos individuais.

referência da delação (ele é aquilo que a delação diz que ele é) e o objeto do testemunho (a palavra confessional é fiel), o modelo que se adota para editar o relato de acontecimentos (e selecioná-los) é análogo àquele que ordena a peça processual elaborada pela acusação, com sua lógica, sua retórica, sua pontuação, seus destaques e silêncios, sua sequência, seu estabelecimento de axiomas, seu exercício dedutivo e, mais grave, suas especulações indutivas. Os "vazamentos" de informações relativas a investigações e oitivas fornecem farto material, reiteradamente.

Se há a mais absoluta internalização editorial e, portanto, a vulgarização midiática do modelo descritivo, ou narrativo, análogo à estrutura retórica, estética e dramatúrgica da acusação, sem que se ofereça espaço para que se desenvolva a consciência do caráter (inexoravelmente) construído do discurso acusador, sem que haja brechas que tensionem, interroguem, interpelem, contrastem com o antagônico em igualdade de condições, o que ocorre é a naturalização extrema (a reificação, eu diria) dessa realidade — descrita em áudio e vídeo, plena de personagens e emoções. Esse amálgama entre história editada e a própria história vivida me permito denominar, aqui, hiper-realidade, uma vez que sobrepuja a realidade, sempre impura e duvidosa, multiangular e multidimensional. Mas atenção: a hiper-realidade não se esgota na assimilação por parte da sociedade (ou de vários segmentos sociais) da versão reducionista e unidimensional difundida pela mídia. A hiper-realidade não é um efeito perverso cognitivo, uma espécie de gás químico que congela a inteligência crítica. Ela é bem mais que isso, porque inclui a esfera da experiência direta, quando as massas vão às ruas, clamando pelo impeachment da presidente Dilma Rousseff, apresentando-se e percebendo-se como protagonistas do drama que veem refletido nas televisões. Aqui opera-se a inversão: embora editada previamente pelo discurso midiático, que lhe prepara figurino, cenário, iluminação, as falas e seus lugares e o elenco de personagens, é a sociedade que faz os acontecimentos e lhes dá (ou confirma o) sentido, é ela quem se vê retratada fielmente. A fonte e a força persuasiva da verossimilhança está nessa inversão. Cumprindo o roteiro midiático adredemente preparado, milhões de pessoas "tomam seu destino em suas próprias mãos", fazendo com que essa descrição épica do espetáculo televisivo corresponda à "verdade" vivida e atribuindo valor de verdade à elaboração editorial, que a espelha perfeitamente a posteriori, porque a engendrara. O real não foi espelhado de modo fiel pela TV, foi tornado possível pela longa e emocionada preparação de papéis, falas e orientações. A transmissão da avenida Paulista é verdadeira, porque ali a massa encarnou, performaticamente, a imagem de si mesma, urdida como projeto editorial, que reservara espaço e convocara para a ação espetacular nas ruas. As pessoas não foram induzidas, manipuladas, enganadas. A avenida Paulista e a avenida Atlântica, entre outras, não foram percorridas por uma horda de zumbis. O notável está neste detalhe: a espontaneidade existe no domínio da hiper-realidade, assim como a consciência do que está em jogo, mas apenas no plano da consciência que têm de si os personagens do teatro épico que tomou conta do imaginário brasileiro, ou melhor, de parte dele. Teatro que não é mentira de editorialistas: ele está lá, com patos, cornetas e panelas, desfilando na Paulista e balançando as instituições. Uma vez estabelecido o contrato ficcional com o espectador e com o leitor, a parceria garante a verossimilhança e dela deriva. Por ficção entendo a construção da realidade por meio das linguagens disponíveis e nos termos expostos anteriormente. Estava no ar o maior de todos os reality shows, nos quais cada um de nós podia desempenhar um papel. Porém, a arena foi cercada, o palco circunscrito com precisão. Não havia como romper o bloco dessa verdade compacta e autoevidente.

Mesmo a eventual irrupção de vozes e atos críticos puderam ser neutralizados e enquadrados, porque havia lugar para isso no esquematismo original.

Lembremo-nos de que a estrutura dramatúrgica havia sido forjada à imagem e semelhança da estética processual acusatória desde o primeiro capítulo desse épico, cujo roteiro conduzia à substituição do PT e das esquerdas e seus espectros por atores políticos dispostos a implementar uma agenda neoliberal ultrarregressiva de interesse das elites brasileiras e do capital internacional, agenda que jamais obteria aprovação eleitoral. O épico se degradava com frequência, em cenas de comédia de costumes ou grotesco pastelão, como ocorreu na votação do impeachment na Câmara. Além disso, vale a pena reter a ideia de que uma estrutura dramatúrgica é muito mais que uma narrativa ou uma formulação cognitiva: é participativa, performática, existencialmente significativa e emocionalmente mobilizadora.

Note-se que estamos diante do triunfo da verossimilhança: na experiência social dos efeitos de hiper-realidade, tais como aqui os compreendo, o valor de verdade da representação tem como fiadora, vale insistir, a participação direta, o protagonismo dos indivíduos, por um lado, e a estética da acusação, por outro. Essa estética envolve uma epistemologia, ou teoria sobre a verdade, dando forma e sentido à experiência participativa e suas representações. Lembremo-nos de que não é preciso ir às ruas a fim de participar. Pode-se fazer isso assistindo à TV e conversando com parentes e amigos, lendo o jornal e divulgando as notícias, pendurando uma faixa ou bandeira na janela, buzinando, vestindo verde e amarelo, comentando nos encontros sociais os acontecimentos, expressando suas opiniões e emoções nas redes sociais. Graças à participação, cada cidadão, embora assujeitado, assume o lugar imaginário de sujeito do grande discurso coletivo. O fim visado pelo discurso (social e midiático) e pela ação direta (dos cidadãos) não é o conhecimento nem a realização do direito, mas a punição. A verdade se projeta como punição, na medida em que esta já estava inscrita na origem daquela, pois a estética acusatória dispõe-se segundo essa (tauto)lógica. A Justiça, nesse contexto, confunde-se com a finalidade da ação e com a redenção da verdade, as quais se conjugam na punição.

Observe-se ainda que o discurso coletivo, midiaticamente difundido e metabolizado de maneira distinta por grupos e indivíduos, pretende ocupar o lugar de uma teoria geral do Brasil, um imaginário totalizante: diz-se o que acontece, por que e quais as raízes históricas dos fenômenos. As mediações políticas, institucionalizadas ou não, são definidas como conchavos imorais entre parasitas que se alimentam da corrupção. Partidos são percebidos como conluios entre usurpadores. Mas políticos e partidos seriam apenas avatares do grande inimigo da sociedade: o Estado, abutre pantagruélico e monstruoso que sorve o sangue e o trabalho dos cidadãos por meio de impostos e burocracia. Nesse quadro, não há classes sociais ou conflitos de interesses, só Estado e sociedade (homogeneizada) em batalha incessante. Bastaria reduzir o Estado ao mínimo possível, deixando-o cuidar apenas da força, isto é, da segurança e da defesa, bastaria liquidar o patrimônio público e abrir portas e janelas ao mercado nacional e internacional, e os entraves que inibem o crescimento econômico e o dinamismo empresarial estariam superados, definitivamente. Essas são conclusões lógicas dos postulados axiomáticos, mas nem sempre encantam e convencem todos os que seguem o discurso coletivo até o ponto em que se generaliza o desprezo pela política. Há os que param aí, afastam-se da vertente lógico-dedutiva do discurso e tomam o atalho da ditadura militar. Há, contudo, alguns engates entre as duas linhas, o que se constata, por exemplo, na candidatura ultradireitista de Bolsonaro, em cujo âmbito combinam-se neoliberalismo extremado, militarização e autoritarismo criptofascista.

A corrupção é vista como uma peste contagiosa que infesta todos os políticos, embora uns mais do que outros. É aí que se alastra o mecanismo da abominação. Emerge o antipetismo, esse veneno que contagiou parte da sociedade, serviu de combustível para a extrema direita, intoxicou as relações, infundiu ódio na política e a conflagrou. Por isso — permito-me a referência pessoal —, mesmo não sendo petista sou antiantipetista. O antipetismo generaliza acusações e identifica o Partido dos Trabalhadores como fonte de todos os males. Lembra, guardadas as imensas diferenças e devidas proporções, o antissemitismo que alimentou o nazismo. Os movimentos autoritários precisam apresentar-se como cruzadas morais para definir o Outro não como adversário no conflito natural e democrático de posições, mas como inimigo a ser eliminado. O antipetismo se espraiou ao longo do processo que precipitou o impeachment. Em nome do combate à corrupção, ironicamente, levou-se ao poder o comitê central da, digamos, "heterodoxia" no trato da coisa pública. Vale reiterar que isso não significa que governos do PT e políticos do partido não tenham cometido erros gigantescos, éticos, políticos e técnicos. A questão está em generalizar a crítica para tudo o que os governos fizeram e para todos os políticos do partido, jogando-se fora a criança com a água suja do banho. O PT tornou-se, nesse sentido, igual a seus pares, os grandes partidos tradicionais brasileiros. Não faz sentido, portanto, adotando-se um ponto de vista minimamente objetivo, seja santificar o PT, seja demonizá-lo, conferindo-lhe o monopólio exclusivo dos malfeitos. É isso o que o antipetismo sustenta.

A primazia da *verossimilhança* sobre o *direito e o valor* fez vergar o eixo que rege a realização da Justiça, sua ontologia — já vimos que ela oscila, dada sua dupla potencialidade, como instância liberal ou aparelho de hegemonia. A verossimilhança são as condições suficientes para que um enunciado sobre o mundo seja considerado verdadeiro, e se cumpre, no contexto da hiper-realidade, como na seguinte fórmula: aconteceu aquilo que todo mundo sabe que realmente aconteceu e que se manifesta sob determinadas formas lógicas e retóricas, dramatúrgicas e estéticas, impregnadas de ideologia e pressupostos, ditadas pelo discurso processual — e policial — da acusação. Os valores sobrepujados pela verossimilhança (como os direitos individuais elementares) independem de narrativas ou circunstâncias. A cena síntese desse processo extravagante é a substituição da tese trivial de que *se é inocente até que se prove o contrário*, base do princípio da Justiça na tradição liberal-democrático--republicana, por outra segundo a qual *se é culpado se a acusação for verossímil*, definindo-se as condições de verossimilhança nos termos da linguagem dramatúrgica que plasmou o imaginário coletivo. Se a acusação faz sentido, é crível, mostra-se coerente com as suposições correntes, então é verdadeira, ou seja, é justa. Já sabemos que há um compromisso fundamental entre verdade, acusação e punição. Não importa se o discurso da defesa de cada acusado também faça sentido, ele perdeu as condições de promover verossimilhança, perdeu o direito à verossimilhança. A defesa reduz-se a mascaramento da culpa. *Passamos da presunção de inocência à verossimilhança da acusação como razão suficiente para a condenação*. Essa transitividade entre o universo da verossimilhança midiática hiper-realista e o mundo da Justiça tem como consequência, e ao mesmo tempo expressa, a subordinação de práticas e decisões judiciais a estratégias políticas, tornando a Justiça um "aparelho de hegemonia", isto é, um organismo do Estado que compartilha a função de comando com o Executivo e o Legislativo, combinando-a com a direção moral e intelectual, esta última crescentemente exercida também pela mídia semimonopolista.

Vamos ver alguns exemplos exorbitantes de práticas e decisões que não cabem no modelo liberal-republicano da Justiça. Sigamos a trilha da Operação Lava Jato, acompanhando o caso paradigmático do ex-presidente Lula.

(1) A Justiça atuou desde o começo, e crescentemente, de um modo politizado, porque seletivo. Basta lembrar da midiática e desnecessária — por isso ilegal — condução coercitiva de Lula (só seria legal se ele tivesse sido intimado e se recusado a atender à intimação) e o vazamento da conversa telefônica do ex-presidente com a então presidente Dilma Rousseff. Gravação de resto realizada depois de findo o prazo autorizado judicialmente. Desde então, o juiz vestiu a camisa da acusação e atuou ao lado do MP como acusador, maculando a imparcialidade necessária a um magistrado.

(2) O juiz acusador não se furtou a recorrer a redes sociais e a declarações públicas, assumindo um personagem heroico e vingador, cuja missão seria salvar o Brasil dos usurpadores, dos quais Lula foi escolhido como representante maior.

(3) Em paralelo, promotores recorriam a redes sociais pedindo abertamente apoio da sociedade e davam entrevistas coletivas divulgando suas "descobertas". Na arena judicial, diante da sociedade, o embate transcorria: de um lado, juiz e promotores, de outro, o acusado e seus advogados. Como supor que o juiz seria neutro, se já estava engajado no confronto com o réu?

(4) Juiz e promotores de Curitiba projetaram-se para o mundo, encarnando papéis claramente políticos, dividindo a sociedade, e também o Judiciário, entre honrados e traidores, valentes justiceiros dispostos a punir e cúmplices.

(5) Vazamentos foram adotados como mecanismo de ação política e provieram, de forma sistemática, de promotores e policiais federais, praticamente em tempo real, sempre alimentando divulgações tendenciosas da mídia, sem que jamais tenha havido averiguação e penalização dos infratores, dos responsáveis pelos vazamentos. O mais ostensivo de todos foi o já citado, que acabou inviabilizando a nomeação de Lula para o Ministério da Casa Civil. O timing político foi perfeito. Esse cálculo priorizou os efeitos políticos ao risco para o próprio juiz. Afinal, ele cometeu duas transgressões graves: autorizou a gravação fora do tempo previamente estipulado pela Justiça e divulgou o áudio. Os "erros" lhe renderam uma advertência, mas não lhe custaram a perda do caso. Aliás, foi polêmica do início ao fim a distribuição a Moro do processo contra Lula.

(6) Na sequência, a Lava Jato perdeu-se, apesar de ter prestado importantes serviços na identificação de redes de corrupção praticadas por criminosos de colarinho-branco, o que era inusitado no Brasil. Atropelou direitos e garantias individuais, usando as prisões como chantagem para extrair delações negociadas com a finalidade de buscar incriminar, sobretudo, Lula. A prisão de Lula era o troféu longamente ambicionado. A operação prendeu e levou à condenação do almirante Othon Luiz Pinheiro da Silva, ex-presidente da Eletronuclear e um dos bastiões da defesa da soberania nacional. Provocou o suicídio do reitor da Universidade Federal de Santa Catarina, Luiz Carlos Cancellier de Olivo, sabidamente probo, dedicado havia décadas à universidade, jamais sequer acusado de maneira formal pelo Ministério Público. Invadiu a Universidade Federal de Minas Gerais para cumprir conduções coercitivas.

(7) O juiz que se porta como acusador julga e condena Lula, sem provas, com base em ilações. Condena-o a nove anos. O TRF-4 confirma a sentença e a estende para doze anos, a fim de evitar a prescrição, sem sequer ouvir as ponderações da defesa (os votos vieram escritos) — como sempre, o promotor sentou-se ao lado dos juízes, como se fossem parceiros da acusação. Nenhuma originalidade nesse fato, nem por isso menos significativo.

(8) Finalmente, o STF, pelo voto de minerva da presidente, recusa o habeas corpus que impediria a prisão. O voto que viabilizou a maioria contra o habeas corpus foi dado pela ministra Rosa Weber, a qual, entretanto, é contrária à prisão em segunda instância por entender que se deve respeitar a Constituição, segundo a qual só é permitida a prisão depois de transitada em julgado a sentença condenatória. Mesmo assim, para acompanhar a maioria, respeitando a "colegialidade", vota contra a concessão do habeas corpus. Ocorre que quem determinou para que lado penderia a maioria foi ela, foi seu voto, o qual, repito, pretendia apenas seguir a maioria em reunião plenária passada.

(9) O tweet do general Villas Boas, comandante do Exército, contra a "impunidade", na véspera do julgamento do Supremo, se junta à trama, apimentando-a. Como não ver aí ameaça e chantagem?

(10) Como atribuir serena neutralidade à rapidez única da decretação da prisão de Lula e, na sequência, às reiteradas proibições de visitas, inclusive de parlamentares e do prêmio Nobel da Paz Adolfo Pérez Esquivel?[4] O juiz Moro e seus colegas do TRF-4 formam um bloco e agem

---

4 Dadas as reações nacionais e internacionais à proibição, Esquivel foi, finalmente, autorizado a visitar Lula em agosto de 2018.

politicamente. Participam das divisões político-ideológicas da sociedade brasileira como *players* referenciais. Como explicar a negação aos pedidos de jornalistas conceituados para entrevistar Lula, quando estes são concedidos a sentenciados por "crimes hediondos" sem maiores dificuldades? Como entender a proibição de que Lula acompanhasse o velório de seu irmão, direito reconhecido pela Lei de Execuções Penais?

(11) Não escapa a nenhum observador atento o fato de que, preso Lula, o Supremo se apressa a tratar do caso Aécio Neves, como que a responder às críticas de parcialidade e seletividade. Reproduziram a seletividade para ocultá-la. Entretanto, tratava-se apenas de uma escaramuça sem consequências práticas imediatas.

(12) Observe-se que o sistema bancário e o judiciário permaneceram fora do foco da Lava Jato e das delações (assim como o MP e a PF). Nem juízes nem banqueiros.

(13) Finalmente, o Supremo Tribunal Federal, a corte constitucional, por excelência. Após embates verbais grosseiros, são públicas e notórias as tendências políticas de seus membros, a tal ponto que seus votos tornaram-se previsíveis. O STF converteu-se em tabuleiro do xadrez político, quando não em campo de batalha. A presidente da corte, ministra Carmem Lúcia, se recusa a pautar o debate sobre a prisão em segunda instância. E o faz porque avalia que sua posição favorável seria derrotada. Outros ministros, desfavoráveis, a pressionam. A grande mídia participa do jogo diariamente, sugerindo que a eventual mudança, vedando prisão depois do julgamento em segunda instância, favorecerá todos os criminosos brasileiros e tem o propósito de livrar Lula da prisão. E isso a despeito da clareza da letra da Constituição, que condiciona a prisão ao trânsito em

julgado da sentença condenatória. Como se vê, a letra não se autoimpõe sem mediações e conflitos agudos.

De todo modo, há um ponto a meu ver muito mais problemático, muito mais ostensivamente politizado, marcando a emergência da Justiça-aparelho-de-hegemonia e neutralizando a outra possibilidade de ser da Justiça. Refiro-me ao fato de que a decisão relativa à liberdade do ex-presidente Lula tenha sido tomada por seis votos a cinco. A divisão da corte não demonstra o caráter no mínimo duvidoso de qualquer decisão? Se é assim, deduz-se que acatar ou não o habeas corpus impetrado pela defesa de Lula, autorizar ou não sua prisão *não está acima de dúvida razoável*. Lembremo-nos de que, além da liberdade do cidadão Luiz Inácio Lula da Silva, estava em jogo a possibilidade de ele candidatar-se à presidência da República e de fazê-lo com chances de vitória, posto que liderava todas as pesquisas de opinião.

As democracias mais fiéis às melhores tradições liberais se orgulham de submeter os contenciosos entre seus cidadãos e as denúncias de infração à legalidade não ao arbítrio do déspota ou ao escrutínio divino (representado pelo sacerdote investido de poder), mas à Justiça. E as características decisivas dessa instituição fundamental são a laicidade, a independência e a consciência plena tanto de sua imperfeição, por humana e condenada à linguagem, quanto da magnitude de seu poder, na medida em que guarda em si, virtualmente, todo o peso coercitivo do Estado. Pelo fato mesmo de saber-se falha e por demais poderosa, a Justiça, no credo liberal, deve moderar o eventual ímpeto punitivo de seus representantes e afirmar sua legitimidade no exercício prudente de seu ofício. Cada juiz e cada juíza carrega o mundo sobre os ombros, tamanha a responsabilidade que avulta no contraste com a finitude de todo ser humano e com a falibilidade de todo conhecimento.

Nesse tipo ideal de Justiça, a convicção não se forma apenas no corpo a corpo com as hipóteses sobre a verdade, ouvidas as partes, mas pela angústia que necessariamente impõe a cada magistrado seu calvário ante a antecipação do impacto que sua palavra derradeira causará na vida de alguém.

É por saber-se intrinsecamente falha que a Justiça multiplica suas instâncias e as oportunidades de revisão das decisões. E é sobretudo por isso que a pena de morte degrada os fundamentos da Justiça: trata-se de sentença cujos efeitos são irreversíveis. Ninguém volta à vida se um erro vier a ser constatado no futuro. Pois estávamos diante de um dilema análogo ao da pena de morte. Uma eventual confirmação da prisão impactaria direta e profundamente as eleições presidenciais e, portanto, a história futura da sociedade brasileira. Não há volta na história. A eventual exclusão de Lula do processo eleitoral consistiria em uma decisão cujos efeitos seriam irreversíveis, e era principalmente disso que se tratava no julgamento do habeas corpus. Temos, de um lado, as decisões de nove homens e duas mulheres (que compartilham a falibilidade, nossa natureza), alimentadas pela Procuradoria-Geral da República, liderada por Raquel Dodge; de outro, o povo brasileiro e seu principal instrumento de poder, o voto. Se fossem fiéis ao modelo liberal de Justiça, os juízes atentariam para a falibilidade humana e admitiriam a necessidade de que a Justiça dosasse seu poder e limitasse os efeitos de sua decisão, recusando-se a dirigir o processo político brasileiro. O destino de um país não pode ser decidido por seis votos a cinco. Todavia, foi o que aconteceu, e Lula foi preso.

Essa mesma Justiça, aparelho de hegemonia conectado intimamente ao aparelho repressivo do Estado, avessa às tradições liberais e aos compromissos com o Estado democrático de direito e com a Constituição, prende negros e pobres todos os dias, aos milhares, adotando nítido viés de classe e cor, sem nenhum escrúpulo. Essa mesma Justiça e esse mesmo MP continuam sendo cúmplices, por ação e omissão, de milhares de execuções extrajudiciais que ocorrem no Brasil. Essa mesma Justiça tolera a corrupção de agentes do Estado, assim como coonestou a corrupção política ao longo de décadas — observe-se que o avesso da violação de direitos não é a impunidade, mas o respeito aos procedimentos constitucionalmente estabelecidos e ao devido processo legal. Quando se rende à impunidade dos criminosos de colarinho branco, a Justiça também opera como Aparelho de Hegemonia.

Não há Estado de direito sem justiça, mas como reconhecer a legitimidade dessa Justiça? A conclusão é dolorosa, mas necessária: neste momento não há Estado de direito em funcionamento pleno. O duplo da Justiça concebida pela Carta de 1988 exorcizou a Constituição e se afirma como Justiça de classe, aparelho de hegemonia, em estreita colaboração com a mídia semimonopolista, embora nenhum arranjo político-institucional seja homogêneo, estável e desprovido de contradições. A duplicidade é uma sombra que inquieta as duas faces, os dois regimes de existência.

Vale ainda recordar, uma vez mais, que essa duplicidade é consequência da via autoritária de desenvolvimento do capitalismo no Brasil, caracterizada por transições negociadas entre as elites, como a mais recente, concluída em 1988, nas quais se combinam mudança e continuidade. Repito para concluir: os elementos de continuidade tornam vulnerável a institucionalidade democrática.

Portanto, assim como as duas cidades de Miéville (2014) se ignoram e convivem no mesmo espaço, o Brasil, arrastando-se na incompleta, continuada e hesitante transição, experimenta uma Justiça dupla, ora conforme ao Estado democrático de direito, ora reduzida a Aparelho de Hegemonia, instrumento sofisticado e fartamente ritualizado, direto e indireto (porque atua não só no plano das decisões, como na esfera das justificações, com toda a carga ideológica implicada), da supremacia do poder das elites econômicas.

A história recente da virada da Justiça pelo avesso obteve sua primeira vitória nas manobras que redundaram no impeachment de Dilma, e a segunda ao excluir Lula da disputa e promover a derrota das esquerdas nas eleições de 2018.

Mas nem tudo está perdido para o campo democrático e progressista. Se a Justiça se recompuser de acordo com o figurino constitucional — e isso não depende só de seus membros, depende de mudanças profundas na sociedade brasileira e na mídia, desmontando sua cartelização —, voltarão a abrir-se as portas para o avanço da democracia no Brasil, além dos sonhos e pesadelos liberais.[5]

---

[5] A configuração político-jurídica aqui descrita e analisada, por volátil e intensamente tensionada, pode alterar-se rapidamente, a tal ponto que mesmo o primeiro leitor deste capítulo já não encontre nele o retrato da conjuntura. De todo modo, os elementos examinados permanecerão relevantes e poderão ser úteis para o conhecimento do novo momento. Espero que as transformações ocorram na direção da democracia.

9. Anatomia do ódio e o destino da individualidade no Brasil

Neste capítulo, escrevo na primeira pessoa do singular e começo por um testemunho. A metáfora "deslocamento de placas tectônicas", que neste livro aplico à dinâmica da migração, por sua magnitude, ocorreu-me em 2013, quando senti nas ruas a palpitação rumorosa da massa, a energia pulsando, inclusive a alegria da participação. Aqueles foram momentos de festa, a festa da rebeldia indignada, a celebração do protagonismo reencontrado. O Brasil se revoltava porque melhorara, reduzindo a pobreza, embora as desigualdades continuassem colossais. Os últimos dez anos tinham sido vividos numa clave positiva, o que elevara as expectativas e potencializara os atores sociais para reivindicar muito mais, em particular, melhores serviços públicos, o fim da corrupção e mudanças profundas no sistema político. As manifestações declaravam o colapso da representação política tal como se exercia no Brasil. A marca das jornadas de junho não foi dada pela polarização entre partidos ou posições ideológicas. Estavam todos presentes e, para que isso ocorresse, proibiram-se bandeiras — ainda que o ideal tivesse sido a presença de todas elas, convivendo em ambiente pluralista.

Foi um momento apaixonante e contraditório. O fato de não ter havido nenhuma transformação visível diretamente derivada das mobilizações de 2013 não significa que elas não tenham sido muito importantes e que não tenham precipitado uma descarga feroz de energia coletiva. A partir das jornadas de junho, boa parte da sociedade passou a viver intensamente o que vivera antes, requalificando relações. Se já havia adversários, eles se transformaram em inimigos. Se já havia oposições, elas se converteram em confrontos. Se havia uma linguagem da disputa, ela se metamorfoseou em código do ódio. As polarizações se firmaram e enrijeceram. O mínimo denominador comum dos sentidos e afetos mobilizados foi a intensificação, a qual se projeta em categorias do entendimento, mas se realiza sobretudo como experiência. Essa intensidade tem significados que ainda não se manifestaram plenamente. Ela pode ser fonte de temor e esperança. Estamos diante da história, de seu abismo e de suas promessas.

As manifestações de junho de 2013 não inventaram a indignação e as paixões agonísticas no Brasil. Deram passagem à revolta acumulada. Soltaram as rédeas. Liberaram a raiva contida. O ódio impôs-se. Passou a reger dias e noites. Conquistou seu lugar no centro de nossos altares. Deus e diabo de nossa comum veneração. Quem falar do Brasil e não tratar do ódio não respirou o ar das ruas nem navegou pelas redes sociais. Parece que as rachaduras profundas da sociedade brasileira começaram a cobrar seu preço e a mostrar sua cara, por mediações as mais diversas.

A vivência da brutalidade do Estado, por meio de ações policiais, antes de junho de 2013, no Rio de Janeiro, era o cotidiano dos moradores dos territórios vulneráveis, testemunhas e vítimas do verdadeiro genocídio perpetrado contra jovens negros e jovens pobres. A repressão policial violenta que se abateu sobre as passeatas levou um pouco dessa experiência dramática às camadas médias.

No rescaldo das grandes manifestações, reanimaram-se movimentos sociais, ocupações dos tipos mais variados — inclusive e a destacarem-se os das escolas públicas por estudantes, exercendo o autogoverno —, e coletivos feministas e antirracistas, ensaiando toda a sua potencialidade transformadora e mesmo disruptiva. Não haveria mais sossego para a elite branca patriarcal. A autoridade perdia a majestade, na medida em que as instituições se revelavam cúmplices dos males nacionais e sustentáculos do status quo. Sua pretensa universalidade mostrava seu bias de classe e cor. No rastro desse incêndio das consciências, o outro lado perdeu o pudor e começou a sair do armário com seus bordões em defesa da velha ordem ameaçada.

Nos anos subsequentes, a crise econômica, o desemprego, as sucessivas denúncias de corrupção, em escala jamais vista, o freio imposto à redução da pobreza e a erosão dos direitos disseminaram a discórdia e puseram lenha na fogueira. Observe-se que a extinção de direitos converteu-se em agenda do governo ilegítimo que substituiu Dilma Rousseff — agenda regressiva para cuja implementação fez-se o impeachment, a despudorada farsa parlamentar sob a liderança do notório Eduardo Cunha, então presidente da Câmara dos Deputados, posto do qual passou à prisão, sem baldeações. Assinale-se ainda que a decisão judicial que o destituiu e prendeu esperou que ele cumprisse sua missão, abrindo espaço para as políticas neoliberais. O impeachment rasgava o pacto político consagrado na Constituição de 1988, que selara a transição da ditadura para o Estado democrático de direito e abrira perspectivas de inclusão social. Com o corte de direitos e investimentos sociais, o governo Temer deixava claro que não haveria limites para sua disposição de bloquear a dinâmica redistributiva vigente nos treze anos anteriores. O capitalismo autoritário, cuja hegemonia fora desafiada, ainda que timidamente — muito timidamente e apenas em seus aspectos secundários ou superestruturais —, nos governos do Partido dos Trabalhadores, voltava a reinar, triunfante.

De todo modo, além das circunstâncias conjunturais, o que está em jogo na crise contemporânea é a mudança ou não da natureza autoritária do capitalismo brasileiro. Essa mudança pode ser apenas aparente, nada além de um realinhamento entre atores e um ajuste de métodos para garantir a hegemonia liberal-conservadora, sob a regência do capital financeiro, aumentando as desigualdades e as mascarando com a linguagem meritocrática, como indicaram os resultados eleitorais em 2018. Mas a mudança também pode vir a significar no futuro — posto que conjunturas e resultados eleitorais mudam — abertura de caminhos para experimentos socioeconômicos e políticos que apontem para um quadro futuro pós-capitalista ao longo do presente século.

Vale a pena retomar com mais detalhes alguns aspectos já rapidamente referidos.

Uma breve história do ódio no Brasil contemporâneo, politicamente inflamado, antes que cheguemos ao processo eleitoral de 2018 e ao triunfo da ultradireita, exigiria que se refletisse sobre a atuação dos *black blocs* e da polícia, espelhando-se, mimetizando reciprocamente a violência alheia na sequência das grandes manifestações de junho de 2013, nas quais a brutalidade policial já dera o tom, tendo, inclusive, se constituído em uma de suas motivações. Espelhavam-se, embora, evidentemente, as respectivas forças fossem incomparáveis. Deve-se ressaltar inclusive que a iniciativa coube às polícias no Rio, em São Paulo e em outras partes do país. Impossível negar sua responsabilidade tanto para a eclosão das grandes manifestações quanto, na sequência, para seu esmaecimento, para o qual também contribuiu a adoção da tática *black bloc*, dando margem a que a polícia justificasse suas intervenções agressivas. Mas não percamos de vista que o tom foi dado pelos governos que autorizaram as polícias a agir com brutalidade ilegal, assim como pelo Ministério Público e pela Justiça, que, com exceções, endossaram, direta e indiretamente, a violência oficial. Além disso, a dispersão e o recuo nas mobilizações eram fins políticos governamentais, não o eram dos jovens mascarados. Sua contribuição para o declínio das passeatas foi involuntário, mescla de ingenuidade política com a infiltração de provocadores a serviço da repressão.

Em 2014, houve a Copa do Mundo e o mal-estar não passou. A derrota vergonhosa no futebol, a mais humilhante da história nacional, 7 a 1 para a Alemanha, injetou mais rancor no país. E então toda a carga de ódio teria de ser sublimada pelas eleições — para a Câmara, o Senado, os governos estaduais, as Assembleias Legislativas e, especialmente, para a presidência da República — caso a política o escoasse, abrindo canais por onde pudesse fluir e ser elaborado. Contudo, entre as ruas e as instituições perdurava o abismo cavado ao longo de tanto tempo e exposto com toda a crueza em junho de 2013, e desde então. Nada indicava que o ódio coubesse nas eleições como um combustível funcional. Era pouco provável que pudesse ser traduzido em linguagem institucional. As candidaturas postas e os partidos existentes não vibravam na frequência dos sentimentos populares nem das paixões dos ativistas.

A bipolaridade que vinha reinando na política brasileira desde 1994 entre PT e PSDB, afinal, foi mantida e avançou ao segundo turno das eleições depois de esmagada com violência simbólica a terceira via representada pela candidatura de Marina Silva. Os dois contendores jogaram um jogo particularmente pesado. O objeto da crítica tornou-se alvo do ódio. Disputa eleitoral transformou-se em guerra política. Discordância ideológica deixou de ser divergência legítima e própria ao regime democrático. Passou a ser motivo para condenação moral. E vale recordar: não estava ainda em cena, com clareza e crueza, o discurso ideológico da ultradireita, mas o ódio, sim, cevando o ambiente para a emergência pouco depois das posições extremadas à direita.

Contemplando esse contexto, entende-se melhor o inusitado da campanha de 2014: a intensidade do ódio que mobilizou a sociedade e degradou tantas relações. As campanhas não inauguraram a epidemia de ódio, mas a potencializaram. Se faltava conexão entre as ruas e as instituições, se não havia no mundo político representatividade e empatia popular, as campanhas presidenciais que chegaram ao segundo turno perceberam o fio desencapado do ódio e o enlaçaram a seu novelo, numa espécie de gambiarra espiritual. As propostas partidárias eram menos importantes que a potência do ódio precipitado pelas militâncias e alimentado pela propaganda eleitoral. A virulência dos ataques atraiu a pulsão agonística que já eletrizava redes sociais, sociedade civil e militantes. Eis aí o curto circuito que dividiu o país ao meio. O ódio, não encontrando, para sublimar-se e civilizar-se, passagem e tradução nos códigos institucionais, derramou-se para fora do campo da disputa política com a intensidade que é sua natureza. Por isso o Brasil teve a eleição mais passional, sem identificação profunda com os candidatos. A política foi apenas a arena. As duas campanhas trouxeram o fogo da condenação moral (a linguagem da guerra), e a sociedade, o ódio. A presidente Dilma Rousseff acabou reeleita.

O problema é que ninguém administra intensidade, e o feitiço pode virar contra o feiticeiro. Ou a feiticeira.

Como a rua havia ingressado no repertório da democracia brasileira desde 2013, ante as sucessivas demonstrações de vulnerabilidade do governo Dilma (cuja política econômica, no começo do segundo mandato, traiu as promessas e adotou o programa do adversário), a energia agonística emergiu, fez-se fenômeno, fenômeno de massa, já no início de 2015, incitada pela mídia mais poderosa.

Eis-nos, então, diante de um ator múltiplo e contraditório, a população nas ruas e nas redes, ator que havia despertado (em grande escala) em 2013, não deixado inteiramente as ruas em 2014 e que retornou à ação em 2015, com outra composição social e, em parte, com outros propósitos. Regressou como o recalcado a assombrar a institucionalidade que gira em falso, reproduzindo-se, mas a cada dia erodindo mais fundo sua legitimidade.

Claro que do alto da avenida Paulista e das antenas da grande mídia, em sintonia com interesses internacionais, o ódio espalhado nas ruas era monitorado, dirigido e drenado: a bandeira anticorrupção não passou de avatar da grande manobra política, em cuja cadência esperta e fisiológica as elites econômicas se livraram do PT. Não fosse assim, não se derrubaria uma presidente em nome da honestidade para entregar o poder ao comitê central da corrupção.

Retomando a síntese que abre este livro: a referida energia agonística à qual o sistema político se conectou, dando-lhe símbolos e vocabulário, mas não canalizou — uma vez que o descompasso entre a representação e os sentimentos populares deixou sobras inassimiláveis —, reforçou a bipolaridade, que assumiu a forma "nós" contra "eles". Não é esse o "nós" da sociabilidade, mencionado na análise das manifestações de junho no primeiro capítulo. Tampouco é o "eles" vago e indeterminado, contrapartida da alienação da potência e do protagonismo. O que esteve em jogo em 2016 e 2017 foi a formação de identidades por negação, tão mais carregadas de ódio quão mais vazias de conteúdo, fenômeno, na sequência, transformado pela ideologização conservadora, o que reforçaria o sentido ideológico no polo progressista. Dizendo-o por metáforas, na ausência de conceitos precisos: as grandes manifestações de 2013 precipitaram uma energia que não foi processada, incorporada ou metabolizada institucionalmente antes do processo eleitoral de 2018. Essa energia desprendida pelo deslocamento de placas tectônicas está viva e vibra sob o modo da intensidade, predispondo ao protagonismo criativo e ao ódio reativo. Em outras palavras, o real dá choque, imanta a política e sacode o país em seu berço esplêndido. Para o bem e para o mal, vivemos sob o signo da intensidade.

A originalidade das eleições de 2018 foi dupla: (1) Em primeiro lugar, ocorreu a cristalização e a aglutinação de crenças e valores conservadores e neoliberais, antes dispersos, acrescidos à mera repulsa generalizada ao status quo (que atende pelo apelido de "isso daí"), sob o signo do antipetismo (o ódio ao PT consolidou-se como uma força gravitacional, um símbolo-síntese, cujos efeitos corrosivos e refratários a argumentos racionais estenderam-se sobre o conjunto do partido, atingindo inclusive militantes e políticos sobre os quais não pesava nenhuma acusação de envolvimento com corrupção e transbordando as fronteiras do partido até alcançar todo o campo das esquerdas). Como vimos anteriormente, a aglutinação numa só imagem-força de uma profusão de opiniões, afetos e percepções aconteceu sobretudo a partir de 2015, ante o agravamento da crise econômica, a contribuição decisiva da mídia conservadora e a incapacidade do governo Dilma de apontar caminhos, isolar a oposição e ampliar alianças na sociedade. (2) Em segundo lugar, deu-se a apropriação da bandeira antipetista por um dos candidatos, Bolsonaro, cuja popularidade foi turbinada pela tentativa de assassinato que sofreu, fato que acabou por dispensá-lo dos debates (ou serviu como justificativa para sua ausência), os quais tenderiam a revelar sua fragilidade. O tsunâmi de *fake news* nas redes sociais terminou por consagrá-lo nas urnas. O PT passou a encarnar o mal e um dos candidatos identificou-se mais que os outros como seu antípoda.

A persona Bolsonaro, os gestos, as palavras e seu histórico de heresias (relativamente às boas maneiras republicanas) autorizavam qualquer abominação ao mais obscuro e ardente antagonista a "tudo isso que está aí". E o "isso daí" a ser repelido prescinde de definição precisa, assim como acontece com o pronome "eles", analisado no primeiro capítulo. O "isso daí" é o que decorre da ação, da inação ou da cumplicidade "deles", os Outros. Esse objeto repugnante (ou não objeto, pura alusão genérica mais adjetiva do que substantiva) compõe-se ao gosto do freguês: salada mista de moralismo — nos planos privado e público, da corrupção às cotas, do feminismo à sexualidade —, revolta contra injustiças, privilégios, óbices burocráticos ao empreendedorismo e obstáculos legais a todo tipo de interesse, sobretudo os ilegítimos aos olhos republicanos, que desejam avançar sobre direitos indígenas, quilombolas, dos trabalhadores, dos sem-terra, sem-teto etc. A salada mistura uma diversidade de sentimentos e pontos de vista, muitos dos quais nada têm a ver, originalmente e separados dos demais, com conservadorismo ou liberalismo. Como se vê, a revolta de classe contra a opressão capitalista pode ser, e foi, tantas vezes, capturada e neutralizada nessa armadilha a um só tempo ideológica e despolitizada. Irmanaram-se empresários da avenida Paulista, representantes do agronegócio, pequenos agricultores e evangélicos das periferias, ou, simplificando: exploradores e explorados. A versão intelectualizada do "tudo isso que está aí" como símbolo-síntese do mal a ser expelido ingressou no vocabulário midiático depois das eleições: o tal globalismo, o gramscianismo cultural e o difuso, misterioso e ubíquo socialismo, que teria tomado conta do país e estaria sendo defenestrado pelo novo governo para que a bandeira permaneça verde-amarela. Por falar em bandeira, como não perceber o paradoxo? A palavra de ordem soa nacionalista, à moda neointegralista, mas a agenda despreza solenemente a soberania e afirma uma pauta neoliberal e privatista. Por outro lado, declarações antiglobalistas se sucedem por parte de membros graduados do governo Bolsonaro, enquanto o Ministério da Economia se proclama radicalmente antiprotecionista e liberal. Portanto, contradições não parecem ser um problema. Ao que tudo indica, constituem a estratégia de captura de aliados em distintos pontos do espectro político-ideológico. Entretanto, em algum momento, o conflito distributivo e a luta de classes cobrarão a conta: nem todos cabem no balaio de gatos quando a soma da equação é zero, o que será inevitável que ocorra, dada a escassez de investimentos, o corte de gastos públicos, o encolhimento de políticas públicas e a preservação dos interesses de rentistas e especuladores com o sacrifício de industriais endividados, da classe média pendurada, dos trabalhadores sob arrocho e de milhões de desempregados e informais lançados ao deus-dará.

Para compreendermos melhor a lógica do *blend*, esse amálgama de contrários sob o escudo de bronze do discurso vencedor, que soa impermeável e, por consequência, dá a falsa impressão de ser incapaz de integrar, somar e ampliar apoios, pensemos em um objeto magnético. O ímã não atrai somente ímãs; atrai também, guardadas as devidas proporções (pesos e medidas), objetos que contenham uma parcela suficiente de material passível de atração. Por analogia, foi assim que funcionou a agregação de disposições críticas ao "isso daí", mesmo que cada uma dessas disposições tivesse sua própria característica e se combinasse com outras tantas disposições, provisoriamente menos potentes, menos capazes de promover deslocamentos em outras direções, rumo a outros objetos magnéticos.

Bolsonaro tornou-se o suporte, o polo gravitacional ou o centro magnético desse amálgama afetivo-ideativo — amálgama que se compôs, como vimos, também ele por agregação magnética (ou metonímica, pois eram pedaços que atraíam fragmentos) — graças a algumas de suas qualidades negativas: não apresentando um projeto para o país com começo, meio e fim; inapto para formular um discurso consistente sobre os temas complexos que desafiam a sociedade brasileira; impotente para liderar de modo positivo, limitou-se a proferir generalidades e a intervir performaticamente. Seu ativismo performático e o vazio de conteúdo exerceram a sedução necessária sobre os satélites afetivo-ideativos que giravam na cena eleitoral, abertos à atração (por disporem de magnetismo complementar ou por identificação negativa, isto é, formada contra o polo oposto). Mas não sejamos ingênuos: o vazio de conteúdo se combinava aos compromissos neoliberais que o futuro ministro da Economia divulgava e cujos efeitos impopulares as esquerdas não conseguiram explicar e difundir. Não à toa Bolsonaro conquistou o apoio das elites.

Eis aqui um exemplo sobre o uso do performativo pelo então candidato da ultradireita, analisado com base no diálogo com um eleitor seu. A despeito da especificidade do tema abordado, segurança pública, a interpretação pode se aplicar amplamente, pois as características do discurso são comuns a outras áreas. Respondendo à ponderação de que o programa de Bolsonaro na área de segurança não tinha consistência, meu interlocutor disse o seguinte: "Estou cansado de promessas. Acho que está mais do que na hora de atitudes! Mesmo que sejam drásticas". Vejam que curioso: nem o programa do partido de Bolsonaro, o PSL, nem a plataforma do candidato correspondiam a qualquer "atitude". Quando se diz, por exemplo: "Vamos dar carta branca ao policial para matar", "Vamos introduzir a excludente de ilicitude" (que significa o mesmo), "Bandido bom é bandido morto" etc., faz-se apenas a promessa de que haverá mudanças na legislação e na política de segurança, na suposição de que essas mudanças produzirão efeitos benéficos à segurança pública. Essas mudanças provocariam mudanças em "atitudes" dos policiais na ponta ou de autoridades. No programa de Fernando Haddad, candidato do PT, havia propostas de mudanças na legislação e na política de segurança, também na suposição de que seriam benéficas e provocariam mudanças de atitudes etc. Nos dois casos, eram "promessas", propostas ou compromissos. A questão era saber quais propostas, compromissos ou promessas funcionariam ou tornariam tudo ainda pior. Este é o ponto: ambas são "promessas". Onde está a "atitude" que o eleitor do PSL vê nas palavras (promessas) de Bolsonaro? Minha resposta é a seguinte: ameaças aos criminosos e adjetivações nas referências a eles funcionam como discursos performativos (segundo a linguística), isto é, equivalem, na percepção de quem ouve, a ações, uma vez que uma ameaça em palavras não é a descrição de uma ameaça (que seria um discurso constativo, segundo a linguística), mas a própria realização da ameaça, a ameaça em ato. E ameaça é uma atitude, não uma promessa de atitude. Por isso a fala do candidato Bolsonaro é eficiente e substitui a avaliação da consistência de suas propostas. A grosseria e a agressividade, embora irracionais e incapazes de produzir efeitos positivos na segurança pública, convencem o eleitor, que toma gato por lebre: a promessa é consumida como atitude, atitudes rimam com ação, e ações suscitam a impressão de efeitos reais, que seriam alcançados sem mediações. Assim, se passa do grito vazio mas contundente, da ameaça inconsequente, para a sensação de efetividade, força e competência. Essa é a mágica de Bolsonaro na segurança. Sua bala de prata é de hortelã: excita as papilas, mas se liquefaz, como as bravatas de sua feroz insensatez. Acontece que, se nada significam enquanto programa de segurança pública, o recurso ao discurso performativo gera, sim, efeitos reais: conclamam à violência inconstitucional, a execuções extrajudiciais e ao banho de sangue.

Retomando o fio da meada, não foi o conteúdo das plataformas eleitorais que gerou a dicotomia radicalizada, apesar da insistência da mídia conservadora em alardeá-lo, atribuindo ao PT o inacreditável epíteto de extremista, espécie de espelho de seu principal adversário, à direita. Nada mais absurdo. O discurso petista nunca deixou de ser social-democrata, moderadíssimo. Entretanto, com a reiteração, a imagem "dois extremos" acabou acolhida de forma ampla para estupor dos analistas minimamente razoáveis e terminou por carimbar em Bolsonaro a marca do Outro do PT. Na verdade, a dicotomia era a forma da intensidade e do ódio, era o epifenômeno do antipetismo, forma que se autonomizou ao longo dos anos anteriores com relativa independência das ideias e dos valores professados. É preciso cuidado para não confundir os arautos mais sectários da ultradireita, que sabem fazer barulho nas ruas e nas redes, com a gama variada de eleitores do candidato vencedor que apenas desejam um pouco de ordem no caos cotidiano, mais garantias de que chegarão vivos em casa e menos privilégios. Por que essas demandas teriam de ser forçosamente direitistas? Não teriam, elas poderiam ser encaixadas em outros puzzles valorativo-ideativos, atraídos por outros amálgamas, mas os oponentes de Bolsonaro não souberam responder a elas convincentemente.

Ao "eles" vago não corresponde um "nós" uníssono, conforme vimos no primeiro capítulo, mas ao "tudo isso aí" que "eles" fazem, ou fizeram, passou a corresponder um "nós" que se une em torno de um líder, o exorcista dos males que assolam o país. Nesse sentido, o polo ultraconservador não continua vazio, não continua sendo pura negação da alteridade: foi preenchido por um conteúdo, embora gelatinoso e, em alguma medida, contraditório. O condutor terá de manter os pratos girando simultaneamente nas mil e uma varetas, comportamentais e econômicas, animando o auditório com suas performances e alimentando a malta nas redes sociais. Difícil imaginar que haja energia para um desempenho tão virtuoso por longo tempo. A unidade gelatinosa mantém-se inconsútil enquanto o ódio e o antipetismo permanecerem acesos. Até quando? Há a hipótese de que cresça o número dos que, não sendo petistas, são, todavia, antiantipetistas. A raiva a signos ocos, mais projeção do que substância, tem data de validade determinada pelos limites do combustível, que nesse caso não é renovável apenas por retroalimentação. Por outro lado, a dilapidação dos direitos sociais e trabalhistas tende a tornar o país ingovernável. Depois de virar pilhéria mundial, o descaminho ultradireitista brasileiro pode se converter em tragédia nacional.

Importante salientar, reiterando o capítulo anterior, que o antipetismo não nasceu apenas do furor reacionário, da estigmatização e das manipulações midiáticas. O próprio partido prestou sua colaboração à usina de destruição de reputações, mostrando-se incapaz de reconhecer os próprios erros. Reivindicando a pureza, contribuiu para tornar menos verossímil sua própria defesa.

Há mais. Se uma camada de eleitores era apenas pragmática e abraçou o pacote mais persuasivo (e terá sido persuasivo pelos motivos referidos anteriormente), outra terá se aproximado do amálgama Bolsonaro por uma demanda mais radical, um desejo de ordem que transcende as questões da segurança pública e alcança um plano escatológico. Clama-se por ordem ante um mundo de incertezas, em que as referências valorativas e as âncoras ontológicas se deslocam desde os modelos de família até os modos de construção da identidade e as formas de amor.

Esse desejo radical de restauração da ordem ontológica que boa parte da legião de eleitores da ultradireita vê sublevada pela tormenta cultural criativa da modernidade, desejo combinado ao balbucio grosseiro a que a linguagem reduziu-se nas redes virtuais, produziu resultado politicamente poderoso, preocupando quem sonha com o aprofundamento da democracia. A miséria da linguagem embrutece. Permito-me o tom confessional: entristece ver a vitalidade da juventude embrulhada em onomatopeias, uma juventude triste e adiada, já vencida. O mundo fica menor sem as palavras, e a complexidade de nosso tempo muito mais difícil de ser deslindada. A troca das palavras que brotam do espírito por slogans e frases feitas priva a inteligência humana da liberdade e impede a emergência de um sujeito autônomo: balbuciando platitudes repetidas vão se apagando, homens e mulheres, vão perdendo seus contornos, engolidos pela sombra imóvel do rebanho que espera a própria extinção. É a vida mesma que se declara extinta, e seu epitáfio é o silêncio eloquente dos memes. Esse bloco de silêncio compacto, rude e barulhento não se forma para a paz e o convívio. O bloco das individualidades suprimidas é a horda que quer um pai mineral, de pau imenso e ereto, um chefe arcaico, deus do primeiro Testamento, o pai que castre os desviantes e restaure a ordem de um mundo que já não há — pois, vejam bem, não é a ordem que deixou de existir, é o mundo ao qual se atribuía essa ordem. O rebanho precisa de um pai mítico porque vive a nostalgia de um mundo mitológico que já não há, que nunca existiu. O pai imperial, o pai absoluto existe para controlar a sexualidade que é fluidez, que não cabe nas caixas, nas preces, nos códigos penais e nas classificações médicas. A sexualidade escorre pelas brechas do bloco, e atenção: cada um virou o bloco, espelhando o rebanho. O que escorre pelos poros, a sexualidade recalcada, é impuro, sujo, promíscuo, corrupto. Aí está a equação Bolsonaro e aí está a verdadeira corrupção que temem: ela é o avesso da ordem mitológica que cultuam em seu silêncio loquaz. Mas essa impureza corrosiva e contagiante provoca um ódio furioso, ódio que é espelho do pavor, pavor porque sabem — pois não há como não saber — que o mal mora dentro de cada ovelha. E todos sabemos como termina a história: a horda primitiva mata o pai — metaforicamente, é prudente acrescentar.

Nesse ponto podemos passar à questão decisiva: (1) se a reação a conquistas dos últimos anos que devemos sobretudo a Lula e ao PT e que desafiaram a natureza autoritária do capitalismo (sem tê-la transformado), somada a um entendimento parcial e enviesado do fenômeno da corrupção (vista na oportunidade como monopólio do PT), criaram condições para a deposição da presidente Rousseff, viabilizando assim, com Temer, o projeto político regressivo das elites, subsequentemente desdobrado por Bolsonaro, e (2) se essa mesma natureza autoritária tende a obstar a dinâmica individualizante do mercado, cujo aprofundamento produz contradições que abrem as brechas para a emergência de um novo tipo de individualidade (criativa, libertária, igualitária — na diversidade — e universalista, isto é, solidária), pode-se deduzir que (3) a reação que se materializa na agenda neoliberal e exibe seus dentes nas bandeiras ultraconservadoras, as quais há tempos mofavam no armário, constitui resistência ativa ao processo profundo de democratização da sociedade brasileira, cujos sinais são múltiplos, entre os quais a radicalização da individualidade, como categoria, experiência e valor, na contramão do individualismo.

Talvez isso ajude a explicar por que vem crescendo vertiginosamente o feminicídio e os crimes homofóbicos, e por que tornaram-se tão importantes no debate público brasileiro propostas obscurantistas como "escola sem partido", trazendo consigo um debate tão explosivo, ou ainda por que continua a haver tamanha resistência a que se enfrente de modo aberto o racismo estrutural brasileiro.

Enfrentemos diretamente a questão: a reação aos movimentos feministas tem encontrado sua representação extrema no feminicídio. O mesmo vale para a reação aos movimentos LGBTQ e outros do "gênero". Compreende-se: esses movimentos — ao lado do movimento negro, em sua variedade, e de segmentos religiosos não institucionalizados, cada qual com suas peculiaridades — têm sido a ponta de lança das explorações mais radicais da individualidade neossocialista, digamos assim, ou mesmo neocomunista, em sentido libertário e reanimador de utopias universalizantes. Afinal, o que está em jogo, entre outras questões-chave, é a possibilidade revolucionária de eliminar classificações, legitimando a separação político-ético-cultural e mística entre corpo, identidade, sexo e gênero. As lutas denominadas, a meu juízo equivocadamente, "identitárias" e "fragmentárias" (quando não "divisionistas" — desqualificação ainda mais despropositada) são a mesma luta, a despeito de suas especificidades: todas remetem à estética (que se enraíza na autoconstrução) e confluem para ampliar o espaço da autonomia individual, na contramão da marcha batida do capital rumo à segregação, ao extermínio dos descartáveis e à manutenção das desigualdades. O processo civilizador, que conecta os ianomâmis à sociedade pós-industrial, requer a superação do capitalismo e a reinvenção da individualidade, em paralelo à ressignificação da vida além do humano. Por isso é parte dessa ampla mobilização revolucionária o ambientalismo, que resiste à devastação geradora do aquecimento global, entendendo que esse processo está intrinsecamente ligado ao capitalismo apoiado no consumo e impulsionado pelo poder globalizado do capital financeiro. Em paralelo, a resistência das sociedades originárias à expropriação de seus territórios inclui-se como duplamente vanguarda nesse quadro ético-político: confrontando a degradação ambiental e defendendo tradições que oferecem à humanidade repertórios alternativos para pensar, sentir e viver as relações com a alteridade, em todas as suas dimensões, para além do humanismo antropocêntrico.

Não nego que os movimentos chamados identitários são confrontados por um dilema dilacerante: de um lado, há a necessidade política de afirmar, com orgulho, sua identidade, que corresponde à admissão do pertencimento a um grupo; por outro, há o risco de que sair do armário signifique entrar na gaveta, ou seja, aceitar um rótulo classificatório que congela o sujeito e reduz suas possibilidades de ser, de vir a ser. Nesse sentido, trabalho com a hipótese de que a referida política de identidades seja apenas uma etapa no desenvolvimento da consciência e das práticas, cujo rumo aponta para a radicalização da individualidade solidária e igualitária (no respeito às diferenças), base para o exercício pleno da dialogia, numa estrutura interlocucionária de tipo eu-tu no ambiente político da unidade (na diferença) pela democracia profunda.

Evidentemente, as grandes e permanentes questões vinculadas à luta de classes permanecem centrais no esforço histórico e multifacético de superar o capitalismo e seu cortejo de horrores — preservando, como ensinava Marx, as conquistas alcançadas no período de sua hegemonia.

O liberalismo não convive bem com a nova individualidade, sua filha bastarda: o mercado regurgita a figura do indivíduo autônomo que pode, por exemplo, recusar-se a jogar o jogo esquemático do consumo e rejeitar a cooptação política. O conservadorismo tem horror a uma individualidade que se recusa a naturalizar hábitos, valores e regras do jogo. O capitalismo mercantiliza os objetos e os seres. Se a esfera econômica dos serviços, que prepondera crescentemente, estimula o empreendedorismo, sua dinâmica pode produzir novas legiões de conservadores integrados, adeptos do sistema capitalista que os acolhe e remunera, mas pode também regurgitar individualidades fortalecidas e desejosas de autonomia e respeito, igualdade de oportunidades e radicalização da cidadania, em cujo âmbito abre-se espaço para o aprofundamento da individualidade como valor e experiência, entendida e vivida como ruptura com o individualismo do mercado e reconhecimento dos benefícios e das virtudes da solidariedade cooperativa e da empatia compassiva.

Kant definia a dignidade, fundamento dos direitos humanos, como a qualidade do incomensurável, insubstituível, o que não se deixa reduzir a mercadoria. Outro extraordinário pensador, o xamã Kopenawa, define do seguinte modo a sociedade brasileira: os brancos são o povo da mercadoria. É o que

temos sido de fato. Aliás, pior que isso, tornamo-nos o povo-
-mercadoria que vive na terra-mercadoria. Resta confiar que
as contradições nos salvem.

Não mercadoria, por excelência, é a dignidade, o que não
se compra nem vende. É o que, na ordem humana, situa-se
fora do circuito das trocas e não encontra equivalências: "No
reino dos fins, tudo tem um *preço* ou uma *dignidade*. Quando
uma coisa tem um preço, pode-se pôr em vez dela qualquer
outra como equivalente; mas quando uma coisa está acima de
todo preço, e portanto não permite equivalente, então tem ela
dignidade" (Kant, 1980, p. 140).

Conclusões

Contemplando o percurso reflexivo que este livro encerra, avalio que os argumentos centrais alcançaram o ponto em que se torna possível vislumbrar sua convergência para algumas conclusões sintéticas:

(1) Conforme exposto no capítulo 6, Caetano Veloso identifica uma linha evolutiva da música popular brasileira, referindo-se, segundo a leitura que propus, não apenas à ampliação quantitativa do repertório, mas sobretudo qualitativa, entendendo-se esse incremento de qualidade não como aprimoramento progressivo das obras, mas como crescente diversificação de abordagens. Isso implica continuada abertura do acervo histórico à infinidade de reapropriações criativas, o que, por sua vez, significa enriquecimento do estoque legado às futuras gerações.

(2) Esse conceito não evolucionista de evolução é extraordinariamente sensível à complexidade dos processos históricos e nos municia com uma perspectiva analítica simultaneamente avessa ao etnocentrismo — ou ao vanguardismo elitista e autoritário — e refratária ao relativismo que recusa avaliações comparativas, escolha entre valores, opções entre critérios de juízo e afirmação de pontos de vista críticos.

(3) Quando Caetano diz que só satiriza o que ama, propõe a separação entre duas espécies de contraste: por um lado, o tipo de diferença que sua obra inscreve no contínuo cultural-estético; por outro, o antagonismo e a hierarquização.

(4) Caso nossa interpretação sobre o tropicalismo faça sentido, a dualidade ontológica instaurada pelos quase quatro séculos de escravidão, estendida pelo racismo e pelas iniquidades ao longo do século XX — conforme exposto nos capítulos 1, 2, 3 e 4 —, e recalcada na memória nacional, encontra vias de elaboração e reversão quando dinâmicas culturais e sociais de tipo eu-tu irrompem, transformando radicalmente os processos de circulação de vozes, linhas de poder e autoridade, depósitos e fontes de valor. Por isso pode-se dizer que o tropicalismo foi (e nos legou) um laboratório experimental da nova individualidade e do novo diálogo, eu-tu.

(5) O regime dialógico no relacionamento com a alteridade não se consolida quando se afirma apenas em uma esfera da vida social — a arte e a criação cultural —, ainda que possam provir dessa província de significação a energia, o mapa, a senha, a inspiração original. Para que o regime dialógico se consolide, é necessária sua vigência nos diferentes planos em que se manifestam os efeitos perversos, opressivos e violentos do racismo estrutural vertebrado e desdobrado pelo capitalismo autoritário: a extensão continuada do próprio racismo, as iniquidades sociais, a exploração econômica, a marginalização política, a criminalização da pobreza e as desigualdades que se reproduzem no âmbito do acesso à Justiça, as quais têm início nas abordagens policiais (na brutalidade policial contra os mais pobres e os negros, o que inclui a execução extrajudicial) e se concluem na prolatação das sentenças e na aplicação das penas.

(6) A afirmação na sociedade brasileira de um novo modelo de relacionamento com o Outro envolve, implica e pressupõe o estabelecimento de condições (sempre multidimensionais) para a construção e o amadurecimento da individualidade, como experiência subjetiva e intersubjetiva, como categoria jurídico-política, no campo dos direitos, e como fonte e alvo do valor, cujo sentido elementar é a dignidade. Os pressupostos desse

processo histórico foram apresentados no capítulo 7. Para esse fim contribui, paradoxalmente — ou dialeticamente —, o desenvolvimento combinado e desigual do capitalismo, mesmo com sua natureza autoritária, gerando nossa modernização conservadora. Isso ocorre porque a progressão paroxística do individualismo, ensejada pela dinâmica do mercado que se globaliza, gera mais uma contradição,[1] ao criar condições para que o indivíduo atravesse o espelho, radicalize sua experiência e escape à órbita mercantil que o submete como consumidor e o reduz a mero agente do cálculo utilitário e instrumentalizador.

(7) Fora de partidos e instituições, em meio a tensões diversas, expande-se na sociedade brasileira a individualidade, construída, vivida, revigorada e ampliada por grupos sociais e indivíduos para os quais o eixo de agregação dá-se em um plano invisível a quem observa apenas a conjuntura ou se concentra nas variáveis sociológicas tradicionais, que recortam o real em camadas. A força da individualidade e dos indivíduos e grupos que a exercitam criativamente, em suas múltiplas dimensões, não pode ser identificada e avaliada por análises setoriais que incidam, alternativamente, sobre os direitos, os valores e as subjetividades, muito menos sobre o mercado, o mundo do interesse e a política institucional, ainda que todas essas áreas sejam pertinentes e relevantes. Tem havido mais espaço (ainda que toda generalização seja, nessa matéria, grosseira e incorreta) para o respeito a indivíduos que ousam reinventar-se a partir de gramáticas próprias, rebelando-se contra rótulos e classificações, diagnósticos e estigmas, juízos fixos e determinação de destinos biográficos, sem por isso cortar vínculos com a vivência da empatia e da solidariedade, reconhecendo no Outro o mesmo potencial libertário. Itinerários errantes e fortemente individualizados no campo religioso, ou

---

[1] Para a análise de outras dezessete, consulte-se Harvey (2016).

no domínio da espiritualidade, são apenas um exemplo entre muitos que dão testemunho dessa tendência a que nos referimos no capítulo 5. Experimentações que distinguem corpo, sexo, gênero e identidade também representam contribuições desbravadoras de grande importância para a individualidade. Com dificuldades, em meio a reações intolerantes, esses inventores de si mesmos (em conexão com agendas e repertórios coletivos) têm alcançado conquistas notáveis no país, alargando o território da individualidade como experiência e apontando para as renovações correspondentes seja na esfera da categoria, ou do direito, seja na esfera do valor, promovendo a substituição da moral como código pela moralidade como abertura ao Outro e como disponibilidade. Movimentos minoritários ligados à defesa da tolerância religiosa e a bandeiras libertárias cumprem papel decisivo.

(8) Além disso, e na mesma direção, houve por cerca de duas décadas, paralelamente à modesta porém significativa redução da pobreza, a valorização da equidade e da linguagem da cidadania — correndo-se o risco, é verdade, da judicialização reducionista que esvazia a política e invade a intimidade. Entretanto, na contramão desse processo democratizante, precipitou-se a contrarreforma, orientada pela pauta neoliberal, em aliança com os arautos do moralismo mais conservador, hábeis na articulação de suas bandeiras com a retórica armamentista, reivindicando leis mais duras, maiores penas, liberdade para o comércio de armas, guerra às drogas, criminalização da pobreza e mais violência policial. Para coroar essa agenda perversa, defendem a depredação do meio ambiente e a liquidação das conquistas dos povos originários. Assim, sob o império do ódio e da bipolaridade, em cujos termos o Outro é o inimigo, a cultura política se empobrece e retrai, embotando a imaginação e o diálogo, o que acaba sendo bastante coerente com a acomodação do Brasil ao papel que lhe confere a divisão

internacional do trabalho. O país parece conformado com seu destino agroexportador em pleno século XXI. É o que sugere a vitória da ultradireita em 2018. Esse resultado, com seu rosário de consequências e pressupostos, constitui um obstáculo ao processo de individualização não individualista, tal como aqui o tenho definido, desde logo por fortalecer o viés autoritário do capitalismo brasileiro. Obstáculo também porque, como o governo da ultradireita funda sua legitimidade popular na força da negação, acaba por replicar uma polaridade simplificadora, oferecendo a máscara que tende a diluir cada singularidade (individual) na geleia geral de seu totem. Geleia porque não há vertebração (ou multiplicidade positiva de vozes) na coletividade que se identifica por oposição, isto é, pelo simples fato de ser contra um inimigo comum: o PT, o comunismo, fontes de todo o mal. A lógica esquemática que articula o campo conservador — bem diferente da dinâmica que se verifica no campo plural (até demasiadamente fragmentado, às vezes autofágico e fratricida) das esquerdas — é um avatar dos mecanismos classificatórios dos quais a própria política identitária (pelo menos suas correntes mais democráticas) tem nos afastado. Instaura um espaço pobre demais para a experiência criativa e solidária da individualidade e reforça a exploração de classe.

O tropicalismo foi premonitório e antecipou a linguagem da nova individualização, no avesso do individualismo careta dos liberais e a contrapelo das hierarquias conservadoras. Enquanto exercitavam novas formas de convívio e da experiência de si, os personagens do "movimento" teceram redes trans-históricas entre singularidades, reinventando a ideia e o sentimento de evolução civilizadora, ampliando o repertório das criações e dos interlocutores, ignorando a barreira que os separava do passado e negando a violência classificatória. Oiticica, Caetano, Gil e seus parceiros e parceiras nos ensinaram que a flecha da história aponta em todas as direções. Isso é música, para os ouvidos dos nômades da espiritualidade e de muita gente disposta a escutar, enquanto tantos fazem ouvido de mercador.

    Concluo admitindo que, apesar das boas palavras e do vislumbre de outras possibilidades, os vestígios da dualidade ontológica permanecem conosco, rasgando o coração do país. O ódio não cessa de circular nas veias do gigante adormecido. Flui como um rio de sangue cuja fonte nunca deixou de ser a casa-grande.

Referências bibliográficas

ALMEIDA, Manuel Antônio de. *Memórias de um sargento de milícias*. São Paulo: Penguin Classics Companhia das Letras, 2013.

ALMEIDA, Ronaldo de. *A universalização do Reino de Deus*. Campinas: IFCH--Unicamp, 1996. Dissertação (Mestrado em Antropologia Social).

_____. "Religião na metrópole paulista". *Revista Brasileira de Ciências Sociais*, São Paulo, Edusc/ Anpocs, vol. 19, nº 56, pp. 15-27, out. 2004.

_____. *A Igreja Universal e seus demônios: Um estudo etnográfico*. São Paulo: Terceiro Nome, 2009.

AGRIPPINO DE PAULA, José. *PanAmérica*. São Paulo: Papagaio, 2001.

AMARAL, Leila. "Deus é pop: Sobre a radicalidade do trânsito religioso na cultura popular de consumo". In: SIEPIERSKI, Paulo D.; GIL, Benedito M. (Orgs.). *Religião no Brasil: Enfoques, dinâmicas e abordagens*. São Paulo: Paulinas, 2003, pp. 97-108.

ANDRADE, Mário de. *Macunaíma: O herói sem nenhum caráter*. São Paulo: Penguin Classics Companhia das Letras, 2016.

ANDRADE, Oswald de. *Manifesto antropófago e outros textos*. Org. e coord. de Jorge Schwartz e Gênese Andrade. São Paulo: Penguin Classics Companhia das Letras, 2017.

ARANTES, Antonio Augusto. *Compadrio no Brasil rural: Análise estrutural de uma instituição ritual*. São Paulo: FFLCH-USP, 1970. Dissertação (Mestrado em Antropologia).

_____. "Pais, padrinhos e o Espírito Santo: Um reestudo do compadrio". In: ARANTES, Antonio Augusto et al. (Orgs.). *Colcha de retalhos: Estudo sobre a família no Brasil*. 2. ed. Campinas: Editora da Unicamp, 1993, pp. 195-206.

_____. "Compadrio in Rural Brazil: Structural Analysis of a Ritual Institution". *Vibrant*, vol. 8, nº 2, pp. 70-112, jul.-dez. 2011.

ARAÚJO, Ricardo Benzaquen de. *Guerra e paz:* Casa-grande & senzala *e a obra de Gilberto Freyre nos anos 30*. São Paulo: Editora 34, 1994.

BASTIDE, Roger. *Estudos afro-brasileiros*. São Paulo: Perspectiva, 1973.

BASUALDO, Carlos (Org.). *Tropicália: Uma revolução na cultura brasileira (1967-1972)*. São Paulo: Cosac Naify, 2007.

BENVENISTE, Émile. "La Nature des pronoms". In: _____. *Problèmes de linguistique générale*. Paris: Gallimard, 1966a.

_____. "De la Subjectivité dans le langage". In:_____. *Problèmes de linguistique générale*. Paris: Gallimard, 1966b.

BERQUÓ, Elza. "Evolução demográfica". In: SACHS, Ignacy; WILHEIM, Jorge; PINHEIRO, Paulo Sérgio (Orgs.). *Brasil: Um século de transformações*. São Paulo: Companhia das Letras, 2001.

BIRMAN, Patricia; NOVAES, Regina; CRESPO, Samira (Orgs.). *O mal à brasileira*. Rio de Janeiro: Editora da UFRJ, 1997.

BOURDIEU, Pierre. "Condição de classe e posição de classe". In: _____. *A economia das trocas simbólicas*. 7. ed. São Paulo: Perspectiva, 2013.

BRANDÃO, Gildo Marçal. *Linhagens do pensamento político brasileiro*. São Paulo: Hucitec, 2007.

CAMPOS, Haroldo de. *Morfologia do Macunaíma*. São Paulo: Perspectiva, 2008.

CANDIDO, Antonio. "Dialética da malandragem: caracterização das *Memórias de um sargento de milícias*". *Revista do Instituto de Estudos Brasileiros*, São Paulo, USP, nº 8, pp. 67-89, 1970.

CANETTI, Elias. *A consciência das palavras*. São Paulo: Companhia das Letras, 2011.

CARVALHO, José Murilo de. *Os bestializados: O Rio de Janeiro e a República que não foi*. São Paulo: Companhia das Letras, 1989.

_____. *Pontos e bordados: Escritos de história e política*. Belo Horizonte: Editora da UFMG, 1998.

CÉSAR, Waldo. "Urbanizacão e religiosidade popular: Um estudo da função da doutrina pentecostal na sociedade urbana". *Revista Vozes*, nº 7, pp. 19-28, set. 1974.

CHALHOUB, Sidney. *A força da escravidão: Ilegalidade e costume no Brasil oitocentista*. São Paulo: Companhia das Letras, 2012. E-book.

COELHO, Lázara Divina. "Trânsito religioso: Uma revisão exploratória do fenômeno brasileiro", *Vox Faifae: Revista de Ciências Humanas e Letras das Faculdades Integradas da Fama*, vol. 1, nº 1, 2009.

COUTINHO, Carlos Nelson. "A democracia como valor universal", *Encontros com a Civilização Brasileira*, Rio de Janeiro, nº 9, pp. 33-48, mar. 1979.

_____. "A democracia como valor universal". In: _____. *A democracia como valor universal e outros ensaios*. 2. ed. Rio de Janeiro: Salamandra, 1984, pp. 17-48.

_____. "As categorias de Gramsci e a realidade brasileira". In: _____. *Gramsci: Um estudo sobre seu pensamento político*. Rio de Janeiro: Civilização Brasileira, 1999.

COUTINHO, Carlos Nelson. "A época neoliberal: Revolução passiva ou contrarreforma?". *Revista Novos Rumos*, vol. 49, nº 1, pp. 117-26, jan.-jun. 2012.

DAMATTA, Roberto. "Você sabe com quem está falando?". In: _____. *Carnavais, malandros e heróis: Para uma sociologia do dilema brasileiro*. Rio de Janeiro: Zahar, 1979.

DELEUZE, Gilles. *Spinoza et le problème de l'expression*. Paris: Minuit, 1969.

DRUMMOND DE ANDRADE, Carlos. "Confidência do itabirano". In: _____. *Reunião*. Rio de Janeiro: José Olympio, 1971.

DUMONT, Louis. *Homo Hierarchicus: Essai sur le système des castes*. Paris: Gallimard, 1966.

FAJARDO, Maxwell Pinheiro. "Pentecostalismo, urbanização e periferia: Perspectivas teóricas". *Paralellus*, Recife, ano 2, nº 4, pp. 181-92, jul.-dez. 2011.

FANON, Frantz. *Pele negra, máscaras brancas*. Trad. de Renato Silveira. Salvador: Edufba, 2008.

FAORO, Raymundo. *Os donos do poder: Formação do patronato político brasileiro*. Rio de Janeiro: Globo, 1975.

FERNANDES, Florestan. *A revolução burguesa no Brasil: Ensaio de interpretação sociológica*. Rio de Janeiro: Zahar, 1975.

FERNANDES, Rubem César. *Censo institucional evangélico: CIN 1992*. Rio de Janeiro: Iser, 1992.

FERNANDES, Sílvia Regina; PITTA, Marcelo. "Mapeando as rotas do trânsito religioso no Brasil". *Religião e Sociedade*, Rio de Janeiro, vol. 26, nº 2, pp. 120-54, 2006.

FONSECA, Alexandre Brasil. "Nova era evangélica: Confissão positiva e o crescimento dos sem religião". *Revista de Estudos e Pesquisa da Religião*, Juiz de Fora, vol. 3, nº 2, pp. 63-90, 2000.

FRANCO, Maria Sylvia de Carvalho. *Homens livres na ordem escravocrata*. São Paulo: Editora Unesp, 1997.

FREYRE, Gilberto. *Casa-grande & senzala*. São Paulo: Global, 2006.

GADAMER, Hans-Georg. *A atualidade do belo: A arte como jogo, símbolo e festa*. Rio de Janeiro: Tempo Brasileiro, 1985.

GEERTZ, Clifford. *The Interpretation of Cultures: Selected Essays*. Nova York: Basic Books, 1973.

GELL, Alfred. "How to Read a Map: Remarks on the Practical Logic of Navigation". *Man*, vol. 20, nº 2, pp. 271-86, 1985.

GRINBERG, Keila. "Castigos físicos e legislação". In: SCHWARCZ, Lilia Moritz; GOMES, Flávio Santos (Orgs.). *Dicionário da escravidão e liberdade*. São Paulo: Companhia das Letras, 2018.

GUIMARÃES, A. César. *Bonapartism: The Authoritarian Regime in Marxist Political Theory*. Chicago: University of Chicago, 1972. Dissertação (Mestrado em Ciência Política).

GUIMARÃES, Alberto Passos. *Quatro séculos de latifúndio*. Rio de Janeiro: Paz e Terra, 1968.

GRAMSCI, Antonio. *Maquiavel: A política e o Estado moderno*. Rio de Janeiro: Civilização Brasileira, 1968.
HARVEY, David. *17 contradições e o fim do capitalismo*. Trad. de Rogério Bettoni. São Paulo: Boitempo, 2016.
HERVIEU-LÉGER, Danièle. *O peregrino e o convertido: A religião em movimento*. Lisboa: Gradiva, 2005.
HOLANDA, Sérgio Buarque de. *Raízes do Brasil*. São Paulo: Companhia das Letras, 2015.
INGOLD, Tim. *The Perception of Environment: Essays*. Londres: Routledge, 2000.
IPEA (Instituo de Pesquisa Econômica Aplicada). "Expansão dos direitos das trabalhadoras domésticas no Brasil". Disponível em: <http://www.ipea.gov.br/portal/images/stories/PDFs/nota_tecnica/120830_notatecnicadisoc010.pdf>. Acesso em: 16 abr. 2019.
JACOB, Cesar Romero; HEES, Dora Rodrigues; WANIEZ, Philippe; BRUSTLEIN, Violette (Orgs.). *Atlas da filiação religiosa e indicadores sociais no Brasil*. Rio de Janeiro: PUC-RJ; São Paulo: Loyola, 2003.
_____. *Religião e sociedade em capitais brasileiras*. Rio de Janeiro: PUC-RJ; São Paulo: Loyola, 2006.
JAGUARIBE, Hélio. "Política ideológica e política de clientela". *Digesto Econômico*, São Paulo, vol. 6, nº 68, pp. 41-62, jul. 1950.
JAMES, William. *Pragmatism and Other Writings*. Londres: Penguin, 2000.
KANT, Immanuel. *Fundamentação da metafísica dos costumes*. São Paulo: Abril, 1980.
KOFES, Suely. *Mulher, mulheres: Identidade, diferença e desigualdade na relação entre patroas e empregadas domésticas*. Campinas: Editora da Unicamp, 2001.
KOPENAWA, Davi; ALBERT, Bruce. *A queda do céu: Palavras de um xamã yanomami*. São Paulo: Companhia das Letras, 2015.
LEACH, Edmund. *Political Systems of Highland Burma: A Study of Kachin Social Structure*. Londres: Athlone, 1954.
LÊNIN, V. I. "The Agrarian Program of Social Democracy in the First Russian Revolution (1905-1907)". In: _____. *Capitalism and Agriculture*. Nova York: International Publishers, 1946a.
_____. "Capitalism and Agriculture in the United States". In: _____. *Capitalism and Agriculture*. Nova York: International Publishers, 1946b.
_____. *The Development of Capitalism in Russia*. Londres: Lawrence and Wishart e Progress Publishers, 1964. (Collected Works, vol. 3).
_____. *The April Theses*. Moscou: Progress Publishers, 1970.
LINS, Paulo. *Cidade de Deus*. São Paulo: Planeta, 2012a.
_____. *Desde que o samba é samba*. São Paulo: Planeta, 2012b.
LISPECTOR, Clarice. *A hora da estrela*. Rio de Janeiro: Rocco, 1977.
MACHADO, Maria das Dores Campos. *Política e religião: A participação dos evangélicos nas eleições*. Rio de Janeiro: FGV, 2006.

MACHADO, Maria Helena Pereira Toledo. "Mulher, corpo e maternidade". In: SCHWARCZ, Lilia Moritz; GOMES, Flávio Santos (Orgs.). *Dicionário da escravidão e liberdade*. São Paulo: Companhia das Letras, 2018.

MAFRA, Clara; ALMEIDA, Ronaldo de (Orgs.). *Religiões e cidades: Rio de Janeiro e São Paulo*. São Paulo: Terceiro Nome; Fapesp, 2009.

MAGNANI, José Guilherme. *Mystica Urbe: Um estudo antropológico sobre o circuito neoesotérico na metrópole*. São Paulo: Studio Nobel, 1999.

MALHEIRO, Agostinho Marques Perdigão. *A escravidão no Brasil*. vol. 1. Rio de Janeiro: Typografia Nacional, 1866. Transcrição para e-book: eBooksBrasil, 2008. Disponível em: <http://www.ebooksbrasil.org/eLibris/malheiros1.html>. Acesso em: 28 mar. 2019.

MAMMÌ, Lorenzo. *O que resta: Arte e crítica de arte*. São Paulo: Companhia das Letras, 2012.

MARTINS, Luciano. *Industrialização, burguesia nacional e desenvolvimento*. Rio de Janeiro: Saga, 1968.

_____. *Pouvoir et développement économique: Formation et évolution des structures politiques au Brésil*. Paris: Anthropos, 1976.

MAUSS, Marcel. *Antropologia e sociologia*. 2 vols. Rio de Janeiro: Zahar, 1974.

MELO NETO, João Cabral de. *O cão sem plumas*. Rio de Janeiro: Alfaguara, 2007.

MENDONÇA TELES, Gilberto. *Vanguarda europeia e modernismo brasileiro: Apresentação e crítica dos principais manifestos vanguardistas*. Rio de Janeiro: José Olympio, 1976.

MENESES, Paulo. *Para ler a fenomenologia do espírito: Roteiro*. São Paulo: Loyola, 1985.

_____. *Abordagens hegelianas*. Rio de Janeiro: Vieira & Lent, 2006.

MERQUIOR, José Guilherme. *O argumento liberal*. Rio de Janeiro: Nova Fronteira, 1983.

_____. "Raízes da tradição autoritária". *Jornal do Brasil*, Rio de Janeiro, 20 fev. 1982.

MESQUITA NETO, Paulo de. *Ensaios sobre segurança cidadã*. São Paulo: Quartier Latin, 2011.

MIÉVILLE, China. *A cidade & a cidade*. São Paulo: Boitempo, 2014.

MONTEIRO, Douglas Teixeira. *Os errantes do novo século: O surto milenarista do Contestado*. São Paulo: Duas Cidades, 1974.

MONTEIRO, Paula. "Magia, racionalidade e sujeitos políticos". *Revista Brasileira de Ciências Sociais*, São Paulo, vol. 9, nº 26, pp. 72-90, out. 1994.

_____; ALMEIDA, Ronaldo de. "O campo religioso brasileiro no limiar do século: Problemas e perspectivas". In: RATTNER, Henrique (Org.). *Brasil no limiar do século XXI*. São Paulo: Edusp, 2000.

MOORE JR., Barrington. *Social Origins of Dictatorship and Democracy: Lord and Peasant in the Making of the Modern World*. Londres: Penguin, 1969.

MORSE, Richard M. *O espelho de Próspero: Cultura e ideias nas Américas*. Trad. de Paulo Neves. São Paulo: Companhia das Letras, 1988.

NOVAES, Regina. "Os Jovens 'sem religião': Ventos secularizantes, 'espírito de época' e novos sincretismos. Notas preliminares". *Estudos Avançados*, vol. 18, nº 52, pp. 321-30, set.-dez. 2004.

OITICICA FILHO, César (Org.). *Hélio Oiticica: Museu é o mundo*. Rio de Janeiro: Azougue, 2011.

OLIVEIRA, Lucia Lippi. "O lado americano de Richard Morse". *Revista Brasileira de Informação Bibliográfica em Ciências Sociais*, São Paulo, vol. 51, pp. 5-7, 2001a.

_____. "Tradição e artifício: Um clássico do estudo do iberismo e barroco na formação americana". *Interseções: Revista de Estudos Interdisciplinares*, Rio de Janeiro, vol. 2, pp. 267-74, 2001b.

PALMEIRA, Moacir; GARCIA, Afrânio. "Rastros de casas-grandes e de senzalas: Transformações sociais no mundo rural brasileiro". In: SACHS, Ignacy; WILHEIM, Jorge; PINHEIRO, Paulo Sérgio (Orgs.). *Brasil: Um século de transformações*. São Paulo: Companhia das Letras, 2001.

PASSOS, João Décio. "Pentecostalismo e modernidade: Conceitos sociológicos e religião popular metropolitana". Disponível em: <https://www.pucsp.br/revistanures/revista2/artigos_joao_decio.pdf>. Acesso em: 28 mar. 2019.

PEREZ, Léa Freitas; AMARAL, Leila; MESQUITA, Wania (Orgs.). *Festa como perspectiva e em perspectiva*. Rio de Janeiro: Garamond, 2012.

PIERUCCI, Antônio Flávio. "Bye bye, Brasil: O declínio das religiões tradicionais no Censo 2000". *Estudos Avançados*, vol. 18, nº 52, pp. 17-28, set.-dez. 2004.

_____; PRANDI, Reginaldo. *A realidade social das religiões no Brasil*. São Paulo: Hucitec, 1996.

PINSKY, Jaime. *Escravidão no Brasil*. São Paulo: Contexto, 2010. E-book.

PRADO JR., Caio. *História econômica do Brasil*. 7. ed. São Paulo: Brasiliense, 1962.

_____. *A revolução brasileira*. São Paulo: Brasiliense, 1966.

QUEIROZ, Maurício Vinhas de. *Messianismo e conflito social*. Rio de Janeiro: Civilização Brasileira, 1966.

RAMOS, Graciliano. *Vidas secas*. São Paulo: Martins, 1971.

RANGEL, Ignácio. *A dualidade básica da economia brasileira*. Rio de Janeiro: Iseb, 1953.

REIS, Elisa Maria da Conceição Pereira. *The Agrarian Roots of Conservative Modernization Brazil: 1880-1930*. Cambridge, MA: Massachusetts Institute of Technology, 1980. Tese (Doutorado em Ciência Política).

ROLIM, Marcos. *A síndrome da rainha vermelha: Policiamento e segurança pública no século XXI*. Rio de Janeiro: Zahar, 2006.

RORTY, Richard. *Philosophy and the Mirror of Nature*. Nova Jersey: Princeton University Press, 1979.

_____. *Contingency, Irony, and Solidarity*. Nova York: Cambridge University Press, 1989.

_____. *Objectivity, Relativism, and Truth: Philosophical Papers*. vol. 1. Nova York: Cambridge University Press, 1991a.

RORTY, Richard. *Essays on Heidegger and Others: Philosophical Papers*. vol. 2. Nova York: Cambridge University Press, 1991b.

_____. *Truth and Progress: Philosophical Papers*. vol. 3. Nova York: Cambridge University Press, 1998.

_____. *Philosophy as Cultural Politics: Philosophical Papers*. vol. 4. Nova York: Cambridge University Press, 2007.

ROUSSEAU, Jean-Jacques. *Do contrato social*. São Paulo: Penguin Classics Companhia das Letras, 2011.

_____. *A origem da desigualdade entre os homens*. São Paulo: Penguin Classics Companhia das Letras, 2017.

SANCHIS, Pierre. "O campo religioso será ainda hoje o campo das religiões?". In: HOORNAERT, Eduardo (Org.). *História da Igreja na América Latina e no Caribe (1945-1995)*. Petrópolis: Vozes; Cehila, 1995.

_____. "Cultura brasileira e religião, passado e atualidade". *Cadernos Ceru*, vol. 19, nº 2, pp. 71-92, dez. 2008.

_____. "Pluralismo, transformação, emergência do indivíduos e de suas escolhas. Entrevista especial com Pierre Sanchis". *Revista IHU*, on-line, 27 ago. 2012. Disponível em: <http://www.ihuonline.unisinos.br/index.php?option=com_content&view=article&id=4586&>. Acesso em: 28 mar. 2019.

SANTOS, Milton. *A urbanização brasileira*. São Paulo: Edusp, 2005.

SAVIANO, Roberto. *Zero, zero, zero*. São Paulo: Companhia das Letras, 2014.

SCHWARCZ, Lilia Moritz. *O espetáculo das raças: Cientistas, instituições e questão racial no Brasil 1870-1930*. São Paulo: Companhia das Letras, 2011.

_____. *Nem preto, nem branco, muito pelo contrário: Cor e raça na sociabilidade brasileira*. São Paulo: Claro Enigma, 2012.

SCHWARZ, Roberto. "As ideias fora do lugar". In: _____. *Ao vencedor as batatas*. São Paulo: Duas Cidades, 1977.

_____. *Um mestre na periferia do capitalismo*. São Paulo: Duas Cidades; Editora 34, 1990.

_____. *Ao vencedor as batatas*. São Paulo: Duas Cidades, 1992.

_____. "*Ao vencedor as batatas* 30 anos: Crítica da cultura e processo social. Entrevista concedida a André Botelho e Lilia Schwarcz". *Revista Brasileira de Ciências Sociais*, vol. 23, nº 67, pp. 147-60, jun. 2008.

_____. "*Verdade tropical*: Um percurso de nosso tempo". In: _____. *Martinha versus Lucrécia: Ensaios e entrevistas*. São Paulo: Companhia das Letras, 2012.

SCHWARTZMAN, Simon. *Bases do autoritarismo brasileiro*. Rio de Janeiro: Campus; Elsevier, 1982.

SEMÁN, Pablo. "Prefácio". In: VELHO, Otávio Guilherme. *Capitalismo autoritario y campesinado: Un estudio comparativo a partir de la frontera en movimiento*. México: Ciesas, Biblioteca de Antropología y Ciencias Sociales Brasil-México, 2014.

SILVA, Helio Raimundo Santos; MILITO, Claudia. *Vozes do meio-fio: Etnografia*. Rio de Janeiro: Relume Dumará, 1995.

SOARES, Gláucio Ary Dillon. *Não matarás: Desenvolvimento, desigualdade e homicídios*. Rio de Janeiro: FGV, 2008.

_____; SAPORI, Luis Flavio. *Por que cresce a violência no Brasil?* Belo Horizonte: Autêntica, 2014.

SOARES, Luiz Eduardo. "Dimensões democráticas do conflito religioso no Brasil: A guerra dos pentecostais contra o afro-brasileiro". In: _____. *Os dois corpos do presidente e outros ensaios*. Rio de Janeiro: Relume Dumará, 1993.

_____. "Religioso por natureza: Cultura alternativa e misticismo ecológico no Brasil". In: _____. *O rigor da indisciplina: Ensaios de antropologia interpretativa*. Rio de Janeiro: Relume Dumará, 1994.

_____. "Globalization as a Shift in Intracultural Relations". In: MENDES, Candido; SOARES, Luiz Eduardo (Orgs.). *Cultural Pluralism, Identity, and Globalization*. Rio de Janeiro: Unesco; ISSC; Educam, 1996.

_____. "A campanha contra a fome como experimento radical". In: ABELEM, Auriléa; WINCKLER, Carlos Roberto et al. *O impacto social do trabalho das ONGS no Brasil*. São Paulo: Abong, 1998.

_____. "Politicamente correto: O processo civilizador segue seu curso". In: PINTO, Paulo R.; MAGRO, Cristina; SANTOS, Ernesto P. et al. (Orgs.). *Filosofia analítica, pragmatismo e ciência*. Belo Horizonte: Editora da UFMG, 1999.

_____. *Meu casaco de general: 500 dias no front da segurança pública do Rio de Janeiro*. São Paulo: Companhia das Letras, 2000.

_____. "Violência e invisibilidade social". In: NOVAES. Regina Cristina; VANNUCHI, Paulo (Orgs.). *Juventude e sociedade: Trabalho, educação, cultura e participação*. São Paulo: Fundação Perseu Abramo, 2001.

_____. *Legalidade libertária*. Rio de Janeiro: Lumen Juris, 2006.

_____. *Justiça: Pensando alto sobre violência, crime e castigo*. Rio de Janeiro: Nova Fronteira, 2011.

_____. *Tudo ou nada*. Rio de Janeiro: Nova Fronteira, 2012.

_____. "Raízes do imobilismo político na segurança pública". *Revista Interesse Nacional*, ano 5, nº 20, jan.-mar. 2013.

_____; ATHAYDE, Celso; BILL, MV. *Cabeça de porco*. Rio de Janeiro: Objetiva, 2005.

_____; BATISTA, André; PIMENTEL, Rodrigo. *Elite da tropa*. Rio de Janeiro: Objetiva, 2006a.

_____; GUINDANI, Miriam Krenzinger. "O caso de Porto Alegre". In: SENTO-SÉ, João Trajano (Org.). *Prevenção da violência: O papel das cidades*. Rio de Janeiro: Civilização Brasileira, 2006b.
_____; BATISTA, André; PIMENTEL, Rodrigo; FERRAZ, Claudio. *Elite da Tropa 2*. Rio de Janeiro: Nova Fronteira, 2010.
SOUZA, Beatriz Muniz de. *A experiência da salvação: Pentecostais em São Paulo*. São Paulo: Duas Cidades, 1969.
SOUZA MARTINS, José de. *O poder do atraso: Ensaios de sociologia da história lenta*. São Paulo: Hucitec, 1999.
SPINOZA, Baruch. *Ethics*. Londres: Penguin Classics, 1996.
SÜSSEKIND, Flora. "Coro, contrários, massa: A experiência tropicalista e o Brasil de fins dos anos 60". In: BASUALDO, Carlos (Org.). *Tropicália: Uma revolução na cultura brasileira (1967-1972)*. São Paulo: Cosac Naify, 2007, pp. 31-58.
TURNBULL, David. *Maps Are Territories, Science Is an Atlas: A Portfolio of Exhibits*. Geelong: Deakin University Press, 1989.
VELHO, Gilberto. *Nobres e anjos: Um estudo de tóxicos e hierarquia*. Rio de Janeiro: FGV, 1998.
VELHO, Otávio Guilherme. *Capitalismo autoritário e campesinato*. São Paulo: Difel, 1976.
VELOSO, Caetano. *Verdade tropical*. São Paulo: Companhia das Letras, 1997.
VENTURA, Zuenir. *1968: O ano que não terminou*. Rio de Janeiro: Objetiva, 2018.
VIANNA, Hermano. *O mistério do samba*. Rio de Janeiro: Zahar, 1995.
_____. "Miserere nobis". In: OLIVEIRA, Ana de. *Tropicália ou panis et circencis*. São Paulo: Iyá Omin, 2010.
VIANNA, Luiz Werneck. *Liberalismo e sindicato no Brasil*. 4. ed. revista pelo autor. Belo Horizonte: Editora da UFMG, 1999.
_____. *A revolução passiva: Iberismo e americanismo no Brasil*. 2. ed. Rio de Janeiro: Revan, 2004.
_____. *A modernização sem o moderno: Análises de conjuntura na era Lula*. Brasília: Fundação Astrojildo Pereira; Rio de Janeiro: Contraponto, 2011.
VILHENA, Luiz Rodolfo. *O mundo da astrologia: Estudo antropológico*. Rio de Janeiro: Zahar, 1990.
VIVEIROS DE CASTRO, Eduardo. *Araweté: Os deuses canibais*. Rio de Janeiro: Jorge Zahar, 1986.
_____. *A inconstância da alma selvagem*. São Paulo: Cosac Naify, 2008.
WEBER, Max. *Economia e sociedade*. Brasília: Editora da UnB, 1991.
_____. *Sociologia das religiões*. São Paulo: Ícone, 2010.
WISNIK, José Miguel. *Veneno remédio: O futebol e o Brasil*. São Paulo: Companhia das Letras, 2008.
ZALUAR, Alba. *A máquina e a revolta: As organizações populares e o significado da pobreza*. São Paulo: Brasiliense, 1985.

Índice remissivo

1968, o ano que não terminou (Ventura), 150*n*

A

Abolição da escravidão (1888), 75, 81, 83; *ver também* escravidão; escravos
abusos nas abordagens policiais, 92, 194; *ver também* polícia/policiais
ações policiais, 92*n*; *ver também* polícia/policiais
adolescentes, 35, 40-1, 50, 111, 165
africana, religiões de matriz *ver* religiões afro-brasileiras
africanos livres, 85; *ver também* Lei de 7 de novembro de 1831
africanos, escravização ilegal de, 83-6; *ver também* escravidão; escravos; negros/negras
agricultura, 96, 97
Agrippino de Paulo, José, 150-1
agronegócio, 85, 225
AI-5 (Ato Institucional Número Cinco, 1968), 150*n*; *ver também* ditadura militar (1964-85)
álcool, consumo de, 125; *ver também* drogas
Alemanha, 221
Alencastro, Luiz Felipe de, 84
Almeida, Araci de, 150
Almeida, Manuel Antônio de, 50
Almeida, Ronaldo de, 117, 124*n*, 134*n*, 136*n*
"alternativos", 34, 124-5; *ver também* "cultura alternativa"
Amaral, Leila, 121*n*, 146
Amaral, Tarsila do, 150
ambientalismo, 194, 233
ambiguidade(s), 42-3, 46-52, 57, 59-60, 71-4, 77, 79, 82, 148-9, 197
ambivalência(s), 20, 42, 50-1, 56-7, 60, 72, 74, 77, 123, 149, 158, 167
ameríndios *ver* índios/indígenas
Andrade, Mário de, 51-2, 56-7, 158-60
Andrade, Oswald de, 14, 52-3, 56-7, 150, 154*n*, 156, 159-60, 176
Ângela Maria (cantora), 150, 163
animismo indígena, 62
anomia, 109, 114
antipetismo, 207, 224, 229-30; *ver também* PT (Partido dos Trabalhadores)
antissemitismo, 207
antropofagia oswaldiana, 52-4, 56, 150, 152-6, 162; *ver também* Andrade, Oswald de; "Manifesto Antropófago" (Oswald de Andrade); tropicalismo
antropologia/antropólogos, 26, 52, 103, 106-7, 146, 178-9, 200

aparelho de hegemonia, Justiça
    como, 200, 201, 208, 214, 215;
    ver também Judiciário, Poder;
    Justiça
aquecimento global, 233
Arantes, Antonio Augusto, 46*n*, 96
araweté, índios, 154*n*
armamentismo, 240
armas, porte de, 92*n*, 113
arranjos familiares, novos, 130
arte, estatuto da, 148
artes dramáticas, 25
artes plásticas, 176
Assembleia de Deus (Igreja
    pentecostal), 131
Assembleias Legislativas, 221
Assis, Machado de, 75
astrologia, 107*n*
ateus, 120
Athaíde, Tristão de (Alceu Amoroso
    Lima), 160
ativismo conservador (2015), 35; *ver
    também* conservadorismo
Atlântica, avenida (Rio de Janeiro),
    204
atores sociais, 26, 60, 63*n*, 109*n*,
    130, 217
autoajuda, cultura da, 129-31, 136
autoexploração da individualidade,
    173; *ver também* individualidade;
    individualismo
autoritarismo, 13, 15-7, 19, 29-30,
    89-90, 92, 146, 171, 174-5, 177,
    180-1, 183, 186, 188, 191, 196,
    207, 215, 219, 231-2, 237-9, 241
autorrealização, 108

B

bairros periféricos *ver* periferias
banqueiros, 212

Barata, Mário, 147
Barbacena, marquês de, 86
Barreto, Lima, 89
Barroso, Ary, 163
Bastide, Roger, 52, 56
Bauman, Zygmunt, 52
beatniks, 124
beatos e surtos messiânicos, 96
Belo Horizonte, 94
Benjor, Jorge, 163
Benveniste, Émile, 66
Benzaquen, Ricardo, 57, 59
Berquó, Elza, 93
bicheiros, perseguição contra
    (séc. XIX), 88
bipolaridade política, 11, 17, 221,
    223, 240; *ver também* "eles"
    contra "nós", polarização
Birman, P., 129*n*
Birmânia, 200
black blocs, 220
Boal, Augusto, 176
Bolsonaro, Jair, 11, 206, 224-32
boom econômico (anos 1970), 114
Borba, Emilinha, 150
bossa nova, 152, 157, 176
Bourdieu, Pierre, 95
brancos/elite branca, 38, 62-3,
    69-71, 81, 189, 218, 234; *ver
    também* elites
Brandão, Gildo Marçal, 177*n*
Bressane, Júlio, 152
Brett, Guy, 147
Brizola, Leonel, 91
Bruhl, Levi, 53
Buarque de Holanda, Sérgio, 45,
    47-9, 79-80, 176
"*building perspective*" (perspectiva
    do "construir"), 103
burguesia, 54, 76, 124-5, 153, 189
burocracia, 179, 206

butins policiais, 91; *ver também* polícia/policiais

C

Cabeça de Porco (cortiço do Rio de Janeiro), 88
Cabeça de porco (Soares et al.), 47*n*
Cabral de Melo Neto, João, 100-1, 166
cafeicultores, riqueza e poder dos, 84
camadas médias, 35, 50, 108, 124, 141, 218; *ver também* classe média
Câmara dos Deputados, 205, 219, 221
"campanha contra a fome como experimento radical, A" (Soares), 19*n*
campo, expulsão do *ver* migração; urbanização
Campos, Augusto de, 176
Campos, Haroldo de, 158, 176
Câncer (filme), 152
Candelária, massacre da (Rio de Janeiro, 1993), 50
Candido, Antonio, 50-1, 176
Candomblé, 132, 134*n*, 150, 189
Canetti, Elias, 190
canibalismo araweté, 154*n*
"cão sem plumas, O" (João Cabral), 100
Capinam, 151, 155, 163
capital financeiro, poder do, 202, 219, 233
capitalismo, 13, 15-7, 46-7, 61, 99, 124, 138, 140, 171-8, 180-5, 188, 190-1, 196, 200, 215, 219, 225, 231, 233-4, 238-9, 241
Capitalismo autoritário e campesinato (Otávio Velho), 181-3

capoeiras, perseguição contra, 88
Caribe, 68
carismáticos, católicos, 133, 136
Carmem Lúcia (ministra), 212
Carnaval, 90, 146*n*
Carta Magna *ver* Constituição brasileira (1988)
Cartola (cantor), 163
Carvalho Franco, Maria Sylvia, 114*n*
Carvalho, José Murilo de, 83, 87-91, 176, 178
Casa de Detenção (Rio de Janeiro), 88
Casa-Grande & senzala (Freyre), 57
casa-grande e senzala, relações entre, 14, 43, 57, 59, 75, 242
castigos físicos de escravos, 61*n*
catolicismo/católicos, 53, 58, 120, 123, 128, 133, 136-8, 141
Catulo da Paixão Cearense, 163
Caymmi, Dorival, 163
Celestino, Vicente, 156-8, 160, 162-3
Censo de 1872, 86*n*
Censo Institucional Evangélico (Iser, 1993), 139*n*
Central do Brasil (filme), 103
centro-direita, 11; *ver também* direita política
centro-esquerda, 11; *ver também* esquerda política
ceticismo, 25, 56, 68, 92, 141
Chalhoub, Sidney, 83-7
chanchada, cinema, 150
ciclo da vida, 104
cidadania, 14, 23, 34, 37, 45, 49, 77, 92, 126, 234, 240
cidade & a cidade, A (Miéville), 200
Cidade de Deus (filme), 103
ciências sociais *ver* sociologia/sociólogos
cinema, 77, 150, 152, 155, 176; *ver também* filmes

Clark, Lygia, 150
classe média, 36, 40, 42-3, 44n, 71, 110, 125, 141, 226; *ver também* camadas médias
clientelismo, 76, 90
cocaína, 112n, 125
Código de Posturas Municipais (Rio de Janeiro, 1890), 89
código florestal, 85
Código Penal (1830), 61n
Coelho, Lázara Divina, 121n
colarinho branco, criminosos de, 210, 215
Collor, Fernando, 126
colonização europeia, 62
competitividade, 171
comunismo, 85, 174, 189, 241
"Confidência do itabirano" (Drummond), 99
Congresso Nacional, 45, 79
conservadorismo, 25, 35, 48, 124, 128, 140, 169, 175, 177, 185, 196, 202, 219, 223,-5, 228, 234, 239-41
Constituição brasileira (1988), 11, 15, 38, 78, 82, 90, 170, 184, 192, 195-7, 201, 211-2, 214-5, 219
"construir", perspectiva do (*building perspective*), 103
consumismo, 124, 138, 233-4
contrabando de escravos *ver* africanos, escravização ilegal de
contrato social, 28
Copa do Mundo (2014), 221
Copacabana (Rio de Janeiro), 36
"Coração materno" (canção), 153, 155-8, 162
cordialidade, 43, 46-9, 57, 79, 176
Coroa portuguesa, 84
Corrêa, José Celso Martinez (Zé Celso), 150, 153, 156, 162, 176
corrupção, 35, 110, 112n, 202, 206-7, 210, 215, 217, 219, 223-5, 231

cosmologias, 59, 122, 188-9
Costa, Gal, 151, 163
cotas raciais, 81
Coutinho, Carlos Nelson, 175
CPC (Centro Popular de Cultura), 176
crescimento-distribuição, modelo político, 11, 219
Crespo, S., 129n
criminalidade, 109, 111; *ver também* violência
crise econômica, 137, 141, 219, 224
cristianismo, 59
crítica social, 138, 141-2, 177, 207
culpabilização genérica, 22
"cultura alternativa", 121; *ver também* "alternativos"
cultura brasileira, 26, 45, 71, 148, 160-1, 167
cultura política, 13, 16, 19, 23-6, 28, 30, 141, 240
cultura popular, 51, 77, 139, 150, 153, 157-9, 164, 166
Cunha, Eduardo, 219
Curitiba (PR), 209

D

DaMatta, Roberto, 47-9, 72, 79, 176, 184
degradação ambiental, 233, 240
delações, 210, 212
Deleuze, Gilles, 105n
democracia, 76, 80, 90, 137, 165, 178, 193, 196, 200, 213, 216, 222, 230, 234
"democracia racial", mito da, 37, 49, 56, 76
demonização do Outro, 35; *ver também* "eles" contra "nós", polarização

desemprego, 112, 114, 141, 219, 226
desenvolvimento capitalista, 15, 17, 90, 137, 171, 174, 177, 181-2, 184*n*, 196, 200, 215, 239; *ver também* capitalismo
desenvolvimento do capitalismo na Rússia, O (Lênin), 175
desigualdades, 12-4, 16-7, 37, 40, 43, 50, 68-9, 73, 75, 80-1, 83, 114, 126, 160, 174, 185, 192, 217, 220, 233, 238
"deslocamento de placas tectônicas" da sociedade brasileira, 11, 14, 83, 93, 102, 108, 217, 223; *ver também* sociedade brasileira
desmatadores, 85
desordem social, 109
dialética da malandragem, 50-1, 57
Dialética da malandragem (Candido), 50
dialética histórica, 32
Dicionário da escravidão e liberdade (org. Schwarcz e Gomes), 61*n*
Diegues, Cacá, 103, 177
dignidade, 41, 63, 143, 158, 162, 165, 170, 173, 234-5, 238
Dillon Soares, Glaucio Ary, 115*n*
direita política, 12, 25, 221, 228; *ver também* ultradireita
"direito natural", 63
direitos humanos, 61, 63, 82, 111, 115, 126, 142-3, 153, 170, 173, 185, 193-5, 234
direitos individuais, 112*n*, 202*n*, 208
direitos trabalhistas, 45, 229
ditadura militar (1964-85), 93, 108, 113, 124, 126, 137, 150, 155, 161, 170, 193, 195, 206, 219
divisão do trabalho, 97, 179, 184, 240-1
Dodge, Raquel, 214

"doméstica", instituição da *ver* empregadas domésticas
drogas, 92*n*, 125; *ver também* legalização das drogas; tráfico de drogas
Drummond de Andrade, Carlos, 99
dualidade ontológica, 14, 71, 73, 82, 149, 170, 190, 238, 242
dualismo sujeito-objeto, 105, 107
Dumont, Louis, 48*n*
dupla ontologia da escravidão, 60, 64, 70, 72, 74, 170, 191; *ver também* escravidão
Duprat, Rogério, 151, 157-8, 160, 163
Duran, Dolores, 163
"*dwelling perspective*" (perspectiva do "morar), 103-4, 107

E

Ébrio, O (filme), 156
"eclipse do self", 190
"ecológico", misticismo, 121; *ver também* misticismo/experiências místicas
economia de mercado, 94, 171, 183, 232, 234, 239
economistas, 179
educação básica, 27, 112, 192
educação pela pedra, A (João Cabral), 166
egoísmo, 15, 140, 143, 169, 171, 189; *ver também* individualismo
Eichbauer, Hélio, 150
eleições presidenciais (2014), 221
eleições presidenciais (2018), 12, 214, 216, 223, 225
"eles" contra "nós", polarização, 11, 13, 15-7, 19-30, 34, 92, 145*n*, 168, 223-4, 229; *ver também* bipolaridade política

Eletronuclear, 210
elites, 19, 57, 87, 89-90, 134, 184, 195-6, 200, 205, 215-, 218, 223, 227, 232
empreendedorismo, 128, 135, 164, 225, 234
empregadas domésticas, 42-5, 72, 79
entidades espirituais, 132, 134*n*, 140; *ver também* Candomblé; Umbanda
Erasmo Carlos, 165
escada de Esher, 201
Escher, Maurits Cornelis, 201
"escola sem partido", 232
escravidão, 12-3, 16, 30, 43, 61*n*, 63, 67, 70-2, 74, 81-5, 87, 114*n*, 149, 170, 191, 238
Escravidão no Brasil (Pinsky), 84
escravos, 14, 61-2, 65, 68, 70, 74, 76, 83-7, 89; *ver também* negros/negras
esfera pública, 47-8
esoterismo, 124, 129
espaço público, 29-30, 37, 40, 42, 45
espiritualidade, 120, 240, 242
esquerda política, 12, 25, 81, 124, 170, 205, 216, 224, 227, 241
establishment (o "sistema"), 124
Estado cartorial, 176*n*
Estado de direito, 12, 17, 170, 172, 183, 185, 192-3, 200-2, 214, 215, 219
estados alterados de consciência, 186
Estados Unidos, 38, 52, 124
estagflação, 114
etnocentrismo, 237
etnologia, 179
"eu e o tu: roupa-corpo-roupa, o" (série performática de Lygia Clark), 150
Europa, 52
eu-tu, diálogia/relação, 13, 15-7, 23, 34, 42, 135, 145*n*, 147, 165, 168-9, 234, 238

evangélicos, 14, 118*n*, 120, 123, 128-33, 135, 136*n*, 137, 139-40, 142-3, 185, 202, 225; *ver também* pentecostalismo
execuções extrajudiciais, 92, 194-5, 215, 228
Executivo, Poder, 23, 80, 208
exorcismo, rituais de, 131-2, 134*n*, 140, 202; *ver também* Igreja Universal do Reino de Deus; pentecostalismo
exploração, relações de, 14, 59-60, 87, 93, 96, 116, 130, 138, 144, 183, 238, 241
extramundanas, orientações/religiosidades, 130, 137-8, 142
Exu (orixá), 132

F

fakenews, 224
Fanon, Frantz, 68
Faoro, Raymundo, 48, 176
fato social total, conceito de, 61, 116-7, 146
favelas, 91, 110, 115, 147, 180, 193-4; *ver tambem* periferias
feminicídio, 111, 232
feminismo, 12, 185, 218, 225, 232; *ver também* mulheres
Fernandes, André, 40
Fernandes, Florestan, 175
Fernandes, Rubem Cesar, 139*n*
Fernandes, Silvia Regina, 121*n*
Ferraz, Sampaio, 88
Ferreira Gullar, 176
festa, concepção antropológica de, 146
filmes, 103, 156-7; *ver também* cinema

Flamengo, bairro do (Rio de Janeiro), 35, 36
Fonseca, Alexandre Brasil, 129n
força da escravidão: Ilegalidade e costume no Brasil oitocentista, A (Chalhoub), 83
força de trabalho, 61, 94, 108, 110, 183; *ver também* trabalhadores
formalidade, cordialidade versus, 47
França, 68
frases feitas/slogans, 152, 230
Freitas Perez, Lea, 146
Freud, Sigmund, 53, 70
Freyre, Gilberto, 49, 56-60, 75-6
funk, 166
futebol, 49, 74, 90, 167, 170, 221

golpe parlamentar (2016) *ver* impeachment de Dilma Rousseff
Gonzaga, Luiz, 163
Gracias, señor (peça teatral), 152
Gramsci, Antonio, 17, 24, 175
"gramscianismo cultural", 225
gregarismo, 51, 135
Grinberg, Keila, 61n
"gritos por lazer", 36; *ver também* rolezinhos
Guarulhos (SP), 38
Guevara, Che, 155
Guimarães, Alberto Passos, 176
Guimarães, César, 175
Guindani, Miriam, 113

G

Gadamer, Hans-Georg, 71
Gaia (deusa Terra), 124
Garcia, Afrânio, 94-5
Garrincha (jogador), 167n
gastos públicos, 226
Geertz, Clifford, 103
"geleia geral", 56, 161, 166, 241
Gell, Alfred, 105
genocídio, 12, 92n, 196, 218
geopolítica urbana, 16, 35, 38, 41
Geração 45 (terceira fase do modernismo), 176
Gil, Gilberto, 14, 151, 155, 162-3, 168, 176, 241
Gilberto, João, 152, 163
globalismo, 225
globalização, 126
GLOs (operações de Garantia da Lei e da Ordem), 193, 195
golpe militar (1964), 176; *ver também* ditadura militar (1964-85)

H

habeas corpus, 211, 213-4
Haddad, Fernando, 40, 227
Halloween norte-americano, 38
Harvey, David, 239n
Hegel, Georg Wilhelm Friedrich, 58n
hegemonia católica, 14, 127, 134, 136; *ver também* católicos
Heidegger, Martin, 104
Hélio Oiticica: Museu é o mundo (org. Oiticica Filho), 146n
heroísmos individuais, valorização de, 25
Hervieu-Léger, Danièle, 121n
hibridismo, 49, 57, 71, 122, 184
hierarquia, 42-4, 46-8, 57, 72, 78, 95, 183, 201, 241
hiper-realidade, 202-5, 208
hip-hop, 166
hippies, 124-5
Hollywood, filmes de, 157
homicídio, 111, 115n

Homo Hierarchicus: Essai sur le système des castes (Dumont), 48n
homofobia, 111, 232
hora da estrela, A (Lispector), 101-2
horda primitiva, 231
humanismo antropocêntrico, 233
hybris, 51, 57

I

ianomâmis, índios, 186-7, 233
IBGE (Instituto Brasileiro de Geografia e Estatística), 139n
identidades, política de, 12, 174, 233
ideologias, 12, 17, 21, 32-3, 35, 56, 74, 99, 127, 150, 179-80, 193, 198, 201, 212, 216-7, 221, 223, 225
"idolatria" do Estado, 29
Igreja católica *ver* catolicismo/católicos; hegemonia católica
Igreja Universal do Reino de Deus, 131, 134n, 140-1
Igreja Universal e seus demônios, A (Almeida), 117
igrejas evangélicas *ver* evangélicos; pentecostalismo
igualdade perante a lei, 77, 83
igualitarismo, 47, 78, 133-4, 170, 232, 234
imanentismo, 105n
impacto social do trabalho das ongs no Brasil, O (ed. Abong), 19n
impeachment de Dilma Rousseff, 12, 203, 205, 207, 216, 219
Império do Brasil (Segundo Reinado), 84-5
inconstância da alma selvagem, A (Viveiros de Castro), 62
Índia, 48n
índios/indígenas, 61-2, 66, 74, 84, 150, 167n, 173, 186, 191, 194, 225, 240

individualidade, 12, 15-7, 19, 22, 27-8, 42, 46, 53, 73, 77, 83, 92, 108-9, 125, 126-8, 136, 142-3, 153, 169-74, 184-6, 189, 217, 232, 234, 238-9, 241
individualismo, 13, 15, 17, 47-8, 51, 57, 72, 125-6, 143, 169, 171, 173-4, 180, 183-4, 186, 189, 191, 232, 234, 239, 241
industrialização, 93-4
Inglaterra, 86n
Ingold, Tim, 14, 103-5, 107, 110, 118, 147n
"iniciação sexual" com empregadas domésticas, 44
instituições políticas, 24, 239
Instituto de Ciências Sociais (Uerj), 171n
intolerância, 17, 51; *ver também* ódio
intramundanas, orientações/religiosidades, 130, 137-42
invasões bélicas policiais, 92n; *ver também* polícia/policiais
iorubá, mitologia/religião, 58
irracionalismo, 186
Iseb (Instituto Superior de Estudos Brasileiros), 177
Iser (Instituto de Estudos da Religião), 139n
Itabira (MG), 99

J

Jabor, Arnaldo, 177
Jackson do Pandeiro, 163
Jacob, Cesar Romero, 118n
Jaguaribe, Hélio, 176n
James, William, 105n
João do Rio (cronista), 88
Jobim, Tom, 152, 163
Jorge, são, 58

jornadas de junho (2013), 11, 13, 16, 30-5, 217, 218, 220-1, 223
Jornal do Comércio, 147
jovem guarda, 165
jovens negros/pobres, 12, 16, 36-8, 40-1, 68-69, 196, 218; *ver também* negros/negras; pobres
Judiciário, Poder, 21, 200, 209
juízes, 212
jurisprudência, 197
Justiça, 15, 27, 39, 68, 85, 92n, 111n, 185, 192, 194, 196, 199-202, 206-7, 209-10, 213-6, 220, 238
Justiça: Pensando alto sobre violência, crime e castigo (Soares), 197n
juventude, 124, 160, 165, 230

K

Kant, Immanuel, 234-5
Koffes, Suely, 43n
Kopenawa, Davi, 186-7, 190, 234; *ver também* ianomâmis; xamanismo/xamã(s)

L

Lava Jato *ver* Operação Lava Jato
lavouras comerciais, 94
Leach, Edmund, 200
legalização das drogas, 112n
legislação trabalhista, 96
Legislativo, Poder, 208
Lei de 7 de novembro de 1831 (abolição do tráfico de escravos), 83-7
Lei de Execuções Penais, 212
Lei Eusébio de Queiroz (1850), 86
Lênin, Vladímir, 175

liberalismo, 63, 189, 225, 234; *ver também* neoliberalismo
libertários, dinâmicas e movimentos, 13, 124-5, 165, 184, 189, 232, 239-40
linchamentos, 36
Lins, Paulo, 90, 103
lisérgicas, viagens, 186
Lispector, Clarice, 101
Lula da Silva, Luiz Inácio, 11, 16, 102-3, 209-14, 216, 231
luta de classes, 48, 225, 234

M

Machado, Marcelo, 165
Machado, Maria das Dores Campos, 118n
Machado, Maria Helena Pereira Toledo, 61n
machismo, 98
maconha, 125
Macunaíma (Mário de Andrade), 51-2, 56, 153, 158-60
Mafra, Clara, 136n
Magalhães, Thamiris, 123
Magnani, J. G., 124n
Maiakóvski, Vladímir, 154
Makunaíma (significado do nome indígena), 158-9
mal à brasileira, O (Birman, Novaes e Crespo), 129n
males públicos, 27, 74, 129
Mammi, Lorenzo, 148
Mangueira (escola de samba), 145
manifestações de junho *ver* jornadas de junho (2013)
"Manifesto Antropófago" (Oswald de Andrade), 52-5, 154
máquina e a revolta, A (Zaluar), 109n

Maracanãzinho, ginásio do (Rio de Janeiro), 153
Marlene (cantora), 150, 163
Martinica, 68-9
Martins, José de Souza, 118n
Martins, Luciano, 175
Marx, Karl, 234
marxismo, 48, 178
"máscaras sensoriais" (série performática de Lygia Clark), 150
materialismo, 124, 130, 138
Mauro, Humberto, 150
Mauss, Marcel, 116, 118, 146
medicalização psiquiátrica, 174n
Meireles, Fernando, 103
Mello, Yvonne Bezerra de, 36
Memórias de um sargento de milícias (Almeida), 50
Memórias póstumas de Brás Cubas (Machado de Assis), 75
Mendonça Teles, Gilberto, 54
Meneses, Paulo, 58n
mercado de trabalho, 43, 108, 111
mercados internacionais, 94; *ver também* economia de mercado
meritocracia, 220
Merquior, José Guilherme, 178
Mesquita, Paulo, 113
Mesquita, Wania, 146
metalinguagem, 72, 155, 199
mídia, 23, 25, 31, 33, 35, 40, 87, 108, 152, 202-3, 208, 210, 212, 215-6, 222-4, 228
Miéville, China, 200, 215
migração/migrantes, 12, 14, 16, 93-4, 98-9, 102, 107-9, 114-5, 117-8, 136; *ver também* urbanização
Milito, Claudia, 50
Ministério da Casa Civil, 210
Ministério da Economia, 227
Ministério Público, 92n, 185, 194, 210, 220
Miranda, Carmen, 150, 163
miscigenação, 56, 58, 75-6
"Miserere nobis" (canção), 155
miséria, 95, 108, 230
mistério do samba, O (Vianna), 52
misticismo/experiências místicas, 120-1, 125, 136, 185-6
mito de origem da sociedade brasileira, 62, 76, 160
mitologia iorubá, 58
mitologias indígenas, 62, 167n
"modernidade" republicana, 72-3
modernismo literário, 160
modernização, 118n
Monarquia, 89
monarquistas, 88
Monteiro, Douglas Teixeira, 46n, 96
Montero, P., 124n
Moore, Barrington, 175
moradores de rua, 50
moralismo, 54, 116, 225, 240
"morar", perspectiva do (*dwelling perspective*), 103-4, 107
Morfologia do Macunaíma (Haroldo de Campos), 158
Moro, Sérgio, 209-11
Morse, Richard, 177
movimento LGBTQ, 232
movimento negro, 170, 232; *ver também* negros/negras
movimentos libertários (1968), 124
movimentos sociais, 20, 80, 94, 193-4, 218
"Mulher, corpo e maternidade" (Maria Helena Machado), 61n
mulheres, 25, 43, 46, 53-5, 61, 64, 88-9, 102-3, 114, 124-5, 127, 160, 173, 178, 195, 214, 231; *ver também* feminismo

muro de Berlim, queda do (1989), 126
Museu de Arte Moderna (Rio de Janeiro), 147
música popular, 74, 90, 150, 155, 161, 165, 169, 176, 237
Mutantes, Os (banda), 151, 163

N

Na selva das cidades (Brecht), 152
nazismo, 207
negros/negras, 16, 37, 41, 46, 62, 63n, 68, 73-4, 81, 84, 86-9, 124, 150, 160, 166, 173, 185, 194, 214, 238
neoconcretismo, 176
neoliberalismo, 125, 185, 205, 207, 219, 224-5, 227, 232, 240; *ver também* liberalismo
neossocialista, individualidade, 232
Neves, Aécio, 212
Nietzsche, Friedrich, 189
niilismo, 25
nomadismo religioso, 14, 121; *ver também* "sem religião", pessoas
"nós" contra "eles", polarização, 11, 13, 15-7, 19-30, 34, 92, 145n, 168, 223-4, 229; *ver também* bipolaridade política
Novaes, Regina, 121n, 129n

O

obscurantismo reacionário, 185
"óculos" (série performática de Lygia Clark), 150
ódio, 11-2, 16-7, 22, 36, 68, 74, 155, 207, 217-8, 220-1, 223-4, 229, 231, 240, 242; *ver também* intolerância
Oficina, grupo (companhia de teatro), 152
Ogum (orixá), 58
Oiticica, Hélio, 14, 144-7, 150-1, 163, 168, 176, 241
oligárquico, sistema, 90
Oliveira, Dalva de, 150, 163
Oliveira, Lucia Lippi, 178
Olivo, Luiz Carlos Cancellier de, 210
ontologias sociais, 83
Operação Lava Jato, 209-10, 212
opinião pública, 23-4, 31, 202n
opressão capitalista, 225; *ver também* capitalismo
ordem social brasileira, 59; *ver também* casa-grande e senzala, relações entre; sociedade brasileira
Ordenações Filipinas, 61n
Oxóssi (orixá), 58

P

pacto constitucional, 11; *ver também* Constituição brasileira (1988)
pai primitivo, 231
paisagem, noção de, 104-7
Palmeira, Moacir, 94-5
PanAmérica (Agrippino de Paula), 150-1
parangolé ("capa" de Oiticica), 144-6, 148-50, 161, 163, 166, 168-9; *ver também* "Penetrável Parangolé" ("tenda" de Oiticica)
"parangolé", significado da palavra, 145
partidos políticos, 25, 80, 180, 206-7, 217, 221, 239

Passos, João Décio, 118n
patriarcalismo, 54, 57, 64, 76, 91, 185, 218
patrimonialismo, 19, 46-8, 78, 80, 133, 176-7, 184, 191
Paulista, avenida (São Paulo), 204, 223, 225
pauperização em massa, 94, 99, 113, 115; *ver também* pobres; pobreza
Peixoto, Mário, 150
Peles negras, máscaras brancas (Fanon), 70
"Penetrável Parangolé" ("tenda" de Oiticica), 145, 147-8
pentecostalismo, 131-3, 136, 140, 142-3, 202; *ver também* evangélicos
Perdigão Malheiro, Agostinho Marques, 60n
Pérez Esquivel, Adolfo, 211
periferias, 41, 91, 115, 180, 193-4, 225; *ver tambem* favelas
picarescos, personagens, 167n
Pierucci, F., 124n
Pinsky, Jaime, 63, 84
Pitta, Marcelo, 121n
"plantas de poder" (substâncias vegetais sagradas), 186
"Pluralismo, transformação, emergência do indivíduo e de suas escolhas" (Sanchis), 123
pobres/pobreza, 37-8, 40-1, 73-4, 81, 88-92, 109n, 115n, 133, 136-8, 141, 194, 196, 214, 217, 219, 238, 240
polarização política *ver* bipolaridade política; "eles" contra "nós", polarização
polícia/policiais, 27, 36, 39-40, 84-5, 91, 92n, 111n, 194-5, 210, 218, 220, 227, 238

Political systems of Highland Burma (Leach), 200
"politicamente correto", 70
políticas públicas, 12, 30, 80, 112, 226
poluição, 124
Pomba Gira (entidade de umbanda), 132
população brasileira, 93
população negra escravizada, 84; *ver também* escravidão; escravos
populismo, 24-5, 90, 152, 169, 177
pós-capitalista, futuro, 15, 220
pós-modernidade, 52
"Pra não dizer que não falei das flores" (canção), 153
Prado Jr., Caio, 176
pragmatismo, 28, 65, 105n
Prandi, R., 124n
preconceito racial *ver* racismo
presidência da República, 213, 221
presunção de inocência, 208
Primeira República, 46, 83, 88-90, 96
privatista, modelo político, 11, 225
privilégios, 225, 229
Proclamação da República (1889), 88-9, 91; *ver também* Primeira República
Procuradoria-Geral da República, 214
PSDB (Partido da Social Democracia Brasileira), 11, 221
psicanálise, 19n, 81
PSL (Partido Social Liberal), 227
PT (Partido dos Trabalhadores), 11, 35, 40, 192, 205, 207, 219, 221, 223-4, 227-8, 231, 241; *ver também* antipetismo
punitivismo, 174, 199, 202n, 213, 240

Q

quartos de empregada, 44*n*
Queiroz (Coutinho Mattoso Câmara), Eusébio de, 85-6
Queiroz, Maurício Vinhas de, 46*n*, 96
quilombolas, 225
Quimbanda, 132

R

"racionalismo ocidental moderno", 124
racismo, 12-4, 16-7, 30, 37-8, 41, 68-9, 73, 75-6, 80-2, 160, 174, 191, 193, 232, 238
Raízes do Brasil (Buarque de Holanda), 47, 80
Ramos, Graciliano, 101
rap, 166
realidade líquida, conceito de, 52
realismo socialista, 152
redes sociais, 36, 38, 80, 95, 102, 123, 137, 205, 209, 218, 222, 224, 229
rei da vela, O (Oswald de Andrade), 150
Reis, Elisa, 175
relações de trabalho, novas, 130
religiões afro-brasileiras, 58, 131-2, 134*n*, 135, 137, 185-6, 191
religiões no Brasil (estatísticas), 119
religiosidade, 13, 109, 117-8, 120-1, 125, 127, 131, 133, 135-6, 139-40, 142, 239; *ver também* revolução religiosa
repressão policial, 218, 220
repulsa, 22, 24-5, 89, 224
ressentimentos, 22, 29-30, 34, 45, 68, 180

Revista de Antropofagia, 53
Revista do Instituto Humanitas Unissinos on-line, 123
Revolta da Vacina (Rio de Janeiro, 1904), 83, 87-8, 90-1
"revolução passiva", 17, 175, 177
revolução religiosa, 14, 16, 118, 139; *ver também* religiosidade
Ribeiro, Barata, 88
Rio de Janeiro, 36, 40, 50-1, 88-91, 94, 115, 136*n*, 139*n*, 147, 218
ritos da sociabilidade, 47
rixi (duplos animais na visão ianomâmi), 187
Roberto Carlos, 165
Rocha, Glauber, 103, 117, 150, 152-3, 156, 176
rolezinhos, 13, 16, 36-7, 40
Rolim, Marcos, 113
romances picarescos, 50-1
Rorty, Richard, 105*n*
Rosa, Noel, 150
Rousseau, Jean-Jacques, 55
Rousseff, Dilma, 12, 203, 209, 216, 219, 222, 224, 232
rural, mundo e vida, 93-100, 102, 113, 114*n*, 115-6, 194
Rússia, 154, 175

S

Saci Pererê (personagem mitológico), 167*n*
Salles, Walter, 103
salvação espiritual, promessas de, 131, 138-9; *ver também* extramundanas, orientações/religiosidades; intramundanas, orientações/religiosidades
samba, 90, 150, 163-4, 166, 170
Sanchis, Pierre, 121*n*, 123, 126-8, 136

Santos, Milton, 114*n*
Santos, Nelson Pereira dos, 103, 177
São Paulo, 36, 38, 40, 94, 136*n*, 220
saúde pública, 27, 89, 192
Saviano, Roberto, 111*n*
Schwarcz, Lilia Moritz, 77, 79, 149
Schwartzman, Simon, 176-8
Schwarz, Roberto, 75-6, 165*n*, 176
"seguir o dinheiro" (dinâmica do capital), 111*n*
Segundo Reinado, 84-5
segurança pública, 92, 137, 141-2, 196, 227, 230
"sem religião", pessoas, 120, 122, 136; *ver também* nomadismo religioso
Semán, Pablo, 181-3
Semana de Arte Moderna (1922), 159
sem-terra/sem-teto, 225
Senado, 221
senhores de escravos, 62-4, 70
senzala e casa-grande, relações entre, 14, 43, 57, 59, 75, 242
sexualidade, 54, 98, 124, 172, 189, 225, 231
Sganzerla, Rogério, 152, 177
Shopping Interlagos (São Paulo), 39
Shopping Internacional de Guarulhos (SP), 38
Shopping Metrô Itaquera (São Paulo), 36, 39
Shopping Rio Sul (Rio de Janeiro), 40
Shopping Tucuruvi (São Paulo), 39
Silva, almirante Othon Luiz Pinheiro da, 210
Silva, Helio Raimundo Santos, 50
Silva, Marina, 221
simbiose, 100, 101
sincretismo, 49, 58-9, 74, 116, 122, 133, 153, 162, 166
sistema político, 11, 142, 200, 217, 223
"sistema", 0, 124-5

Soares, Luiz Eduardo, 19*n*, 47*n*, 58, 90-1, 92*n*, 113, 121, 125, 133, 137*n*, 186
sociabilidade brasileira, 42, 51
social-democracia, 11
socialismo, 138, 152, 225, 232
sociedade brasileira, 13-4, 30, 34, 46-8, 54, 57, 62, 72-5, 77-8, 82, 94, 102, 108, 114*n*, 118*n*, 128-9, 136, 151, 161, 174, 180, 184, 190, 192, 202*n*, 212, 214, 216, 218, 226, 232, 234, 238-9
sociedade civil, 24, 222
sociedade de consumo, 125, 150
"sociedade de mercado", 15
sociologia/sociólogos, 34, 47, 52, 77, 109, 111, 118*n*, 164, 175-6, 178-9
Sócrates, 70
solidariedade, 44, 51, 141, 189, 234, 239
solipsismo, 172, 189-90
Spinoza, Baruch, 105*n*
STF (Supremo Tribunal Federal), 211-2
"subcultura da evitação", 50
subemprego, 94, 108
sudeste brasileiro, 94
superação dialética, 58
super-homem nietzschiano, 189
suprassunção, 58*n*
surtos messiânicos, 96
Süssekind, Flora, 151-3

T

"Tecendo a manhã" (João Cabral), 166-7
Temer, Michel, 219, 232
temporalidade, 83, 99, 104, 106-7
teologia da libertação, 138; *ver também* catolicismo/católicos

teologia da prosperidade, 14, 137, 140-1, 185; *ver também* evangélicos; pentecostalismo
Terra em transe (filme), 117, 150
Terra, planeta, 124
Times, The (jornal), 147
Tom Zé, 151, 163, 165
Torquato Neto, 151, 163
trabalhadores, 46, 88, 93-4, 96-7, 100, 114, 225; *ver também* força de trabalho
trabalho doméstico, 46, 71, 114; *ver também* empregadas domésticas
tradições religiosas afro-brasileiras *ver* religiões afro-brasileiras
tráfico africano de escravos, 83-7
tráfico de drogas, 110, 113, 240
transgêneros, 189
travessia do Atlântico, africanos mortos na, 84
TRF-4 (Tribunal Regional Federal da 4ª Região), 211
Tropicália (documentário), 165
Tropicália (exposição-evento, MAM-Rio de Janeiro, 1967), 147, 150
Tropicália ou Panis et circensis (álbum), 151, 153, 155-6, 159-61, 164
tropicalismo, 12, 14-5, 17, 77, 128, 144, 151-3, 155-60, 162-70, 176, 188, 238, 241
Turnbull, D., 105

U

ultradireita, 17, 206, 220-1, 227, 229-30, 241; *ver também* direita política
Umbanda, 123, 132, 134n, 135, 137, 140
Universidade do Estado do Rio de Janeiro (Uerj), 171n
Universidade de Virginia (EUA), 19n
Universidade Federal de Minas Gerais, 210
Universidade Federal de Santa Catarina, 210
urbanização, 93-4, 98, 114-5, 117, 124, 136, 147n; *ver também* migração
USP (Universidade de São Paulo), 177
utilitarismo, 126
utopia(s), 57, 121, 124, 174, 189, 232

V

vacinação obrigatória, lei da (1904), 89; *ver também* Revolta da Vacina (Rio de Janeiro, 1904)
vanguardas russas, 154
Vargas, Getúlio, 177
vazamentos de informações, 210
Velho, Gilberto, 125
Velho, Otávio, 175, 178, 181, 183
Veloso, Caetano, 14, 150-3, 155-60, 162-3, 165, 168-9, 176, 237, 241
Veneno remédio, o futebol e o Brasil (Wisnik), 49, 56
Ventura, Zuenir, 150n
verticalidade estamental, 133
"via prussiana" da evolução do capitalismo, 175
Vianna Filho, Oduvaldo, 176
Vianna, Hermano, 52, 74, 77, 79, 90, 149, 155
vida coletiva, 19-22
Vidas secas (Ramos), 100-2
Vietnã, guerra do, 124
Vilhena, Luiz Rodolfo, 107n
Villas Boas, Eduardo, general, 211
violência, 14, 23, 29, 34, 36, 40, 42, 51, 63, 69, 82, 87, 89, 91-2, 109, 112n, 113-5, 127, 130, 155, 170, 194, 202, 220-1, 228, 240-1

vitimização, 30, 115, 138
Viveiros de Castro, Eduardo, 61-2, 66, 68, 154*n*, 190
vocabulário cultural, 79

W

Weber, Max, 48, 130*n*, 140, 176
Weber, Rosa, 211
Welfare State, 93
Werneck Viana, Luiz Jorge, 175, 178
Wisnik, José Miguel, 49, 56-9, 74, 166-7

X

xamanismo/xamã(s), 12, 15, 186-90, 234
xapiris (espíritos na visão ianomâmi), 187-8

Y

yãkoana (substância vegetal sagrada), 186
yuppies, 125-6

Z

Zaluar, Alba, 109
Zé Celso *ver* Corrêa, José Celso Martinez

© Luiz Eduardo Soares, 2019

Todos os direitos desta edição reservados à Todavia.

Grafia atualizada segundo o Acordo Ortográfico da Língua Portuguesa de 1990, que entrou em vigor no Brasil em 2009.

capa
Daniel Trench
preparação
Ciça Caropreso
checagem
Gabriel Vituri
índice remissivo
Luciano Marchiori
revisão
Huendel Viana
Livia Azevedo Lima

Dados Internacionais de Catalogação na Publicação (CIP)
— —
Soares, Luiz Eduardo (1954-)
O Brasil e seu duplo: Luiz Eduardo Soares
São Paulo: Todavia, 1ª ed., 2019
272 páginas

ISBN 978-65-80309-56-6

1. Situação política 2. Brasil 3. Ensaios
4. Análise política I. Título

CDD 320.981
— —
Índice para catálogo sistemático:
1. Situação política no Brasil 320.981

todavia
Rua Luís Anhaia, 44
05433.020 São Paulo SP
T. 55 11. 3094 0500
www.todavialivros.com.br

fonte
Register*
papel
Munken print cream
80 g/m²
impressão
Geográfica